帝國殖民教育的逸出

日治臺灣教育發展論集

鄭政誠 著

本書獲國立中央大學文學院出版補助

推薦序

　　近代臺灣教育的發展可謂奠基於日本統治時期，雖然日人對臺採取歧視與差別待遇的政策，且終日治時期臺人子弟的升學管道也不甚順暢，但臺灣民眾透過近代化教育的啟蒙洗禮與西方文明知識的傳遞灌輸，不但以非武裝力量去對抗日本殖民政府，要求設置臺灣議會與組織政黨等國民權利，並透過各地演講與辦報社等方式進行臺人的政治、文化啟蒙，也協助農民與工人分別與地主與雇主對抗，爭取合法權益，亦可謂是日本殖民教育下的結果。

　　鄭政誠君，自就讀國立臺灣師範大學歷史研究所起，即修習個人教授之「中國近代社會史」與「歐洲近代社會史」等課程，並協助個人參與有關民國時期教育發展與中國政黨意識形態之計畫書寫。此後，並協助個人執行有關教育部臺灣歷史通識課程之巡迴演講、桃園縣政府《新修桃園縣志》的編寫、二二八研究論壇與相關客家研究之課程授課與計畫執行等，不但對個人研究與教學多有幫助，也在此中慢慢積累其對臺灣歷史研究之深度與廣度，最終形成其關懷鄉土與扎實的研究能力。

　　鄭君從碩士班畢業後，一路從兵役，高中代課教師、專任教師，直到臺南師範學院成為大學講師、助理教授，並在此中完成其博士學位。其後轉職到國立中央大學任教，除參與校內各種教學、研究計畫、編纂《史匯》、《兩岸發展史研究》等學術刊物

外，亦積極尋求與外界聯結，善盡社會責任，曾總纂《續修桃園市志》與編寫《續修臺北市志經濟志商業金融篇》，主編《桃園閩南文化論集》，主持客家研究與桃園區域研究計畫，並曾先後擔任本校歷史所所長與桃園學研究中心主任等職，持續在歷史教育、近代臺灣史與區域研究領域上多所發揮，產出不少成果，亦深受學界所重。

　　本書《帝國殖民教育的逸出：日治臺灣教育發展論集》為其歷來研究日治時期臺灣教育史之論著加以重新修訂集結而成，八篇論文課題涵蓋初等教育、軍事教育與社會教育，並探究校史、教科書、軍事課程、修學旅行等教育史的新範疇，提出不少新見解。此外，該書也嘗試對日治時期的總體教育效能進行評價，並利用「境外之眼」來立論，亦即以戰後初期中國大陸知識分子的觀點，查考日治教育在戰後初期的移續與影響。最後，本書也對戰後桃園各鄉鎮市的方志書寫進行爬梳與比對，提出對日治初等教育描繪的優缺與不足，亦可供未來研究與編纂桃園市各區志教育篇之參考。

　　綜上所述，本書雖為八篇論文之集結，事實上也可視之為探究日治教育的專著，對吾人適切了解日治時期的教育樣貌，可謂具有一定的可讀性，且提出日治臺灣教育史研究的新取徑與新課題，相信對各讀者諸君應能有不小收穫。個人忝為其指導教授，樂見新著出版，特聊贅數語，是為序。

國立中央大學榮譽教授

賴澤涵

推薦序　日治時期教育現場歷史圖像的重建

　　1996年我在歷史學系博士班開授「臺灣近代史專題研究」，政誠正好考上博士班，成為該課程最早的成員之一，每週三下午修課同學一起研讀討論關於近代西方殖民主義的英文名著。當時，即對政誠力求精確解讀的態度及敏銳犀利的思辨力，十分激賞和印象深刻。

　　政誠秉性敦厚，誠懇務實，關切安身立命的鄉土，就讀本系碩士班即投入臺灣歷史之研究，首先，以其生長的三重埔之社會變遷為主題，僕僕風塵，不辭辛勞，勤於蒐集一手史料，致力於田野調查。結合基本文獻及田野調查資料，完成碩士論文，1996年獲臺北學生書局出版《三重埔的社會變遷》一書。博士班期間，進而投入日治時期學術史之研究，廣泛搜羅公、私檔案、文獻等一手史料，仔細耙梳蒐集新聞雜誌報導、評論等資料，完成「臨時臺灣舊慣調查會之研究（1896-1922）」之博士論文，2005年獲臺北博揚文化事業公司出版為專書。

　　1999-2018年，臺灣、日本等教育史研究同好成立「臺灣教育史研究會」，政誠長期積極參與2個月一次的例會，數次發表關於日治時期原住民教育、初等及中等教育之研究成果，並擔任輪值聯絡人，主編《臺灣教育史研究會通訊》。2000-2004年任教國立臺南師範學院（現臺南大學）社教系期間，耙梳該校特藏前身日治時期臺南師範學校之檔案及相關史料，撰寫出版《南

臺灣的師培搖籃——殖民地時期的臺南師範學校研究（1919-1945）》一書（博揚文化事業公司，2010）。顯示政誠頗能把握機會參與學術活動，擴展其研究領域，開發研究主題，經常發表研究成果，其關於日治時期臺灣教育史之研究已累積可觀的成果，已是臺灣教育史研究界業績卓著的中堅學者之一。

　　此次，政誠將最近十餘年來關於日治時期學校教育現場實況的研究成果彙編成專書，付梓出版，可說是臺灣教育史研究界可欣可賀之盛事。綜觀本書，值得一提的特色如下：其一，各篇章課題創新且具重要性，政誠隨著研究的進展不斷開發新課題，例如桃園公學校、原住民學生的日本認識、日治時期臺灣教育會、臺灣男子中等學校的軍事訓練、臺南師範學校學生的二戰徵調與記憶等主題均是，對校史、原住民教育、教育團體、學校教育現場、戰爭動員等之研究，頗具啟發和引導之作用。其二，各篇章資料相當豐富周延，廣泛搜羅基本史料和相關文獻，舉凡《臺灣總督府公文類纂》、學校檔案、教科書、官方出版品等一手史料，無不充分利用，尤其是報章雜誌之資料，更是地毯式耙梳引用，其蒐集資料之方法頗可供有志者發掘利用資料之參考。其三，各篇章架構嚴整，探究細緻綿密，內容扎實，論述客觀合理，頗具創見和參考價值，而且文字通暢，條理有致，頗富可讀性。

　　本書付梓之際，我有幸先睹為快，並奉囑略抒讀後。爰聊綴數語，抒發所感，並極力推薦。咸信讀者諸君捧讀本書定可對日治時期教育現場之實況有較適切的認識，並可更加清楚掌握作者研究推展之軌跡，而有收穫良多之感，是為序。

國立臺灣師範大學歷史學系名譽教授

誌於歷史學系　2021年7月

自序

　　臺灣近代教育史與社會史的探究一直是個人學術研究的興趣與側重主題,其中在教育史的部份,由於日治時期的教育設施、制度仍「遺緒」至今,課程傳授、思想陶冶與師生情感更深植不少耆老人心,影響深遠,是以探究此等議題,除在自身教學現場多有收穫外,對觀察、體悟當時臺灣各級學校實際營運與學生對日本殖民教育的設計與想法也多有幫助。為此,乃有蒐羅過往個人研究文論獨立成書之舉,期能透過此一論著,得出個人的學思歷程,也期能對有興趣的讀者諸君提供更細緻的日治教育面向。

　　本書所收錄的八篇論文為個人近年來相關日治臺灣教育史論著加以重新檢視修訂而成。就其類型而言,大致可區分為四:一為校史與教科書的介紹;二為原民教化政策與社教組織之書寫;三為戰爭時期學校教育現場與動員的描繪;四則為現、當代對日治時期殖民教育的觀察。部分文章曾刊載於國內史學專業期刊與地方文獻期刊中,另有收錄於專書論文與研討會論文集中。

　　第一類作品以「校史與教科書」為題,計有二篇,首篇為〈日治時期桃園公學校的創建營運與教育特色〉,針對今日桃園國民小學在日治時期的創建營運與教育角色作一梳理,論述該校除承擔學童的教學、訓育及養護工作外,也舉辦包含師生進修與社會教育性質在內的各種活動,藉此傳播、交流各種教育政策、思潮與方法。第二篇〈日治時期臺灣公學校中的國語讀本編

寫〉，則針對臺灣漢人子弟所使用的公學校國語讀本，就其內容進行分析，提出「日本化」、「皇民化」、「文明化」與「農業化」為該等教科書主要著墨與書寫重點，且各期教科書內容的修訂亦配合政策或實際活動與作為而發。

第二類作品以「原民教化與教育團體」為題，計有二篇，首篇為〈日治時期臺灣原住民學生的日本認識〉，利用原住民學童所使用的蕃童教育所國語讀本加上原住民學生的修學旅行活動，一方面討論掌理原住民事務之各官廳署如何配合總督府政策規劃，藉修學旅行之舉，使原住民學生知曉日本事物及傳遞日本生活與精神；另方面也檢視原住民學生對日本認識的心得與作為，並比較日人說詞之異同。第二篇為〈日治時期臺灣教育會之創立與發展〉，以日治時期臺灣教育會為論述主體，除介紹該機構之沿革、組織、會員、經費來源，並闡揚其各種教育機能外，由於該會本為總督府官僚與小、公學校教師組成，但重要職位卻多由總督府官員擔任，並支援處理總督府文教事業，故可稱為總督府教育政策施展的外圍協力者。

第三類作品以「戰爭與教育」為題，計有二篇，首篇〈日治時期臺灣男子中等學校的軍事訓練〉，聚焦男子中等學校的教練課程設計，提出日人欲透過各種軍事活動與課程鋪排，規訓學生成為準軍人的樣態，在戰時兵員迫切的需求下，中學生已成為國家機器的戰鬥人力。在極度嚴苛的軍事訓練與軍國民思想的灌輸下，臺灣中學生的身體、精神與思想也因此產生極大的變化。第二篇〈日治時期臺南師範學校校友與學生的二戰徵調與追憶〉，則以臺南師範學校（今國立臺南大學）為例，利用該校校史、校友會誌等舊藏資料，描繪該校學生與畢業校友在二戰時期的戰爭動員實況，論述這些學生與校友在戰場或駐地的認知與追憶，並爬梳他們對戰爭、教育與生命的反思。

第四類作品為「殖民教育的觀察」，計有二篇，首篇為〈二二八事件前中國大陸報刊雜誌對臺灣教育的報導〉，以戰後初期中國大陸報刊報導為例，提出多數報導皆正面肯定日治時期遺留下的教育設施與文明水平，謂臺人人力資源優秀、教育普及、教學設施與環境多優於同時期中國大陸。透過這些境外者的報導，除可貼近歷史教育現場，亦可看出日治臺灣的整體教育樣貌、遺績及對臺人的影響。至於第二篇〈戰後桃園各地志書對日治時期初等教育的書寫〉，則以今桃園市各轄區已出版的地方志書為分析對象，整理其對日治時期初等教育的記述，並分析內容差異與撰寫筆法。檢視結果發現，戰後桃園各地志書對殖民地初等教育的敘述重點，多僅強調差別待遇的殖民政策與初等教育機構的沿革簡史，即便連最基本的學校課程、教材、經費、活動及師生互動等內容，多數志書幾乎完全闕如，頗有遺憾。

　　透過上述八篇日治時期臺灣教育史論的輸出，或許僅是近代臺灣教育史研究的片鱗半爪，但明眼的讀者諸君或許已能看出個人研究的旨趣與邀攬，意即桃園研究、師範學校、社教組織、軍事教育、戰時體制、原住民教育等課題皆是有待努力深化者。期待更多有志者的加入與澆灌，讓此等課題的研究更形蓬勃，當然也更期待讀者諸君能給予這本論集多所指正。

　　本論文集的出版，首先得力於秀威資訊科技公司的編排校勘，且不辭商業考量而出版此類較為冷僻的學術研究論著，尤其是鄭伊庭經理的大力協助，在此特表謝意。其次，自個人就讀研究所起就一直奉為學習典範的恩師國立中央大學賴澤涵榮譽教授和國立臺灣師範大學吳文星榮譽教授，此回再度煩其二人為個人拙文作序，亦銘感五內。再則，本論集獲國立中央大學文學院110年「人文研究發展：期刊與專書出版」獎助，顯示個人在校的研究質量多受校方肯定，亦深表謝忱。最後，感謝身處遙遠天

國的母親，雖困於未能識字讀書的窮苦年代，卻始終茹苦含辛讓子女接受完整教育而能登梯，當然，此刻天堂或許閱讀識字早已不是問題。

鄭政誠

2021年七夕誌於中壢

目次

輯三　戰爭與教育 ————————————

輯四　殖民教育的觀察 ────────────

圖表目次

圖次 ―――――――――――――――――――――――――

表次

校史與教科書

第一章｜日治時期桃園公學校的 創建營運與教育特色

一、前言

　　成立於明治30年（1897）的臺北國語傳習所桃仔園分教場
（今桃園市桃園國小）乃桃園地區歷史最悠久的近代初等教育機
構，自明治28年（1895）日人來臺後，為殖產興業與傳布日語所
需，遂於各地設立教育機構，一方面實施同化政策，另方面也傳
播近代文明知識。桃園地區在桃仔園分教場創立後，亦陸續成立
各種初、中等教育機構，以符合殖民政府政策需求。綜觀半世紀
桃園地區的殖民教育發展，如同全臺各地一般，臺人雖因差別待
遇的教育政策而受壓制，卻也因接受近代化教育洗禮而步向文明
之路，使學識與人格俱增。

　　近來不少設立於日治時期的初、中等教育機構因校齡逾百，
為彰顯學校歷史風華，紛紛編纂校史以資紀念。此外，在杏壇
執鞭的教師也因各種便利，多以各服務學校為題撰寫論文，校
史研究可謂多受重視。[1]由於桃園國小創校迄今已逾二甲子，非
但作育英才無數，更為地方社會文教中心，該校雖有創校百週

---

[1]　戰後有關校史研究之討論，可參閱江佳瑾，〈學校歷史與歷史記憶──戰後校史
　　撰寫之析論〉，國立政治大學臺灣史研究所碩士論文，2008年6月。

年紀念專刊記述該校發展，[2]唯在日治時期的著墨不多，且迄今（2021）僅有藍博瀚刊於《桃園文獻》的文章〈桃園街日治時期初等教育空間發展（1895-1945）〉，曾就該校空間配置、建築經費與面積大小稍加著墨，[3]其餘則未有相關研究產出。

　　為此，本文藉由《臺灣日日新報》、《臺灣總督府公文類纂》、《臺灣總督府職員錄》、《臺灣總督府府報》、《臺灣總督府官報》及地方志書、回憶錄等材料，介紹該校在日治時期的創建與發展樣貌，並論述學界較少觸及的教育活動及社會教育中心的角色，即該校除承擔學童的教學、訓育及養護工作外，也舉辦包含師生進修與社會教育性質在內的幻燈會、夜學會、講習會、婦人會、活動寫真會等各種活動，藉此傳播、交流各種教育政策、思潮與方法。

　　需說明的是：由於教育政策的更動，日治時期桃園公學校曾歷經桃仔園分教場（明治30年，1897）、桃仔園公學校（明治31年，1898）、桃園公學校（明治38年，1905）、桃園第一公學校（昭和9年，1934）及武陵國民學校（昭和16年，1941）等校名的更動，為便於行文，本文多以桃園公學校代稱。至於內文書寫的時間斷限，則以明治30年（1897）該校為臺北國語傳習所桃仔園分教場設立為始，終於昭和20年（1945）日本結束在臺的殖民統治為止。

二、學校的初創與營運

　　明治30年（1897）10月1日，日人在臺北國語傳習所設桃仔

2　桃園國民小學編，《桃園縣桃園國民小學創校百週年紀念專刊》（桃園：桃園國民小學，1997年9月）。

3　藍博瀚，〈桃園街日治時期初等教育空間發展（1895-1945）〉，《桃園文獻》，第7期（2019年3月），頁81-108。

園分教場，為桃園公學校創立濫觴，[4]唯因政權轉換之初，抗日風起雲湧，時局動盪不安，校舍難為，遂先擇定原為憲兵隊宿舍的孔廟文昌祠，由當地人士修繕充作教室，備置課桌椅，招生授課。[5]臺灣總督府一方面聘任山中豐次郎[6]擔任校長，另方面也聘任臺人秀才李夢庚與謝國器擔任「雇」（代用教師），教授漢文科目。[7]首屆原預計招生50名，但實際報名已超過60名，[8]最後選定甲科生27名（15至30歲），乙科生16名（8至15歲，含2位女童）及6名日本兒童，合計49名，並於同年11月2日開始上課。[9]

明治31年（1898）7月，臺灣總督府依勅令第178號頒佈「臺灣公學校令」，將各地國語傳習所改為公學校，桃仔園分教場也於同年10月1日獨立為「桃仔園公學校」，[10]唯校舍依舊借用文昌祠一隅，尚未新建校舍。[11]據報導，該校在同年底曾新設「速成科」於夜間上課，[12]由於日治初期臺人家長對公學校仍有疑慮，

4　〈臺北國語傳習所分教場ヲ桃仔園ニ設置認可〉，《臺灣總督府公文類纂》乙種永久保存，第190冊（1897年12月8日）；臺灣教育會編，《臺灣教育沿革誌》（臺北：古亭書屋印行，1939年），頁211。

5　〈桃仔園分教場〉，《臺灣新報》，第323號（1897年10月6日），版2。

6　山中豐次郎自1897年起即擔任臺北縣臺北國語傳習所教諭，翌年轉任桃仔園公學校教諭直至1902年，自1903年起即未見《臺灣總督府職員錄》之記載，但在明治36年《臺灣總督府公文類纂》永久保存第9卷恩賞中卻發現〈桃仔園公學校教諭兼校長故山中豐次郎孤兒山中大造遺族扶助料請求ノ件〉，可知山中豐次郎應該在1903年過世。

7　〈山中豐次郎桃仔園公學校教諭兼校長ニ李夢庚、謝國器ヲ同校雇ニ任用ノ件（元臺北縣）〉，《臺灣總督府公文類纂》，第30卷第9285冊（1898年9月1日），頁45；〈教務得人〉，《臺灣新報》，無號數（1897年10月31日），無版次。

8　〈國語傳習所分教場〉，《臺灣新報》，第330號（1897年10月14日），版2。

9　〈桃仔園分教場的開校式〉，《臺灣新報》，第351號（1897年11月9日），版2。

10　《臺北縣報》，告示第83號（1898年10月4日）。

11　《桃園廳報》，告示第45號（1905年4月5日）。雖然自明治31年4月起，報紙就報導桃仔園分教場校方請土木課設計新校舍，地方人士的捐贈金額已達預算，要在7月進行工程，桃園廳會負擔半數的新預算費等，但都未見相關的落成報導。見〈桃仔園分教場の新築〉，《臺灣新報》，第479號（1898年4月17日），版2；〈桃仔園分教場の新築〉，《臺灣日日新報》，第1號（1898年5月6日），版2；〈桃仔園分教場〉，《臺灣日日新報》，第55號（1898年7月9日），版2。

12　〈私學訂正〉，《臺灣新報》，第177號（1897年12月4日），版6。

多傾向讓其子女接受傳統書房教育，是以公學校的日間招生進學多有困難，更遑論夜間上課。也因為傳統教育機構尚存，鑑於一時廢除不易，臺灣總督府遂於同年11月發布「關於書房義塾規程」，規定書房應漸次增設國語、算術、修身等科目，並採用臺灣總督府所編纂之《漢文讀本》做為教材，藉此加強對書房義塾之管理，企圖使其成為公學校教育的輔助機關。[13]也因為日人統治初期將書房納入公學校管理，是以在明治33年（1900）11月《臺灣新報》才會報導桃園公學校與附近書房成立桃園教育會，相互研究教育之事，以栽培人才。[14]而在財務方面，由於「桃仔園辦務署」[15]署長中田直溫[16]認為該校要圖久遠之計，必須要有基本財產，因此除將文昌祠學租約3,000餘圓撥付該校外，另將屠宰場全部收入歸入該校，又在學校附近栽植蓮花，並種樟樹、養魚等，以此等收入維持學校營運。[17]

　　明治34年（1901）6月5日，臺灣總督府以訓令第295號頒布「臺灣公學校設備規程」，首次界定臺灣公學校的建築規範，[18]同年11月桃仔園廳劃設，桃仔園公學校也納入桃仔園廳所管轄。明治38年（1905），隨地方行政制度的更易，桃仔園廳改名為桃

---

[13] 吳文星，〈日據時代臺灣書房之研究〉，《思與言》，第16卷第3期（1978年9月），頁62-89。

[14] 〈教育興會〉，《臺灣日日新報》，第757號（1900年11月7日），版3。

[15] 1897年6月10日，臺灣總督府依地方官制第34條頒布府令第21號，將原有「縣—廳制」改為「縣—辦務署制」，時臺北縣共轄有臺北、士林、新庄、三角湧、景尾、桃仔園、中壢、滬尾、樹林口、基隆、水邊腳、頂雙溪、金包里等13個辦務署。見臺灣總督府，《臺灣總督府府報》，「號外」（1897年6月10日），頁9。

[16] 臺灣總督府，《臺灣總督府職員錄》，明治33年度（臺北：臺灣日日新報社，1901年），頁777。中田直溫之後曾歷任宜蘭廳長（1903-1909）與花蓮港廳長（1911-1913）。

[17] 〈公學校と基本財產〉，《臺灣日日新報》，第595號（1900年4月28日），版2；〈學校基本〉，《臺灣日日新報》，第596號（1900年4月29日），版5。

[18] 〈臺灣公學設備規程〉，《臺灣總督府公文類纂》，明治34年甲種永久保存，第00591卷（1901年6月5日）。

園廳，[19]桃仔園公學校也於同年4月5日改稱為「桃園公學校」。[20]由於該校學童人數不斷增加，文昌祠空間已不敷使用，另為符合公學校設備規程要求，地方人士也希望桃園公學校能有獨立校舍，不要暫借祠堂廟宇上課，為此，校方乃決定展開新建校舍之籌畫。據《臺灣日日新報》的報導，謂文昌祠方面已決定捐獻20餘甲土地供桃園公學校興建新校舍之需，位置則選定在武陵街（今桃園市民權路一帶），興建的工程款則暫訂為15,000圓。[21]

至明治39年（1906）11月，新校舍終於開始動工，工程總經費也追加到15,292圓餘，預計興建248餘坪的紅磚建築校舍，以容納420名學童就學所需，預計在明治40年（1907）3月完工，[22]並準備於同年5月12日上午10時舉行落成典禮，《臺灣日日新報》在5月9日與11日還曾接連報導此事，最後卻因事延期。[23]關於學校遲未舉行落成典禮之因，該報述說乃因「蕃界多事」之故，是時因第五任臺灣總督佐久間左馬太（1844-1915）開始以武力對付原住民而展開五年「理蕃事業」，在明治39至40年間（1906-1907），桃園廳曾派遣警察部隊深入桃園山區，進攻大豹溪、枕頭山一帶，[24]由於日人死傷頗多，是以即使桃園街所在並非沿山地區或原住民地界，或仍因軍事活動而無法如期舉行學校落成典禮儀式。不過，令人玩味的是，明治40年3月已完工的桃園公學

---

[19] 桃園街役場編，《桃園街要覽》（桃園：桃園街役場，1933年），頁3。
[20] 〈公學校名改稱〉，《臺灣日日新報》，第2077號（1905年4月8日），版2。
[21] 《臺灣總督府府報》，第1726號（1905年4月8日），頁26；〈桃園廳下新築公學校〉，《漢文臺灣日日新報》（1906年2月24日），版4。
[22] 〈桃園學事一束〉，《臺灣日日新報》，第2635號（1907年2月16日），版2；〈桃園學事一束〉，《漢文臺灣日日新報》，第2636號（1907年2月17日），版3。該校最後的工程費為17,000圓，地基2,369餘坪，校舍面積244坪。
[23] 〈桃園公學校新築落成式〉，《臺灣日日新報》，第2702號（1907年5月9日），版2；〈桃園公學校落成式〉，《臺灣日日新報》，第2704號（1907年5月11日），版5。
[24] 井出季和太，《臺灣治績志》（臺北：臺灣日日新報社，1937年），頁432-433。

校新校舍卻遲至翌年（1908）11月23日才與桃園小學校一同舉行落成典禮。[25]

在桃園公學校新校舍興建前後，該校入學人數與畢業生人數也逐年增長，總計自明治37至41年（1904-1908）間，該校總畢業生人數為159人（詳下表1-1）。至於畢業後的狀況，以男生而言，選擇繼續進修深造者，計就讀桃園公學校七年級者26人、國語學校者24人、醫學校者8人、農事試驗場者6人、糖業講習所1人；至於就職者，則從事實業者69人、擔任公學校教員者4人、書房教師4人、奉職官衙者5人；另有死亡者1人。至於11名女子畢業生，除1名就讀國語學校附屬學校外，其餘10人皆在家從事家業。要之，桃園公學校直到明治39年（1906）方有女學生畢業，初創時就學人數不高，但緩慢增加，唯男子畢業後無論就職或升學，大致表現不差。[26]

由於桃園公學校是桃園地區第一所近代化學校，地方志書亦曾書寫該校情況，如明治39年（1906）出版的《桃園廳志》就記載當年度該校學生總計為315名（男250名，女65名），由於入

---

[25] 桃園公學校於1908年11月23日上午11點舉行校舍落成典禮，會場內佈滿萬國旗，甚是壯觀美麗。典禮儀式首先由學生合唱君之代國歌，之後由塚越翠校長奉讀教育勅語，再由總務課長加藤忠太郎報告工程經過，桃園廳長西美波朗誦式辭，民政長官代理山田新一郎（時為民政部總務局長）訓示，塚越校長述答辭，來賓謝鳳姊誦讀祝詞，最後由學徒一同唱修業之歌，儀式結束。當天參加來賓有30名，之後轉往桃園小學校參加新築校舍落成典禮，該校亦因原住民問題而遲至當天舉行落成儀式。該校以雨天體操場為活動場地，張以幔幕，裝飾以萬國旗，12時30分舉行典禮儀式，學生唱君之代國歌，小野田鎮三郎校長奉讀教育勅語，加藤總務課長報告工程經過，該校地基為744坪，校舍54坪，工程費6,156圓餘。之後桃園廳長西美波宣讀式辭，民政長官代理山田之訓示等，小野田校長述答辭，最後學生在唱完勸學歌後，儀式告終，來賓又返回桃園公學用餐。見〈桃園兩校落成式〉，《漢文臺灣日日新報》，第3170號（1908年11月25日），版2。
[26] 〈桃園卒生〉，《漢文臺灣日日新報》，第3192號（1908年12月22日），版7。唯此一畢業生人數與桃園國小百週年紀念專刊所列的人數相差甚大，該刊登錄前五屆畢業生人數僅有36名，對此，恐需再進一步查證。見「桃園縣桃園市桃園國民小學歷屆畢業生名冊」，收於桃園國民小學編，《桃園縣桃園市桃園國民小學創校百週年紀念專刊》，頁216-217。

表1-1　桃園公學校畢業生人數（1904-1908年）

年度	男	女	合計
明治37年（1904）	8	---	8
明治38年（1905）	29	---	29
明治39年（1906）	36	4	40
明治40年（1907）	36	4	40
明治41年（1908）	39	3	42
計	148	11	159

資料來源：〈桃園卒生〉，《漢文臺灣日日新報》，第3192號（1908年12月22日），版7。

學人數漸增，校舍狹隘，所以在募資新建中。[27]相較於上表1-1，可知即便入學率不差，但因求學過程中的各種因素而退學，致畢業生人數偏低。無獨有偶，明治40年（1907）6月《臺灣日日新報》也報導桃園公學校的學生人數，總計418人（男332名，女86名），相較前一年，入學人數可謂增加百名以上，可能也是因為新校舍落成之故，該報還述說校長塚越翠以下教諭4人（沼市郎彥、馬淵恪、德重彪一）、訓導2人（黃守謙、江茂松）及雇2人（楊子桂、許春漢）[28]皆熱心教學。每年該校在春秋兩季定期召開父兄會，在明治39年（1906）6月舉行之時，幾乎全數家長皆與會，可見臺人之向學心。之前該校中途退學者多，但今則反是，而歷來該校學生多為桃園街子弟，近來農家子弟入學者也不少，學生家庭則多屬中產階級以上。[29]該報導還列出當年度學生家長平均的資產額（見下表1-2），以男性學童家中的資產而

27　桃園廳編，《桃園廳志》（臺北：臺灣日日新報社印行，1909年），頁226。
28　臺灣總督府，《臺灣總督府文官職員錄》，明治40年度（臺北：臺灣日日新報社印行，1907年），頁190。
29　〈桃園公學校教育狀況〉，《臺灣日日新報》，第2837號（1907年10月16日），版2。

表1-2 桃園公學校學生家長平均資產額（1907年）

年級	男	女
一學年	1,574圓	406圓
二學年	3,034圓	1,256圓
三學年	3,078圓	1,930圓
四學年	2,381圓	---
五學年	3,286圓	3,050圓
六學年	4,675圓	---

資料來源：〈桃園公學校教育狀況〉，《臺灣日日新報》，第2837號（1907年10月16日），版2。

言，少則1,500餘圓，多則4,600餘圓，顯見此時能讓家中學童入公學校者，確實非下階層子弟。要之，明治40年（1907）新校舍落成後，對桃園公學校而言，應該是一個能更加順利營運的分水嶺。

明治40年（1907）2月，由於都會與鄉村對於公學校六年修業年限需求不一，臺灣總督府以府令第5號公布「臺灣公學校規則改正」，讓各校便宜行事，將修業年限擴增或減少二年。[30]為此，桃園公學校之修業年限由6年改為8年，也開始招收桃園廳轄下高年級學生，學生人數更為擴增。[31]至明治42年（1909）時，報紙稱述該校人數已有531名，[32]至明治44年（1911）4月新學期開始，更說桃園公學校學生出席情況十分良好，皆因家長父兄有向學上進之心，且加以鼓舞激勵得宜所致，即使農曆5月13日臺北大稻埕舉辦迎城隍祭典時，父兄欲讓其子弟前往參觀，學生皆未應允；又云有學生因上學途中遭遇大雨，溪流暴漲無法渡過，

---

[30] 臺灣教育會編，《臺灣教育沿革誌》，頁278。
[31] 〈桃園雜信〉，《臺灣日日新報》，第2805號（1907年9月7日，版2。
[32] 〈桃園公學校近況〉，《臺灣日日新報》，第3350號（1909年7月1日），版2。

遂由父兄背負以過，桃園廳長西美波[33]知悉後甚為感動，還親至
該校嘉勉學生，其中15名學生更受到廳長的特別獎賞。[34]

　　值得一提的是，桃園公學校校舍在明治42至43年間（1909-
1910），又增設校長宿舍一棟與二間教室，同時收購校門前的二
甲餘土地，充當農業科實習農場用地。[35]明治44年（1911）此一
實習農場復因桃園市街規劃所需而讓出部分土地，為此，桃園公
學校乃另覓校園西側土地以充當實習農場。[36]

圖1-1 ▎ 1910年代桃園公學校農業實習場地
資料來源：1910年代桃園公學校農業實習－臺灣回憶探險團，www.twmemory.org/?p=8167。
　　　　　點閱日期：2021年5月14日。

---

[33] 臺灣總督府，《臺灣總督府文官職員錄》，明治44年度（臺北：臺灣日日新報社
　　印行，1911年），頁238。
[34] 〈淡水通信／生徒受賞〉，《漢文臺灣日日新報》，第3983號（1911年6月26
　　日），版3。
[35] 〈桃園學事〉，《漢文臺灣日日新報》，第3529號（1910年2月3日），版5。
[36] 〈桃園公學校所屬財產處分認可〉，《臺灣總督府公文類纂》，明治44年15年保
　　存，第05395卷（1911年10月1日）。

至大正元年（1912），臺灣總督府為因應時勢發展，特別加強職業教育，遂修訂臺灣公學校規則，桃園公學校依此規定，廢除修業8年的制度改回原修業6年的公學校並增設二年制的「實業科」。[37]雖不知當年度有多少畢業生想直升實業科，但有趣的是，2月份在進行升學調查時，該校學生計有9名想報考臺灣總督府國語學校師範部，2名欲報考臺灣總督府國語學校國語部（按：屬自費性質，無公費服務之義務），至於臺灣總督府醫學校與農事試驗場則各有3名欲報考。[38]大正8年（1919）1月，隨臺灣教育令的頒佈，臺灣公學校官制改正也於同年4月1日公布，與桃園公學校最有關者即原增加的實業科再改制為附屬於該校的「簡易實業學校」。[39]大正11年（1922），隨新臺灣教育令的頒佈，公學校官制再度修訂，各簡易實業學校獨立並改稱為「實業補習學校」，[40]至於廢除簡易實業學校後的桃園公學校，則同其他公學校一樣，得增設二年制的「高等科」或「補習科」。[41]至昭和9年（1934）3月28日，因桃園地區學童人數大增，桃園公學校已增至25班上限，校舍不足，遂另設公學校[42]（即桃園第二公學校，1941年後改稱春日國民學校，今東門國小），桃園公學校因而改稱為桃園第一公學校。[43]

[37] 臺灣教育會編，《臺灣教育沿革誌》，頁288-289。
[38] 〈桃園近信／入學試驗〉，《臺灣日日新報》，第4195號（1912年2月2日），版5。
[39] 臺灣教育會編，《臺灣教育沿革誌》，頁288-289、890、894。
[40] 相關實業補習學校的討論可參閱許佩賢，〈實業補習學校的成立與臺灣社會的教育欲求〉，收於氏著，《殖民地臺灣近代教育的鏡像——一九三〇年代臺灣的教育與社會》（臺北：衛城出版，2015年12月），頁105-144。
[41] 臺灣教育會編，《臺灣教育沿革誌》，頁356-357。唯桃園國小百周年校慶特刊上書寫該校在新臺灣教育令頒布前一年，即1921年9月28日即已增設高等科，此有待查證。見桃園國民小學編，《桃園縣桃園國民小學創校百週年紀念專刊》，頁79。
[42] 桃園街役場編，《桃園街要覽》（桃園：桃園街役場，1933年），頁80。
[43] 《新竹州報》，第827號，告示第42號（1934年3月30日）。

據昭和13年（1938）桃園街役場的資料顯示，桃園公學校至該年度的畢業生已有2,018名，相較30年前初創時僅159名畢業生，增長情形雖不高但仍有可觀。綜觀這些畢業生的發展，其中就讀高等科者有542名，至其他學校深造者有355名；至於就業者，以從事實業者最多，達1,033名之譜，另擔任公務人員者有82名，而最受當時器重的醫師行業則僅有6名畢業生選任。（見下表1-3）

表1-3　桃園公學校畢業生就學就業人數與比例（1897-1938年）

升學就業類別 人數與百分比	高等科	上級學校	官公吏	醫師	實業	合計
人數	542	355	82	6	1,033	2,018
百分比	26.86%	17.59%	4.06%	0.30%	51.19%	100%

資料來源：桃園街役場編，《桃園郡桃園街勢一覽》（桃園：桃園街役場，1938年），頁6。

昭和16年（1941）4月1日，隨臺灣總督府欲在戰時體制下強化臺人對日本的認同，遂將歷來有明顯差別待遇的小、公學校，統一改稱為國民學校，是以桃園第一公學校又改稱為「武陵國民學校」，[44]以迄昭和20年（1945）日本戰敗為止。終日治時期桃園公學校已培養出超過6,000名的畢業生（含高等科，見文末表1-6），誠如昭和9年（1934）即擔任該校教師的廖秀年（1915-2012）[45]所言，儘管當時社會上物質條件較差，學校也沒有宏偉的校舍和完善的教學設備，但大家都有一份熱愛學校的使命感，

---

[44] 《新竹州報》，「號外」，告示第123號（1941年4月1日）。

[45] 廖秀年，1915年出生於臺北市萬華，臺北三高女畢業後即至桃園公學校服務，戰後至1954年奉派擔任桃園中山國民學校校長，終身奉獻於教育直至退休，退休後仍積極參與教育與社會服務，2012年因病辭世，享年98歲。見廖秀年，〈一位女校長的自述〉，《師友月刊》，第4期（1967年10月），頁16-17；劉明憲，〈桃園先賢志略：桃園杏壇超級阿嬤——廖秀年〉，《通識論叢》（桃園：萬能科技大學通識教育中心），第14期（2012年12月），頁1-6。

而知道自我惕勵來教好學生，好讓他們個個能出人頭地，[46]是以桃園公學校畢業生乃能在各方面多有所成。

三、教育活動

　　據昭和11年（1936）入學桃園第一公學校的許新枝（1928-）校友回憶，謂其入學時學校每年元旦、紀元節（2月11日，日本開國紀念日）、天長節（4月29日，昭和天皇誕辰）及明治節（11月3日，明治天皇誕辰），都會隆重舉行盛典。每年新曆元旦，學校也會在禮堂舉辦書法及繪畫展覽會，學生有優良作品經評選參展者可獲得獎品；秋季則舉辦運動會，全體師生參加各類體育競賽。另需至校區山上（虎頭山）的桃園神社參拜，於每年秋季舉辦豐年祭活動。至戰爭時期，則需勤勞奉仕，因臺灣總督府欲建造桃園軍用機場，所以被動員撿石頭搬上卡車到大園地區；還有老師也會帶領他們帶小國旗和各機關團體代表至火車站列隊歡送徵召軍人，而當中國南京及武漢三鎮等大城市遭日軍攻打陷落時，也會被安排和各機關代表一起參加夜間提燈遊行慶祝等。[47]

　　除一般的課程授業外，上述許新枝的回憶性文字，恰巧描繪戰時體制前後桃園公學校的教育活動。在戰爭動員前，桃園公學校的教育活動包含各種祝祭日活動、神社參拜、學藝會與運動會等，非僅是精神思想教育的灌輸、學生學習成果的展現，也是學校對外宣傳的最好方式，尤其在日治中期前臺灣學童入學率普遍不高，藉由各種對外展示的活動，也可提升家長對公學校的好感而讓其子弟就讀此種新式學校。

---

[46] 廖秀年，〈我愛桃小，我以桃小為榮〉，收於桃園國民小學編，《桃園縣桃園國民小學創校百週年紀念專刊》，頁33。

[47] 許新枝口述，《艱難奮鬥的歲月：許新枝回憶錄》（臺北：國史館，2013年3月），頁68-78。

在昭和3年（1928）臺北市教育社會課所出版的《臺北市小公學校施設要覽》中，曾說明初等機構的教育活動設計大致為「教學」、「訓育」與「養護」三項（見表1-4）。桃園公學校雖非臺北市所轄，但各種教育活動確實多有吻合，如圖學校與家庭聯繫，且為學校後援可幫助兒童教育進步發展的父兄懇談會（即保護者會），[48]桃園公學校每年均定期召開二回。活動當天學校除舉辦會談外，也陳列各年級學生優秀作品及女學生的裁縫作品，並準備各種餘興節目，甚至晚上還播放電影，供學生家長與地方人士觀覽。[49]

表1-4　《臺北市小公學校施設要覽》中的各種教育活動

教育活動類別	內容
教學設施	告示板、自修時間設置、成績品的陳列、算術科直觀設施、校園、兒童讀物的整備、辭書類的整備、學藝會、暑假作業、國語使用獎勵、每日一句、校外教學、談話會。
訓育設施	神社參拜及遙拜、朝會、勞動服務、操行觀察、家庭訪問、保護者會、家庭聯絡簿、出席獎勵、祝祭日訓話、看護輪值。
養護設施	上課前的體操、身體檢查、運動用具的設置、急救治療設備、暑假返校日、運動日、供給熱水、蒸便當。

資料來源：臺北市教育社會課，《臺北市小公學校施設要覽》（臺北：臺北市教育社會課，1928年），頁95-97。

「保護者會」是家長與學校聯繫的主要管道，所以校方通常會利用該時機展示學生的學習成果，使家長與地方人士知悉學校的教學情況。但因保護者會非以展示學生學習成果為主要訴求，

48　桃園街役場編，《桃園街要覽》，頁23。
49　〈桃園近音／父兄談會〉，《漢文臺灣日日新報》，第3181號（1908年12月8日），版4；〈訂正前報〉，《漢文臺灣日日新報》，第3187號（1908年12月15日），版5。

若要宣揚此種學習成效，則應推「學藝會」及「運動會」，如明治33年（1900）8月11至13日，桃園公學校首度舉辦學藝會，在五間教室內擺放師生各種作品，含圖畫、書法、刺繡、針織、手工品及相關教育用品等，供各界人士參觀閱覽。而為使更多地方人士參與此一展覽會，首任校長山中豐次郎還特別商請桃園區長轉知其轄下各街庄人等及寫信通知區內各書房義塾教師帶領學生與會，使其沐浴文明教化。由於學藝會舉辦之日適逢桃園街的普渡活動，街上熱鬧異常，且展覽會為少有之事，是以參觀者眾，數以萬計，校長還親自在校門口歡迎，殷勤招呼。報紙報導此回展覽會使鄉村僻壤孤陋寡聞者得以開普及之風，且發給書房義塾的24封信中，最後也僅有3名學生未參加，顯示該校辦學已多具良效。[50]

　　除學藝會外，運動會也是一個展現學生成果與招徠地方人士參觀的重要管道，報載明治44年（1911）11月5日桃園公學校舉辦秋季運動會，在校園四處覆以布幔作成涼亭以接待來賓，校園中央則為運動之處，計有數十種百餘回的比賽項目。該運動會自上午8時半開始直至下午4時左右結束。參加者除學校師生外，還有家長、地方人士、他校學生、書房學生及畢業校友等。在為家長所舉辦的賽跑中，校方還特別在途中放置各種藏有裁縫品的箱盒，讓比賽者隨意撿拾，當場開啟觀視。此外，還特別在廣場中庭設計一座迷宮，多方曲折，讓與會者入則慷慨直前，出則躊躇觀望，都是運動會當中有趣之事。當地騷人墨客觀此競技，詩興勃發，還信手賦詩十餘首，學校還託地方詩社文人鄭香秋評定成績等第，賞與物品，亦為文人之樂趣。[51]由上可見，桃園公學

---

[50]　〈桃園博覽〉，《臺灣日日新報》，第691號（1900年8月19日），版5。
[51]　〈運動會況／桃園公學校〉，《漢文臺灣日日新報》，第4134號（1911年11月30日），版3。

校為吸引家長與地方人士參與，別出心裁在運動會中設計各種活動，亦可視為是學校與地方關係的連結。

此外，將學藝會與運動會結合的例子也有，如大正4年（1915）1月30日起連續三天，桃園公學校與桃園尋常高等小學校及桃園廳轄下各公學校聯合舉辦學生成績作品展覽會，展出作品高達上萬件。報紙報導開幕三天以來共有8,300多名參觀者，其中總督府國語學校學生即有500名，[52]為前所未有之盛況。在展覽期間，剛好從日本國內來臺視察的長谷川好道（1850-1924）元帥，在視察原住民地界返程途中，也順便到該會場參觀兒童優秀作品並觀賞在戶外舉辦的聯合運動會。[53]

在桃園公學校所舉辦的各種教育活動中，較特殊者應屬類似現今員生福利合作社的組織，在昭和8年（1933）4月22日，桃園公學校創立以該校職員及學生家長出資合組之「模擬購買組合」，總股數為2,500股（1股20圓），教職員學生及家長為組合會員，購買部置於桃園公學校內，為發揮教習產業組合之旨趣，由校方購入學用品及日用品販售給組合員，地方政府認為該組合雖創立不久，但成績良好，且是養成兒童自給自足觀念最合適的設施。[54]

若論及最受學生歡迎的教育活動則當屬修學旅行，此種教學活動對臺灣總督府而言，雖有精神教化、同化與殖民地政績展現等各種目的，[55]但對學生而言，除可步出校門驗證課堂所學外，亦是學習自我獨立、實踐團隊生活與增廣見聞的機會。如大正元年

52　〈國語學生桃園行〉，《臺灣日日新報》，第5250號（1915年1月30日），版3。
53　〈桃園の展覽會〉，《臺灣日日新報》，第5252號（1915年2月1日），版5；〈桃園展覽會〉，《臺灣日日新報》，第5253號（1915年2月2日），版6。
54　桃園街役場編，《桃園街要覽》，頁23-24。
55　相關修學旅行研究可參閱林雅慧，〈「修」臺灣「學」日本：日治時期臺灣修學旅行之研究〉，國立政治大學臺灣史研究所碩士論文，2010年6月。

（1912）11月3日，該校七、八年級（即實業科一、二年級）學生共計34名，由增永吉次郎校長與黃守謙訓導帶隊至新竹進行修學旅行。一行人計參觀油車港鹽田的製鹽之法，並參拜十八尖山北白川宮能久親王（1847-1895）當時率軍攻臺的營伍遺址，之後到新竹廳舍及新竹市街見學。翌日搭南下列車赴臺中、葫蘆墩（豐原），由於天氣不差，所以學生咸感雀躍。[56]又如昭和9年（1934）7月，桃園公學校教師利用暑假率領各年級學生到各地實施現地教學，普通科五年級生到桃園龜山庄南崁山進行山林教學，普通科六年級生及高等科一、二年級生則到桃園郡大園庄竹圍海岸進行臨海教學。[57]同年底，該校教師又率領五年級學生約百名，赴臺北、基隆、宜蘭等地，進行二天一夜的修學旅行等。[58]

　　至於畢業旅行則更是畢業生在校前的最後一次行旅，由於時間較長，路程較遠，更是其永久性的回憶。如昭和9年（1934）11月26日，桃園公學校普通科六年級學生及高等科學生約80名，由該校五名教師率領至南部參加畢業旅行。26日先至嘉義神社參拜，然後至製材所與農事試驗場、公園、市街參觀。27日赴臺南參拜臺南神社，然後參觀孔廟、赤崁樓、盲啞學校、市街及安平港鹽田、魚塭及熱蘭遮城等。29日赴高雄、屏東六塊厝，計參觀壽山、旗後、築港場、洋灰會址及市街等。30日北上，參觀彰化市街、公園及臺中市街、公園、水源地、報社後，返回學校。[59]綜觀五天四夜的畢業旅行，對於身居北部的桃園公學校學生而言，雖不免有精神思想教育的神社參拜，但能有機會至南臺灣參

[56] 〈新竹通信：生徒旅行〉，《臺灣日日新報》，第4465號（1912年11月6日），版6。
[57] 〈桃園／登山臨海〉，《臺灣日日新報》，第12313號（1934年7月14日），版4。
[58] 〈桃園／學童旅行〉，《臺灣日日新報》，第12453號（1934年12月2日），版4。
[59] 〈桃園／修學旅行〉，《臺灣日日新報》，第12448號（1934年11月27日），版4。

觀各景點設施與現代化建設，亦是學習生涯中的一大收穫。

上述各種教學活動並非以課業學習為主，初創之際為招徠學生而強化各種學藝的展現或有其必要，但對於學子知識的傳授，甚或輔導有意繼續升學者，則需在其他面向強化。事實上，桃園公學校在此等教育活動上也有特殊安排，此即「夜學會」的設立。以促進學生學習效能為主而設立之夜學會，桃園公學校早在明治39年（1909）即已設立，初期區分甲乙丙三組，由教師加以協助，各組學生每晚參與該會，認真努力學習。[60]或因非常設性質，或因校內師資不足，至明治44年（1911）時，隨該校學生就學情況漸佳，第四任校長增永吉次郎認為需強化夜學會組織，指導學生向學，經與夜學會委員鄭永南商議後，決定成立夜學會，由鄭氏召集當地具公學校六學年修業以上資格之青年數十名為教師。該夜學會自明治44年（1911）6月1日起開始授課，教授學生國語、算術、漢文等科目，委員鄭永南因擅長書法，所以每週也定期教授一門書法課。[61]

桃園公學校的夜學會至大正3年（1914）似有較大轉變，報載因該校入學者漸增，畢業生亦有意向學，為此，為使準畢業生能順利考取上級學校，亦可為學校營運良好的佐證，使後期招生更為順利，所以該校在每年秋冬之際均召開夜學會，以大正3年（1914）為例，從10月12日開始課後補習，以四個月的時間，在每晚7至9時上課，學生計92名，區分甲乙丙三組，教師則由校長及各教職員擔任。[62]日本作家湖島克弘曾著有《杜聰明與阿片試

---

60 〈桃園學習會狀況〉，《漢文臺灣日日新報》，第2654號（1907年3月10日），版5。

61 〈桃園通信／興夜學會〉，《漢文臺灣日日新報》，第4963號（1911年6月5日），版3。

62 〈桃園夜學會〉，《臺灣日日新報》，第5153號，（1914年10月20日），版2；第5154號（1914年10月21日），版3。

食官》此一寫實小說，內容描繪日治初期滬尾（淡水）公學校校長小竹德吉（1876-1914）[63]如何利用夜間的課後輔導使該校準畢業生杜聰明（1893-1986）等人順利考取號稱臺灣劍橋與牛津的總督府醫學校與國語學校，由於入學考試競爭激烈，且升學考試多出自小學校教材，[64]公學校學生若想在臺灣繼續升學深造，若無師長在此種夜學會中提攜協助，恐怕亦難以順利考取。

　　至於在戰時體制下的各種教育活動，為配合戰時政策，桃園公學校各種名為教育性質的「奉公」活動更是不勝枚舉。許佩賢曾以桃園新屋公學校為例，舉措該校的戰時活動包含歡送出征將士軍夫、戰捷慶祝的遊行活動、軍事援護、國民精神總動員相關活動、神社參拜、神宮宮城遙拜、祝祭日活動、勞動服務等。[65]桃園公學校基本上也進行各種活動，如昭和12年（1937）7月中日戰爭爆發後，該校隨即於8月底響應政策，在校內募集國防獻金，以為軍需。[66]又如在國民精神總動員期間，該校教職員、學生連同家長共1,600餘名，從桃園搭火車前往位於臺北的臺灣神社參拜，藉此宣揚國威，祈求武運長久。[67]又如為貫徹國民精神總動員，奮力於日常生活中實踐，因應新時局，刷新生活，相互勉勵，圖國民士氣之振作，桃園公學校在昭和12年（1937）10月

---

[63] 依《臺灣總督府職員錄》所載，小竹德吉自1898年起曾歷任臺北縣大稻埕公學校、國語學校第一附屬學校、滬尾公學校、澎湖廳各公學校教諭，1913年起更至對岸中國大陸，擔任廈門小、公學校（旭瀛書院）教諭。其擔任滬尾公學校校長時，曾大力提拔之後成為臺灣第一位醫學博士的杜聰明（1893-1986）。有關小竹德吉之介紹，可參閱吳嘉榮總策畫，《淡水鎮志》，下冊（新北市：淡水區公所，2013年6月），頁300-301。
[64] 湖島克弘著、黃蔡玉珠等譯，《杜聰明與阿片試食官》（臺北：玉山社，2001年12月）。
[65] 許佩賢，《殖民地臺灣的近代學校》（臺北：遠流出版事業公司，2005年3月），頁160-167。
[66] 〈桃園／國防獻金〉，《臺灣日日新報》，第13484號（1937年8月31日），版8。
[67] 〈桃園／強調週間〉，《臺灣日日新報》，第13493號（1937年10月15日），版8。

13至19日期間，也逐日規劃實施包含神社參拜、慰問戰士、製作慰問袋、清掃在內之各種奉公活動。（見下表1-5）

表1-5　桃園第一公學校國民精神總動員週間活動（1937年）

日期	精神動員日名稱	實施要項
10/13	時局生活日	舉行戊申詔書奉讀儀式、國民精神總動員訓話
10/14	出征將士感謝日	寫慰問信、召開感謝國語講習會
10/15	戰時經濟之日	實施節約、國防獻金
10/16	後方防守之日	製作慰問袋、慰問街內出征者家族
10/17	神社參拜殉國勇士之日	遙拜神社、戰死者慰靈默禱
10/18	勤勞報國日	蒐集街內廢棄物、協助街內出征者的家族清掃
10/19	戰時身心鍛鍊	

資料來源：〈第一公の精神總動員〉，《臺灣日日新報》，第13493號（1937年10月15日），版8。

　　據藍博瀚的研究，桃園公學校同其他各地的初等教育機構，在皇民化運動期間為涵養學生皇國民的精神，更在學校設施空間方面加以強化，如昭和11年（1936）新設的作法室（即訓練學生和式禮儀的空間）及裁縫室即用來充作兒童國民精神修業道場；昭和12年（1937）新設放送塔，並重修升旗臺，以訓示學生愛國精神；昭和13年（1938）學校動員青年團將校園北側文昌公園改造成綜合運動場，至昭和16年（1941）更在此綜合運動場中增設相撲場。而在昭和15年（1940）為紀念皇紀2600周年時，校方更是投入1,469圓新設日本忠臣武將楠木正成（1294?-1336）的銅像，藉此要求學生效法其「一生殺敵，七生（世）報國」之精神。[68]

---

[68] 藍博瀚，〈桃園街區日治時期初等教育空間發展（1895-1945）〉，頁87。

四、地區教育中心

在許佩賢的先行研究中已指出，公學校除是教育學生之場所外，亦是地方民眾的聚會活動中心，因學生關係而成立之父兄會（保護者會）、同窗會等，更構成地方社會重要的人際網絡。換言之，學校與地域社會的關係可謂多面且動態。[69]若以桃園公學校為例，亦可清楚看見此一特質，除各機關行號商借舉辦會議、活動之所外，舉凡各種增進教學知能的講習會、演習會、假名會等，屬社會教育性質的婦人會、慈善音樂會等，亦多在該校辦理。換言之，桃園公學校既是教化學生的場所，亦肩負地區教學中心、社會教育中心的機能，可說是扮演地域社會關係發展的重要機構。值得一提的是，桃園公學校為學生學習與活動所需，陸續增建各種校舍設施，其中在大正3至4年（1914-1915）兩年連續投入23,260圓所興建應為磚造禮堂的建築空間，除做為學童集會場所與活動空間，每年舉辦遊藝會、始業式與畢業典禮等活動外，同時也作為桃園地區公共活動的舉辦地。[70]

首就機關行號的商借處所而言，如桃園電氣株式會社為慶祝電氣落成，特別於大正5年（1916）3月11日下午2點假桃園公學校禮堂舉行落成典禮，參加者計有總督府土木局技師、事務官，桃園廳長及所屬官員、桃園電氣會社社長及當地士紳約150名。[71]又如桃園大圳的興建問題，桃園大圳組合的臨時代議員會於昭和4年（1929）2月18日上午11時在桃園公學校禮堂舉行，出席者有新竹州知事永山止米郎[72]，桃園大圳組合代議員50餘名，與各相

---

69 許佩賢，《殖民地臺灣的近代學校》，頁290-291。
70 藍博瀚，〈桃園街區日治時期初等教育空間發展（1895-1945）〉，頁84。
71 〈桃園電氣落成〉，《臺灣日日新報》，第5643號（1916年3月13日），版7。
72 臺灣總督府，《臺灣總督府及所屬官署職員錄》，昭和3年度（臺北：臺灣日日新

關理事組合代表與會。會中主要商討桃園大圳主幹線與支線的工程預算、完工後的水租徵收與償還等問題。[73]

　　由於桃園公學校為桃園廳所屬，與地方行政機關關係密切，更為地方文教中心，部分機關欲舉辦活動或召開會議苦無處所之時，亦租借桃園公學校場地為之。如明治43年（1911）桃園廳農會欲成立業主會（會員大會，納租20圓以上為會員），最後決定於8月10日在桃園公學校召開成立大會。是日桃園廳長西美波及總督府農務課長小川運平[74]（1877-1935）等人與會，由於會員人數眾多，會場無法容納，遂由該廳轄下27個農會各推舉一至二名代表與會。此外，桃園各地街庄長也列席，討論未來營運內容，最後決定業主會的事業內容為製造堆肥、改建豬舍、改修埤圳、植樹造林、召開租穀品評會等等。[75]

　　在產業的推廣介紹方面，桃園廳所舉辦的產業品評會與講習會等，也常假桃園公學校禮堂召開，如大正6年（1917）9月9日在該校舉行桃園廳產業組合事務講習會結業式，計有36名講習員結業，頒授結業證書，另有成績優異者3名獲頒獎品。[76]大正7年（1918）3月11日，桃園廳農會所主辦的茶園、製茶品評會於

　　報社印行，1928年），頁314。永山止米郎，日本茨城縣人，1904年畢業於東京帝大農科，1907年法政大學英法科畢，高等文官考試合格。1908年任山林事務官時曾派赴中國東化，任鴨綠江林木公司參事，後升任營業部長。1913年來臺，任總督府事務官，主管林業。1920年派赴歐美出差，後轉任專賣局。1926年4月22日由專賣局庶務課長陞任第六任新竹州知事。至1929年4月20日免官，轉任臺南州知事。見張子文等著，《臺灣歷史人物小傳：明清暨日據時期》（臺北：國家圖書館，2006年2月），頁77。

[73] 〈七十萬圓の所謂幽靈借款を中心に大部揉めた　桃園大圳臨時代議員會〉，《臺灣日日新報》，第10327號（1929年2月15日），版5；〈桃園大圳通常代議會〉，《漢文臺灣日日新報》，第10355號（1929年2月16日），版4。

[74] 臺灣總督府，《臺灣總督府文官職員錄》，明治44年度（臺北：臺灣日日新報社印行，1911年），頁33。

[75] 〈桃園業主會の設立〉，《臺灣日日新報》，第3691號（1910年8月14日），版3；〈設業主會〉，《漢文臺灣日日新報》，第3692號（1910年8月16日），版3。

[76] 〈產業講習修了式〉，《臺灣日日新報》，第6183號（1917年9月13日），版6。

桃園公學校禮堂舉行頒獎典禮，共有總督府民政長官代理、農務課長、商工課長、技師及臺北廳長代理及其他民間士紳數10名參加。當天桃園公學校還舉辦學事展覽會，有臺人男女老幼數千名參加，為該地一大盛事。[77]另如新竹州桃園郡畜產組合也自昭和9年（1934）5月15日開始，連續兩個月於桃園第一公學校舉辦長期講習，並於7月13日舉行結業式，由桃園郡守、總督府技手及郡技手等人頒發給10名講習生結業證明。[78]

綜上所述，桃園公學校一直是桃園當地重要展覽活動、會議與典禮儀式舉辦之所，甚至是地方政府舉辦各種產業講習之所，以其地緣特性，在當地產業的教習與宣揚上扮演重要角色。

除初等教育的任務外，由於桃園公學校還肩負社會教育職責，因此校方也常利用校舍教室舉辦各種社會教化或社會教育活動，使地方人士得以學習或欣賞。如明治33年（1900）8月，校長山中豐次郎為使桃園地方人士知悉衛生方法，重視環境清潔，遂於該校舉辦幻燈會，邀集地方人士參觀，又怕臺人語言不通，所以還聘任翻譯講解，據報導因參加人數過多以致擁塞校門。[79]

明治40年（1907）9月5日，為使桃園地區失學民眾能學習日語，尤其是家庭主婦，校方特地舉辦婦人會，之後又連續兩晚於該校舉辦電影放映會，吸引不少婦女前往觀賞。[80]而為強化失學婦女對日語的學習，愛國婦人會的桃園幹事部從大正4年（1915）開始還特地舉辦婦人國語練習會，教導臺灣婦女日語、裁縫、家事等，以涵養國民性格。在大正7年（1918）6月17日始政紀念日當天，即選定於桃園公學校禮堂舉辦第三回婦人國語練

77　〈桃園の品評會〉，《臺灣日日新報》，第6363號（1918年3月12日），版2。
78　〈畜產講習會〉，《臺灣日日新報》，第12314號（1934年7月15日），版3。
79　〈桃園幻燈〉，《臺灣日日新報》，第691號（1900年8月19日），版6。
80　〈桃園雜信〉，《臺灣日日新報》，第2805號（1907年9月7日），版2。

習會結業式，並頒獎給全勤的臺灣婦女。[81]

此外，為籠絡士紳，總督府在各地舉辦饗老典時，桃園公學校的禮堂也成為桃園廳舉辦該項典禮之所，在大正4年（1915）底《臺灣日日新報》的報導，即謂桃園地區耆老計有三、四百名受邀參加饗老典。有趣的是，這些耆老在宴會結束後還被招待去公會堂參觀餘興節目。[82]除饗老典外，地方的慈善活動有時也選在桃園公學校舉辦，如明治40年（1907）9月4日，桃園廳於是日晚間7點在桃園公學校廣場舉辦慈善音樂會，除播放日俄戰爭、高雄屏東鳳山各廳現況、修身教育、滑稽有趣的笑料片等數十種影片外，還展示播放中國音樂的留聲機，據報導，當晚至桃園公學校觀賞者不下4,000人，也有不少臺灣婦女前去參加。[83]

由於桃園公學校為桃園地區第一所新式學校，學區廣及鄰近龜山、蘆竹、八塊厝（今八德）等庄，此後隨桃園各地發展與該校入學人數漸增，為解決學子需長途步行到校之不便，亦陸續在各地新設學校或分校。[84]正因桃園公學校在戰前即設有分校，各分校的家長會也常選定在桃園公學校舉辦，如屬埔子分校場的埔子庄第十六回家長會就決定在大正6年（1917）12月21日在桃園公學校舉辦，會中還頒發該庄男女國語講習會會員的修業證書。[85]

雖然桃園公學校的校舍教室常被借為其他用途，但該校本質仍是初等教育機構，因此在地域角色的扮演，最重要者還是能針對學校教師提供進修機會與強化教學，為此，桃園公學校也積極舉辦各種講習會以達此目的。如明治41年（1908）11月8日，臺

81　〈桃園婦人國語會〉，《臺灣日日新報》，第6463號（1918年6月20日），版7。
82　〈桃園饗老〉，《臺灣日日新報》，第5533號（1915年12月21日），版6。
83　〈桃園慈善音樂會〉，《臺灣日日新報》，第2804號（1907年9月6日），版2。
84　吳椿榮，〈桃李芬芳百年樹人〉，收於桃園國民小學編，《桃園縣桃園國民小學創校百週年紀念專刊》，頁31。
85　〈埔子庄家長會〉，《臺灣日日新報》，第6282號（1917年12月21日），版7。

圖1-2 桃園公學校校門一景
資料來源：姚洲生，《棟花盛開時的回憶：日治時期畢業紀念冊展圖錄》，第2冊
（南投：國史館臺灣文獻館，2005年12月），頁94。

灣總督府於桃園公學校召募私塾教師及公學校高年級生數十名，
開設三週的「臺語假名書寫講習會」，藉此使臺人的日文能力得
以提升。其方式即是捨棄字畫繁雜的漢字，取日文五十音，附以
八聲記號，寫成臺語。報紙報導說即便不深識漢字者亦可自由運
用，隨意寫出，為便利之法，就日語普及的觀點視之，可謂裨益
匪淺。另方面，這種講習會僅十餘日的授課就可收到效果，因此
也建議將這種課程推廣運用到國語學校或公學校的國語正課中，
且認為利用既有臺語而用假名標注的學習方式，也可使多數塾師
普及日語，最為適當。[86]

　桃園公學校肩負此種教師知能成長與教學技法傳授之例不
少，如明治44年（1911）報紙報導，桃園廳每年均利用暑假時

---

[86] 〈臺灣語の假名書〉，《臺灣日日新報》，第3175號（1908年12月1日），版2；
〈臺語假名書〉，《漢文臺灣日日新報》，第3176號（1908年12月2日），版2。

間，召集廳下學校代用教師及書房教師，為其講授教學法及國語、算術等科，會址即選定在桃園公學校內。[87]大正7年（1918）7月3日，桃園公學校禮堂再度舉辦地方學事講習會，講習科目為修身、國語兩科。修身科講授內容為國民道德，國語科講授內容則是臺人在日語教育中較難學習的發音問題，由臺灣總督府聘請國語學校助教授開講，會期兩週，講習員則為桃園各公學校的訓導與雇。[88]

此外，桃園廳與新竹廳在暑假所例行性舉辦的聯合講習會中，由於輪流主辦，因此每兩年均選定在桃園公學校舉辦，如明治43年（1910）於新竹召開的聯合講習會，明治44年（1911）即移轉至桃園，會場即選定在桃園公學校內。在為期四週（1911.7.23-1911.8.20）的聯合學事講習會中，講師由臺灣總督府派遣，講習科目為國語、漢文、理科及教室管理等，講習員則為國語學校國語部畢業或同等資格而為學校之囑託與雇。[89]

由於桃園公學校也是臺灣總督府國語學校（含大正8年之後設立的師範學校）的實習學校，所以針對師範生在該校的實習情況，校方也會固定在該校舉辦實習例會。如大正3年（1914）12月2日傍晚6點半在桃園公學校內舉行的第四回實習例會，當晚除特別邀請前清秀才亦是書法名家的吳廷芳（1870-1929）演講新道德與舊俗之比較，讓師範生得有新視野外，最後也由該校教師與夜學會會長等人，一一指陳學生在實習時的優缺得失，以此做為師範生未來在杏壇執鞭之參考依據。[90]

---

87 〈桃園通信／地方講習〉，《漢文臺灣日日新報》，第4004號（1911年7月17日），版3。
88 〈桃園學事講習會〉，《臺灣日日新報》，第6478號（1918年7月5日），版7。
89 〈新竹通信／學事講習〉，《漢文臺灣日日新報》，第4001號（1911年7月14日），版3；〈桃園通信／聯合講習〉，《漢文臺灣日日新報》，第4004號（1911年7月17日），版3。
90 〈桃園學友會況〉，《臺灣日日新報》，第5497號（1914年12月6日），版3。

桃園公學校除為各校教師學習交流、師範生實習之所，畢業校友也常借用母校場地舉辦各種聚會或追思活動，其中最重要者即明治36年（1903）創立的「學友會」（校友會）。該會以舊國語講習所及公學校出身者組成，意在敦篤舊好，交換智識，改良風俗，每月定期開會，並商借母校禮堂舉辦例會或總會。如大正3年（1914）8月13日下午，該會在桃園公學校舉行第12回學友會總會，計有會員50餘人，來賓10餘人，在會務報告後，該日適逢首任校長山中豐次郎忌日，故各會員同表哀悼。另決定收取會費、遵守開會時間、每月固定一次集會等，最後在合影後宣告結束散會。[91]在每月的定期例會中，桃園公學校的學友會也常邀請來賓演講，如大正4年（1915）1月31日的例會，出席者有200名左右，會中特別安排時任淡水中學校校長偕叡廉（George William Mackay, 1882-1969）演說歐美地理及其景色風俗，牧師柯維恩演說風俗改良，至於臺北廳學事主任本田祐太郎[92]則應邀演說桃園女子教育如何增進等事。[93]

　　進入到戰時體制下，桃園公學校的禮堂與運動場，更是擔任各種皇民奉公事務的場所，如昭和12年（1937）10月，桃園郡下各公學校兒童、公民講習所、國語講習所生、男女青年團員、部落振興會會員等秋季聯合國語演習會，在30日假該校禮堂舉辦。當日桃園郡為陶冶兒童精神，決定演出相關戰爭的戲碼，藉此強化學生報國之心。[94]又如昭和16年（1941）6月21日下午3點，新竹州桃園郡特別志願兵制度實施感謝祭，也於該校運動場舉行，

---

[91] 〈桃園學友總會〉，《臺灣日日新報》，第5093號（1914年8月18日），版6。
[92] 臺灣總督府，《臺灣總督府文官職員錄》，大正4年度（臺北：臺灣日日新報社印行，1915年），頁175。
[93] 〈桃園學友例會〉，《臺灣日日新報》，第5235號（1915年2月4日），版6。
[94] 〈桃園／国語演習會〉，《臺灣日日新報》，第13507號（1937年10月29日），版8。

參加者計有勤行報國隊、各男女青年團、壯丁團、防衛團幹部、官署、會社代表等400餘人參加。[95]再如昭和16年（1941）暑假期間，有來自桃園出身的高等、中等學校之臺灣學生，也是在該學校禮堂舉辦學生大會，會中決定以嚴肅態度實踐皇民奉公運動，感謝總督府實施志願兵制度，並期待留學日本國內學生能與臺灣本島學生更加聯繫而達成報國任務。[96]

表1-6　日治時期桃園公學校歷屆業畢業生人數統計一覽
（1905-1946年）

科別 年	普通科			高等科			合計		
	男	女	小計	男	女	小計	男	女	小計
1905	6	0	6	---	---	---	6	0	6
1906	4	0	6	---	---	---	4	0	6
1907	7	0	7	---	---	---	7	0	7
1908	9	0	9	---	---	---	9	0	9
1909	10	0	10	---	---	---	10	0	10
1910	8	0	8	---	---	---	8	0	8
1911	9	0	9	---	---	---	9	0	9
1912	8	0	8	---	---	---	8	0	8
1913	61	5	66	---	---	---	61	5	66
1914	40	6	46	---	---	---	40	6	46
1915	52	5	57	---	---	---	52	5	57
1916	30	1	31	---	---	---	30	1	31
1917	62	4	66	---	---	---	62	4	66
1918	72	12	84	---	---	---	72	12	84
1919	69	14	83	---	---	---	69	14	83

---

[95] 〈各地感謝式／桃園〉，《臺灣日日新報》，第14830號（1941年6月23日），版4。
[96] 〈桃園で二つの會合〉，《臺灣日日新報》，第14860號（1941年7月23日），版3。

科別 年	普通科			高等科			合計		
	男	女	小計	男	女	小計	男	女	小計
1920	59	14	73	---	---	---	59	14	73
1921	78	11	89	---	---	---	78	11	89
1922	65	16	81	---	---	---	65	16	81
1923	65	21	86	16	0	16	81	21	102
1924	68	20	88	32	0	32	100	20	120
1925	67	33	100	30	6	36	97	39	136
1926	84	40	124	22	4	26	106	44	150
1927	95	30	125	24	4	28	119	34	153
1928	136	44	180	21	0	21	157	44	201
1929	105	44	149	21	0	21	126	44	170
1930	104	38	142	24	0	24	128	38	166
1931	80	40	120	28	4	32	108	44	152
1932	94	39	133	23	4	27	117	43	160
1933	122	46	168	25	6	31	147	52	199
1934	120	49	169	31	11	42	151	60	211
1935	141	72	213	30	9	39	171	81	252
1936	129	90	219	42	9	51	171	99	270
1937	127	92	219	34	12	46	161	104	265
1938	135	109	244	34	16	50	169	125	294
1939	134	66	200	62	15	77	196	81	277
1940	139	66	205	47	32	79	186	98	277
1941	159	110	269	47	34	81	206	144	350
1942	144	112	256	64	18	82	208	130	338
1943	161	128	289	110	8	118	271	136	407
1944	173	104	277	104	13	117	277	117	394
1945	161	148	309	100	18	118	261	166	427
1946	---	---	---	59	12	71	59	12	71
總計	3,392	1,629	5,023	1,030	235	1,265	4,422	1,864	6,281

註：由於高等科為二年制，故於1944年與1945年入學者同於1946年畢業。

資料來源：桃園國民小學編，《桃園縣桃園國民小學創校百週年紀念專刊》（桃園：桃園國民小學，1997年9月），頁210-235。

五、結語

　　桃園公學校自明治30年（1897）成為臺北國語傳習所桃仔園分教場以來，即承擔傳播桃園地區新式教育中心的角色，雖然初創之際，因兵馬倥傯、臺人家長對日人興辦學校的疑慮，加以傳統書房的競爭，致招生情況不甚理想。但隨著新校舍的落成、營運經費的取得與各種展覽會、學藝會、運動會、保護者會的舉辦，家長與地方人士透過活動更能瞭解家中孩童在校的學習狀況與學校營運，遂使該校的校務發展更上軌道。除一般的課程外，為使學生的學習更具效能，另方面也藉此傳遞皇國民精神，是以桃園公學校也安排各種涵蓋「教學」、「訓育」與「養護」特質的教育活動，諸如設立模擬購買組合、舉辦夜學會及最受學生喜愛的修學旅行等，至於在戰時體制下的各種奉公活動，諸如愛國捐獻、精神總動員等，桃園公學校亦配合總督府政策盡力為之。

　　除初等教育的機能外，桃園公學校還承擔地方社會教育與教化的角色，曾舉辦過衛生講習會、國語講習會等。由於與地方關係密切，各機關行號在舉辦活動或典禮時，也常商借桃園公學校的禮堂為之，如桃園電氣株式會社、桃園水圳組合等；而由於桃園公學校為桃園廳所轄，是以桃園廳所舉辦的業主會、產業品評會、講習會，甚或籠絡士紳的饗老典等，亦選定在該校辦理，以宣揚產業、文教與地方的連結。

　　由於桃園公學校的本質還是初等教育的傳播者，因此針對教學問題仍需有更多的精進作為。為提供教師進修與強化教學，點出實習生的實習優缺，桃園公學校曾為此舉辦過國語假名講習會、聯合講習會、實習例會等；而由畢業校友組成的學友會，在

每月的定期例會中，也會邀請專家學者到校進行演講，以收教育
實效。要之，桃園公學校扮演桃園地區文教與社教中心的角色，
已不言自喻。

第二章 | 日治時期臺灣公學校中的
國語讀本編寫

一、前言

　　日人自明治28年（1895）治臺後，為求政令宣達與殖產興業，遂在臺灣推展新式教育，其中又以日語傳布與初級技術人員養成為主要教育目標。在初等教育部分，主要透過公學校強化臺人子弟對日語的學習，以利臺日溝通及政令宣達。由於清領時期臺人並非使用日語，為此，殖民政府須開展日語教育，除讓臺灣學童得以嫻熟日語外，更重要者即是藉由日語來吸收殖民政府所要傳達的各種思想與內容。其中在公學校部份，共五期60卷的國語教科書（詳下表2-1），無疑是最主要的工具與媒介之一。[1]

　　歷來對此國語教科書與殖民政策連結的探究已多有成果，如蔡錦堂針對第一、二期教科書，提出具「國民性格涵養」與「授實學」之特質；[2]周婉窈也針對最多學生使用的第三期教科

---

[1] 此套公學校國語教科書原本因戰爭與政權更替而多所散佚，幸賴海內外有志者四處蒐羅，最後在2003年由臺北南天書局悉數復刻出版。見魏德文，〈從重刊《日治時期臺灣公學校與國民學校國語讀本》看教材印製史與景印始末記〉，《臺灣教育史研究會通訊》，第30期（2003年12月），頁31-33。另外，公學校此一名稱自1941年起，因戰時體制為拉攏臺人，廢除差別待遇，遂與小學校等一起改稱為國民學校，但為行文方便，本文仍統稱為公學校。

[2] 蔡錦堂，〈日本治臺初期公學校「國語」教科書之分析〉，收於鄭樑生主編，《中國與亞洲國家關係史學術研討會論文集》（臺北：淡江大學歷史系，1993年10月），頁245-299。

表2-1　公學校國語讀本各期書名、卷數與出版時間

期別	出版時間	書名	卷數
第一期	1901-1903	臺灣教科用書國民讀本	卷1-12
第二期	1913-1914	公學校用國民讀本	卷1-12
第三期	1923-1926	公學校用國語讀本（第一種）	卷1-12
第四期	1937-1942	公學校用國語讀本	卷1-12
第五期	1942-1944	コクゴ／こくご	卷1-4
		初等科國語	卷1-8

資料來源：吳文星等編，《日治時期臺灣公學校國語讀本：解說、總目次、索引》（臺北：南天書局，2003年11月）。

書進行分析，提出「實學」與「鄉土教材」是該期教科書最為側重之處。[3]此外，許佩賢也曾就第五期教科書進行討論，認為該期教科書配合戰爭書寫，以塑造臺灣兒童為日本少國民，雖有新教育觀與教育方法出現，然其本質仍是為政治而服務。[4]此外，尚有學者特別針對國語教科書可形構出的專題為文，如劉書彥對教科書中臺灣社會的描繪，指出日本殖民母國雖以創造民族國家為目標，但對臺灣這座殖民地所進行的統合與支配卻是虛假的同化。[5]周婉窈也曾針對教科書插畫中的臺人形象撰文，指出日人隨殖民統治政策變化，「定義」且「他塑」臺灣人的形象；[6]而林竹君也曾以藝術觀點，討論教科書插畫繪製者的經歷和風格、

---

[3] 周婉窈，〈實學教育、鄉土愛與國家認同—日治時期臺灣公學校第三期「國語」教科書的分析〉，收於該氏著，《海行兮的年代—日本殖民統治末期臺灣史論集》（臺北：允晨文化公司，2003年2月），頁215-294；周婉窈，〈鄉土臺灣在日治時代公學校教科書中的地位（初探一）〉，收於中央圖書館臺灣分館編，《鄉土史教育學術研討會論文集》（臺北：國立中央圖書館臺灣分館，1997年6月），頁125-152。

[4] 許佩賢，〈從戰爭期教科書看殖民地「少國民」的塑造〉，《臺灣風物》，第46卷第1期（1996年3月），頁63-93。

[5] 劉書彥，〈探究日本語教科書中殖民統治者對臺灣社會之觀點〉，《臺灣風物》，第46卷第3期（1996年9月），頁15-71。

[6] 周婉窈，〈寫實與規範之間—公學校國語讀本插畫中的臺灣人形象〉，《臺大歷史學報》，第34期（2004年12月），頁87-147。

圖像意涵及畫家如何以自身認知和各種材料輔助，為臺灣學童提供生活記憶圖像，並且打造他們對於未來想像的模型。[7]另外，蔡秀美則針對消防議題，指出殖民者灌輸臺灣學童消防觀念，涵養學童對公共事務的關心，並在戰爭時期透過實際演練，將學童納入總力戰體制的一環；[8]王韶君則對中國議題較有興趣，提出現代中國在該套教科書中只是片面中國，甚至只是出現在日本大東亞地理概念下的中國，呈現「缺少」、「淡化」與「制約」的特質。[9]最後，許佩賢、陳虹彣、鄭昱蘋也都提出此套國語教科書的設計雖以整體臺灣為主題，卻連結出臺灣學童對殖民母國的進步想像與希望願景，有高度殖民意識的操作特質。[10]

二、皇國與日本文化的灌輸

有關公學校國語教科書的設計與內容，學界已多有討論，其中有關日本歷史文化、皇室與國家關係的議題可謂是編寫重點，如蔡錦堂對第一期與第二期國民讀本的分析，發現此等教科書在「皇室關係」與「國家關係」方面的編寫，第一期有15課，第二期則較前期增加9課為24課，共佔整體教材內容11%，反映明治38年（1905）日俄戰爭後日本在尊崇皇室與忠愛國家的風潮上更

---

7 林竹君，〈記憶的編纂—臺灣公學校國語讀本插畫之研究〉，國立中央大學藝術學研究所碩士論文，2006年7月。
8 蔡秀美，〈日治時期臺灣公學校的消防教育—以國語、修身教科書為中心〉，《臺灣學研究》，第14期（2012年12月），頁117-146。
9 王韶君，〈從漢文化流域到北方國境線：日治時期臺灣公學校國語教科書中的「支那」言說與再現〉，《文史臺灣學報》，第8期（2014年6月），頁75-112。
10 許佩賢，〈塑造殖民地少國民—日據時期臺灣公學校教科書之分析〉，國立臺灣大學歷史研究所碩士論文（1993年6月）；陳虹彣，〈日本殖民統治下臺灣教育政策之研究—以公學校國語教科書內容分析為例〉，國立中山大學教育研究所碩士論文，2001年6月；鄭昱蘋，〈從「移植」到「重構」—論公學校五期國語教科書的「臺灣」教材〉，國立臺中教育大學語文教育學系博士論文，2012年6月。

為向前。[11]無獨有偶，周婉窈也曾針對第三期《公學校用國語讀本》進行分析，指出該套教科書中雖有實學教育知識的傳佈、臺灣鄉土事物的鋪排，但有關日本歷史、文化、神話與皇室、國家關係者，卻仍有高度比重（見下表2-2）。

表2-2　臺灣公學校第三期國語教科書類別與課數一覽

類別	課數
日本歷史、文化、地理	40
天皇關係、愛國教育	19
實學知識、近代化	68
臺灣事物	67
道德教育	46
勞動者	6
中國事物	5

資料來源：周婉窈，〈實學教育、鄉土愛與國家認同—日治時期臺灣公學校第三期「國語」教科書的分析〉，頁226。

　　此外，陳虹彣也曾經針對第一期至第四期公學校國語教科書進行內容分類與量化分析，提出有關日本國內事情的介紹各期比重雖增減不一，但國民精神與軍事教材二類卻有逐期增高之傾向（見下表2-3）。

　　透過前述蔡錦堂、周婉窈與陳虹彣對公學校國語教科書的分析，可發現在「日本化」這個課題上，總督府所傳遞者主要是日本史地、皇國史觀、國民精神與文化祭儀等，藉此灌輸臺灣學童文明日本、皇國精神與忠君愛國之念。由於「國民性格的涵養」本為日本對臺的重要教育政策之一，[12]因此，在公學校國語教科

---

[11] 蔡錦堂，〈《臺灣教科用書國民讀本》與《公學校用國語讀本》〉，收於吳文星等編著，《日治時期臺灣公學校與國民學校國語讀本—解說·總目次·索引》（臺北：南天書局，2003年11月），頁46、53。
[12] 臺灣總督府，《臺灣總督府府報》，第1738號（1919年1月12日），頁30-31。

表2-3 臺灣公學校第一期至第四期國語教科書類別與比重一覽
（百分比%）

期別 類別	第一期	第二期	第三期	第四期
道德教育	21.04	13.27	21.89	16.18
實學教育	35.3	31.12	37.28	36.84
生活與衛生習慣	6.03	3.05	3.08	2.47
國民精神	8.84	9.60	6.22	16.45
軍事教材	0.71	0.81	1.14	7.13
性別教材	1.42	1.08	0.54	0.09
內地事情	5.28	2.87	1.81	2.10
臺灣事情	13.11	9.15	7.43	5.58
一般語言教材	8.23	29.06	20.62	13.16

資料來源：陳虹彣，〈日本殖民統治下臺灣教育政策之研究——以公學校國語教科書
內容分析為例〉，頁167。

書的設計中，日本皇國精神、傳統文化事物與特殊節慶祭儀確實
多成為主要內容，如第一期的教科書中就出現〈天長節〉（第6
卷第8課）、〈紀元節〉（第7卷第1課）、〈宮城〉（第7卷第2
課）、〈日本地圖〉（第8卷第1課）、〈臺灣神社〉（第8卷第9
課）、〈仁德天皇〉（第9卷第1課）、〈醍醐天皇〉（第8卷第
1課）、〈我國歷史〉（第12卷第2、3課）、〈黃海之戰〉（第
12卷第8課）、〈明治聖代〉（第12卷第20課）等有關皇室與國
家內容。第二期教科書中又增加諸如〈皇后陛下〉（第7卷第1
課）、〈太陽旗〉（第7卷第1課）、〈皇大神宮〉（第9卷第1
課）、〈水兵之母〉（第10卷第14課）、〈乃木大將〉（第10卷
第23課）及〈昭憲皇太后御歌〉（第11卷第1課）等項。

　　至第三期教科書，誠如前述周婉窈的統計，相關介紹日本皇
室、國家與歷史文化者已接近60課，新增者如〈桃太郎〉（第3

卷第28-30課）、〈浦島太郎〉（第4卷第14、15課）、〈開花爺
爺〉（第4卷第28-30課）等日本傳統寓言故事及〈明治節〉（第
4卷第3課）、〈明治神宮〉（第10卷第1課）、〈日本海海戰〉
（第11卷第11課）、〈兒玉大將〉（第12卷第15課）等皇室國家
關係者。至第四期教科書出版時，由於已進入到中日戰爭時期，
軍國思想的灌輸更為迫切，是以諸如〈神武天皇〉（第6卷第4
課）、〈神宮參拜〉（第9卷第2課）、〈日本的軍隊〉（第9卷
第5課）、〈興亞奉公日〉（第9卷第6課）、〈參拜靖國神社〉
（第11卷第3課）、〈我們的海軍〉（第11卷第7課）、〈皇民奉
公會〉（第12卷第21課）、〈皇國之姿〉（第12卷第22課）等課
程內容即新增紙上。至最後第五期教科書時，隨戰爭形勢更為
迫切險峻，教科書中更出現如〈大神使者〉（初等科國語第1卷
第18課）、〈三勇士〉（第2卷第21課）、〈日本武尊〉（第3卷
第7課）、〈護國神社〉（第3卷第9課）、〈空中軍神〉（第7卷
第7課）等戰時軍國的描繪，藉此讓臺人子弟同仇敵愾，共赴國
難。此外，在人物的選定上，教科書也大多選擇日本皇室、商
人、實業家、武士、官吏、社會事業者、勞動階級及文學人物等
模範，藉此成為臺灣學童效仿學習之對象。

三、交通工具與設施的強化

　　日人領臺初期由於抗日風起雲湧，致多採高壓手段，唯以
武力應對終非統治良法，為此，臺灣總督府改採「鞭子」與「糖
飴」雙管齊下策略，透過各種近代化設施與教育方式收攬民心，
而最能讓臺灣民眾感受到近代化氛圍者，莫過於各項交通設施的
強化，是以公學校五期國語教科書中，如郵輪、燈塔、汽船、鐵
路、電力、郵政等近代化交通工具與設施描繪便經常出現。

首就海運而言，聯繫日本國內與殖民地臺灣的交通設施當屬輪船與引航的燈塔，在國語教科書所描繪的近代化事物中常出現此類，如第三期教科書的〈基隆到神戶〉一課，不但描繪海上客輪的遠洋航行能力，還特別標示其巨大樣貌，文曰：

> 船很大，……有一百三、四十米長，二十米寬，煙囪直徑有四米，船上旗桿高三十五米，……在船尾看到因螺旋槳推進器而產生的波浪，……在船橋無論何時都看到手拿望遠鏡的舵手，守護著船的行進，還有精確的海圖與羅盤，因此在這無垠的大海上也不用擔心航路。……照事務員的說法，此船為大正元年（按：1912）建造，花費六百萬圓，有一百六十名船員，七百三十六名船客，載重量有六千多噸。[13]

　　由於近代海航知識與技術的具備，遠洋航行已非難題，唯在抵達各海港前仍須有相對應的航路指引，為此，燈塔此項設施也成為重要角色。由於臺灣四面環海，教科書在相關海運描繪中，也常標示燈塔所在位置與重要性，如第三期〈燈塔〉一課中寫到大型燈塔可散發出數萬燭光芒，在數十里遠方都可看見，若遇大霧而無法看到光亮時，尚可運用敲鐘、鳴笛或發射大砲等方式示之。臺灣海岸有許多燈塔，當中著名者如北邊的彭佳嶼和南方的鵝鑾鼻，又在澎湖附近海域因海難多生，也設有不少燈塔。[14]

　　在第二期〈臺灣一周〉一課中，教科書再度介紹臺灣各地燈塔，並附上地圖，課文提到從基隆出發，約到基隆嶼往西迴轉

---

[13] 臺灣總督府，《公學校用國語讀本》（第三期），第10卷第3課，〈基隆到神戶（二）〉（臺北：臺灣總督府，1931年2月），頁14-16。

[14] 臺灣總督府，《公學校用國語讀本》（第三期），第8卷第5課，〈燈臺〉，頁17-18。

不久後即看到富基角（富貴角）燈塔，為臺灣最北燈塔。續往西南，過淡水後在左方可看到紅白相間亮光，即白沙岬燈塔（位於今桃園市觀音區）。而在離島澎湖部分，在離開媽宮（馬公）後，可看到漁翁島燈塔與北島燈塔；再往臺灣南端，恆春大板埒（今恆春南灣）東南方有鵝鑾鼻，該處也有著名燈塔；最後往北進入鼻頭角燈塔再往西即可看到基隆嶼。[15]在臺灣多處燈塔中，位居最南端的鵝鑾鼻，因面向南洋，除為二戰前日本最南境之外，為呼應日本南進政策之舉，在第三期教科書中還特別將〈鵝鑾鼻〉列為一課，並以詩歌方式描述。[16]

除郵輪、燈塔外，從海港進入內河，教科書也常提到以蒸汽為動力的汽船此種近代航行工具，如在第三期〈船〉一課中，教科書還特別以臺灣學童「阿生」為主角，敘述他與父親同至高雄港時，在港口看到從未見過的大船，尤其對大汽船冒煙多感興趣，最後經由父親告知，其動力來源正如同火車加煤產生蒸氣般，[17]教科書所要傳達給學童的近代化動力傳輸知識也於焉成形。另外，在同期教科書第8卷的〈臺北〉一課中，也提到繁榮的臺北大稻埕河岸旁，無論何時都聚集著戎克船（Junk）與汽船，且與下游淡水港的來往絡繹不絕，[18]再次傳遞臺灣學童此種蒸汽動力船的內河航行能力。

從海上或河流進入到陸地後，由於汽車運輸至大正9年（1920）以後才迅速發展，[19]因此鐵路反成為日人在臺最重要的

---

[15] 臺灣總督府，《公學校用國民讀本》，第12卷第4課，〈臺灣一周〉（臺北：臺灣總督府，1914年8月），頁7-12。

[16] 臺灣總督府，《公學校用國語讀本》（第三期），第11卷第3課，〈鵝鑾鼻〉，頁11-13。

[17] 臺灣總督府，《公學校用國語讀本》（第三期），第6卷第3課，〈船〉，頁6-8。

[18] 臺灣總督府，《公學校用國民讀本》，第8卷第3課，〈臺北〉，頁8。

[19] 相關研究可參閱蔡龍保，〈日治時期臺灣道路改良事業之展開（1926-1936）〉，《國史館學術集刊》，第17期（2008年9月），頁37-83。

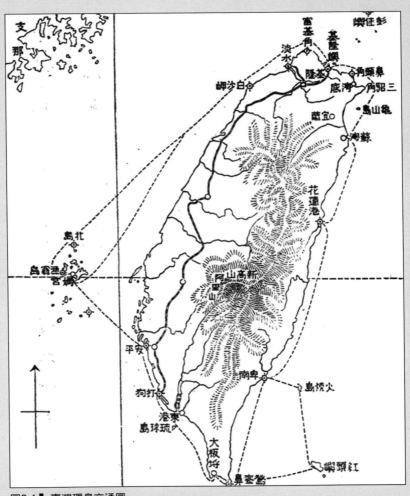

圖2-1┃臺灣環島交通圖
資料來源：臺灣總督府，《公學校用國民讀本》，第12卷第4課，〈臺灣一周〉，頁9。

近代化交通工具。清末劉銘傳（1836-1896）在臺時曾命人建造北起基隆南至新竹的鐵路，[20]日人據臺之初也曾利用此段舊鐵路，以加速軍資運輸對付抗日義舉，然因戰事持久與補給困難，為強化對臺統治，臺灣總督府乃倡建縱貫鐵路，並展開線路調查，[21]此後，直至明治41年（1908）完成北起基隆南至高雄的西部縱貫鐵路。此段路線完成後，不但縮短臺灣南北各地的距離時間，各地景觀也得以透過此種新式交通工具而得以連結。在第二期教科書〈臺灣縱貫鐵道中〉一文中，已書寫鐵路北端基隆到南端高雄間，火車行駛至各大城市所需花費的時間，文曰：

> 乘基隆出發的火車，約一小時到達臺北。……從臺北出發，約三小時到達新竹。……從新竹出發，約三小時到達臺中。……從臺中出發，約四小時到達嘉義。……嘉義到臺南間約二小時，臺南至打狗間不到二小時。[22]

在第三期教科書〈從臺北到屏東〉一文中，除書寫時間外，更以作者隨父親南下拜訪在屏東的伯父而寫下搭乘火車的過程與沿途景緻：

> 搭早上從臺北出發的急行列車，行經新店溪，看見農村景色之變化，……僅約一小時就抵達桃園，……不久抵達新

---

20 有關清末臺灣鐵路之鋪設、設施、運輸、營業、保險及組織型態等，可參閱江慶林譯，《臺灣鐵路史》，上卷（南投：臺灣省文獻委員會，1990年6月）。

21 相關研究可參閱林淑華，〈日治前期臺灣縱貫鐵路之研究（1895-1920）〉，國立臺灣師範大學歷史研究所碩士論文（1999年6月），頁9-66；陳家豪，〈日治初期臺灣鐵道政策的轉變：以「國營」、「民營」的討論為中心（1895-1898）〉，《臺灣文獻》，第63卷第2期（2012年6月），頁95-140。

22 臺灣總督府，《公學校用國民讀本》，第10卷第5課，〈臺灣縱貫鐵道〉，頁11-14。

竹，……之後搭海岸線火車，……不知何時過追分已到彰
化。……到達斗六後，平原廣袤，……之後來到嘉義，
……傍晚時到達臺南，至高雄轉換潮州線火車，……至水
面映照月影，火車已慢慢來到屏東。[23]

　　要之，隨臺灣西部鐵路縱貫線的完成，代表臺灣的「人流」
與「物流」更加便利，在明治末期至大正初起的1910年代，從基
隆到高雄三百多公里的路程走走停停約15個小時內可到達，雖
不若今日的鐵路速度，但相較清末基隆至新竹路段僅百餘公里
（106.7Km）就需花費一天，且一天只能往返四班次，[24]仍可窺知
此時火車運行速度的增進。國語教科書藉由近代化交通工具的運
輸與連結，披露「朝辭臺北，夕抵臺南」的情景，臺灣南北縮短
至此，無疑是日本殖民母國想要宣示對臺灣的近代化貢獻之一。
　　除海路與陸路的近代化設施外，電力設施的科學工程技術，
在第二期教科書〈電的運用〉一課中，也說明臺灣有不少用電設
施，如臺灣電報與電話多可行，即便在偏僻海岸或山區不便之處
也多架有電線；又如設置與日本國內或海外通信所需的海底電
纜，航行中的輪船也需透過無線電通訊等，此皆為電在通訊上的
應用。電也可應用在交通工具上，如電車與汽車的行駛；也可運
用在工業上，如精米所與鐵工廠的機械運轉；還有醫療設備上的
運用，可檢查各種疾病；另有電燈及電扇等，此皆為電器上之運
用。再則，還有鍍金、鍍銀與肥料的製造，並有利用火力及水力
發電者等。[25]要之，電力與電氣裝置等近代化科學與技術，也已
透過日本殖民政府作為而施用於臺灣。

[23] 臺灣總督府，《公學校用國語讀本》（第三期），第9卷第13課，〈從臺北到屏
東〉，頁44-53。
[24] 江慶林譯，《臺灣鐵路史》，上卷，頁33。
[25] 臺灣總督府，《公學校用國民讀本》，第12卷第10課，〈電的運用〉，頁23-25。

圖2-2 電力的運用

資料來源：臺灣總督府，《公學校用國民讀本》，第12卷第10課，〈電的運用〉，
頁24。

　　最後，同屬近代化交通設施者，郵政制度亦可一提。在第
一、二期教科書中，已分別有〈郵便〉與〈郵局〉二課論及郵
政，首期課文〈郵便〉中提及從學校回家的阿玉替不識字的母親
寫信給遠方親戚，因為郵局寄送的便利性，所以母親很高興，在
該課插畫中還特別描繪出郵務士至郵筒收信的景象。[26]而在第二
期教科書〈郵局〉一課中則延續前期，特別書寫至郵局寄送郵件
時所需的相關知識與郵局承辦的業務，如依信函重量貼付等值的
郵票，若寄送金錢則稱為匯兌，寄送物品時可以小包處理。此
外，郵局還承辦郵政儲金，即將錢存入待使用時再將其提領。[27]

　　綜上所述，國語教科書在臺灣總督府的規劃下，秉持國策，
強調殖民母國在文明上的優越性，透過如輪船、燈塔、汽船、火

<hr />

[26] 臺灣總督府，《臺灣教科用書國民讀本》，第6卷第16課，〈郵便〉，頁27-29。
[27] 臺灣總督府，《公學校用國民讀本》，第6卷第11課，〈郵局〉，頁28-30。

車、電器與郵政的書寫，一方面讓臺灣學童知悉各項近代化交通
工具與設施，另方面也藉此突顯殖民政府的有效作為。

四、近代城市意象的體現

　　近代化城市的規劃與建設，無疑是殖民帝國向外宣揚治績的
最佳方式之一，日治時期臺灣總督府利用市區改正觀念，將清代
傳統城牆城市改造成具現代化型態的都市，如臺北城內不但設立
各種雄偉壯麗的公共建築，還擁有如公園開放空間及象徵知識殿
堂的總督府博物館等，在在顯示其藉由城市規劃與建設，達到權
力展現與懷柔民心之雙重目的。[28]

　　日治時期公學校國語教科書對臺灣各城市近代化建設的描
繪不少，若以「課」為單元介紹者，計有臺北、臺南、臺東等城
市，附於各地地景介紹者則尚有基隆、桃園、新竹、嘉義、高雄
等。由於臺灣自清末開港通商後，因南北地位的升降，加上日人
對臺的近代化設施多集中臺北，是以臺北的都市規劃與建設最粲
然可觀。臺灣總督府在明治29年（1896）即設立臺北市區計畫委
員會，透過調查、繪圖、統計，開始建構一個新的臺北空間，使
其成為殖民地建設成果的模範與對外宣傳樣本，據葉肅科的統
計，日治時期光臺北市的主要公共建築便有115處之多。[29]

　　由於臺北為指標性城市，是以各期國語教科書皆編寫〈臺
北〉一課，如第一期就描繪臺北三市街（臺北城、艋舺、大稻
埕），謂臺北城面積廣大，城內有總督府、兵營、學校、醫院、
法院等，市街道路寬廣，約有2,700戶。城西淡水河旁有艋舺市

[28] 黃郁軒，〈日治時期臺北城內街屋現代化過程之研究〉，國立臺北藝術大學建築
與古蹟保存研究所碩士論文，2011年6月。
[29] 葉肅科，《日落臺北城：日治時代臺北都市發展與臺人日常生活（1895-1945）》
（臺北：自立晚報社文化出版部，1993年9月），頁158-166。

街，約有3,700戶人家。城北沿淡水河有大稻埕市街，約有7,600戶人家，商賈雲集。城內與大稻埕間有火車站，往東北可達基隆，往西北可達淡水，往西南可達苗栗，這三方向都鋪設鐵路，西南邊的鐵路甚至可通達臺南。又艋舺與大稻埕西邊緊鄰淡水河，往北約四里（按：日制1里約3.927公里）為淡水港，可通大海，淡水河上經常有船隻往來，交通便利。[30]

　　第二期的〈臺北〉則提到臺北人口約10萬，因人口激增，所以城外的東門及南門附近的市街也開始成形。臺北城內的建築除總督府外，還有總督官邸、市役所（市政府）、學校、銀行、會社等。在艋舺與大稻埕部分，則提到往昔熱鬧的艋舺近來已被商業繁興的大稻埕所取代。而最重要者即是此期因市區改正計劃（都市計畫）的施行，所以電燈與自來水、下水道工程皆具，此為過往所不及者。[31]

　　到第三期則書寫臺北人口已超過23萬，鐵路通於四方，河岸旁有戎克船與小蒸汽船停泊。市中央為城內，周圍原有城壁圍住，現只剩城門，在原城壁位址改闢成寬廣的三線道路。市內道路整理良好，汽車往來頻繁，建物年年改良，樓高二、三層的紅瓦屋漸增。地名部分，有稱為本町、榮町、京町、太平町、新起町之市街者，大馬路旁有眾多商店比鄰而居，熱鬧非凡。在太平町部分尚有精製茶葉者，買賣眾多。市內自來水與下水道運作良好，大市場有七處，此外，還有動物園、植物園、博物館、圖書館、公園及大型運動場等各種公共設施。臺北市內寬廣，東西四公里，南北六公里，市內民居大增，最北端為臺灣神社，最南端則為臺北帝國大學。[32]

---

[30]　臺灣總督府，《臺灣教科用書國民讀本》，第10卷第9課，〈臺北〉，頁19-21。
[31]　臺灣總督府，《公學校用國民讀本》，第8卷第3課，〈臺北〉，頁6-8。
[32]　臺灣總督府，《公學校用國語讀本》（第三期），第7卷第28課，〈臺北〉，頁102-105。

在第四期教科書則以學童春雄與祖父的對話方式，敘述臺北是臺灣第一大都市，人口已有30萬，居於北方的臺灣神社參拜者絡繹不絕，附近還有動物園跟運動場，至於總督府則居城內中心，為一豪華建築。除繁華的大稻埕外，城內的「榮町」[33]也很熱鬧，該地兩邊店面為臺北最美麗之所。與總督府併排者還有臺灣銀行、法院，都是雄偉的建築物；還有，臺北公園裡的博物館也是。臺北公園內有水池、噴泉、花園，還有音樂臺跟放送局（電臺）。其他，如植物園也很值得一看，裡頭的建功神社務必前往參拜。總之，臺北無法一日逛完，暑假一定要到該處遊玩。[34]至於在第五期部分的書寫，除主角改為正男，臺北人口增至37萬外，其餘部分與第四期幾乎相同。[35]

透過各期教科書對臺北城市的書寫，大致可歸納出幾個重點：一是隨著各種行政（總督府）、軍事（兵營）、法律（法院）、財政（臺灣銀行）與皇國思想（神社）的公共建築出現，象徵日人在臺權力空間的擴大與固著化；二是各種與民生相關的設施出現，如學校、醫院、公園、音樂臺、放送局、博物館、植物園等，傳遞出日人對臺的親善作為與設想；三是都市經規劃後，市街寬廣熱鬧、商店林立、上下水道與電力設施齊備，使臺灣步向近代化之林，也成為日本向外展示殖民地治理良善的最佳例證。

除上述臺北外，臺灣各地城市也或多或少被編寫到教科書

---

[33] 約為今日臺北市中正區衡陽路、寶慶路、秀山街、博愛路、延平南路一帶。

[34] 臺灣總督府，《公學校用國語讀本》》（第四期），第6卷第24課，〈臺北〉，頁124-132。

[35] 臺灣總督府，《初等科國語》，第2卷第24課，〈臺北〉，頁128-129。除各期教科書專立「臺北」一課進行書寫外，因臺北為臺灣第一大都市，部分課文也提到臺北的公共建設，如第四期教科書〈臺灣〉一課，也提到臺北為臺灣第一大都會，除總督府外，還有市役所、學校、銀行、會社等。見臺灣總督府，《公學校用國語讀本》（第四期），第7卷第7課，〈臺北〉，頁35。

中，雖然內容份量遠不及臺北，但也值得吾人關照、比對臺北，甚或窺探出日人對各城市的書寫方式。由於臺南在清末前為臺灣最重要的城市，因此在國語教科書中也可看到，如第一期教科書就連續出現三課，即〈臺北到臺南（一）〉、〈臺北到臺南（二）〉與〈臺南〉，其中在〈臺南〉一課中對該地的描繪為：

> 臺南城廣二十町，四方皆有城門，從城內直到西門外約有一萬一千戶，商賈殷盛。城內有學校、兵營、醫院、法院等，……有大宅也有大廟。市街東北有火車站，火車往南可至高雄，往北可至嘉義，出西門約一里為安平港，其間有道路也有運河，運送貨物極為便利。臺南鄰近之地多可製砂糖，臺南居中，北至嘉義南至鳳山，多為蔗田，有不少製糖廠。[36]

第二期教科書對臺南的描繪與第一期差別不大，多書寫者僅該地人口6萬，商業繁盛，特別是砂糖買賣，有新式製糖會社工場出現。由於重視皇國民思想的灌輸，所以特別提到臺南有日本皇族北白川宮能久親王的遺址，每年10月28日會舉辦盛大祭典（即臺灣神社祭）。[37]至於第三期與第五期雖無臺南的書寫，但第四期的〈臺南〉一課，卻如同對臺北的書寫模式一般，不但花十頁篇幅介紹，而且還以主角與正吉的臺南之行鋪排，首先談論原為北白川宮遺址的臺南神社參拜，之後介紹旁鄰的孔廟與祭拜鄭成功（1624-1662）的開山神社及歷史，謂臺南人口已約12萬。此後二人登赤崁樓眺望市景，謂來到之地猶如東京最熱鬧的銀座或是臺北的榮町般。隔天兩位主角至安平看運河及魚塭，最後到

---

[36] 臺灣總督府，《臺灣教科用書國民讀本》，第10卷第12課，〈臺南〉，頁27-29。
[37] 臺灣總督府，《公學校用國民讀本》，第10卷第6課，〈臺南〉，頁15-16。

製鹽會社看鹽田而結束行程。[38]

　　要之，臺南在國語教科書的呈現，雖也強調日人都市規劃下的公共建築、人口與商業繁盛，也因應產業發展需求描繪製糖、製鹽概況，但面對古都容易有漢文化的發想與連結，故特別書寫神社參拜，即便祭拜鄭成功的延平郡王祠，也化身為具日本神道教色彩的開山神社。

　　除臺北、臺南外，雖然教科書也提及臺中、嘉義為都會，[39]但並未單獨成課，反倒是出現了〈臺東〉及〈阿里山〉。在第三期〈臺東來郵〉一課中，描繪臺東新港該地的築港工程、市街漸為熱鬧、海岸景色優美及汽車已可由臺東通行至該地。[40]據孟祥瀚的調查研究，謂新港市區的發展在大正9年（1920）前後為關鍵期，先後有大型輪船停靠、通往臺東的道路完成，大正10年（1921）臺東廳新港郡新港支廳移往新港，翌年（1922）起該地又相繼實施排水溝工程、給水水道工程、計畫道路、新港支廳廳舍等都市計畫工程，新港遂成為臺灣東部海岸線的行政、商業中心。[41]或為此故，新港乃被編寫進該期的國語教科書中。

　　在第三期的國語教科書中，還有嘉義阿里山的介紹，在〈阿里山鐵路〉一課中，因日人為開採阿里山森林資源而闢建鐵路，故提及阿里山陡峭山勢、火車運行多有困難及多種林葉盛況。[42]第四期〈阿里山來郵〉一文中，除介紹阿里山美景，如檜木與櫻花如織，不時雲海，晝看日出，夜看澎湖島燈塔之光外，也介紹

---

[38] 臺灣總督府，《公學校用國語讀本》（第四期），第8卷第16課，〈臺南〉，頁87-98。

[39] 臺灣總督府，《公學校用國民讀本》，第7卷第18課，〈臺灣〉，頁45。

[40] 臺灣總督府，《公學校用國語讀本》（第三期），第7卷第23課，〈臺東來郵〉，頁82-83。

[41] 孟祥瀚，《成功鎮志‧歷史篇》（臺東：成功鎮公所，2003年），頁110-156。

[42] 臺灣總督府，《公學校用國語讀本》（第三期），第10卷第12課，〈阿里山鐵道〉，頁51-56。

阿里山車站附近設有市役所、郵局、宿舍、商店等，[43]機能已漸為齊備。

此外，如第一期〈臺北到臺南〉、第二期〈基隆到神戶〉、第三期〈臺北到屏東〉等課，也多少提到臺灣其他城市的樣貌，如〈臺北到臺南〉提及新竹的稻米與茶葉，苗栗的石油與樟樹，嘉義的甘蔗、製鹽與竹紙等；[44]〈基隆到神戶〉提及基隆港、輪船、汽船及燈塔；[45]〈臺北到屏東〉則描繪桃園的茶園茶樹與採茶工人，竹南至臺中海線的海水浴場，大安溪、濁水溪與下淡水溪（今高屏溪）上的鐵橋，斗六的甘蔗園與製糖會社，高雄港與海軍無線電電塔等。[46]要之，教科書對這些城市的敘述，除自然景緻外，也配合政策與實況，以近代化交通設施與產業介紹為主。

綜上所述，國語教科書在近代城市的規劃與描寫中，在臺北部分主要突顯公共建築的權力中心、商業殷盛與民生設施的出現，寓意殖民母國的用心規劃與努力建設。臺南則特別強調神社參拜與運河、魚塭、製糖與製鹽，基隆、高雄二地則突顯其港務機能，至於其他城市多只呈現地方設施與產業特色。

五、農學知識與農村生活

臺灣自十七世紀荷蘭東印度公司（V.O.C.）領臺時期即以外銷米糖著稱，時至清末，清廷因受西力衝擊而被迫開放通商口

---

[43] 臺灣總督府，《公學校用國語讀本》（第四期），第8卷第17課，〈阿里山來郵〉，頁101-104。

[44] 臺灣總督府，《臺灣教科用書國民讀本》，第10卷第10課，〈從臺北到臺南（一）〉，頁23-24；第10卷第11課，〈從臺北到臺南（二）〉，頁26。

[45] 臺灣總督府，《公學校用國民讀本》，第9卷第4課，〈基隆到神戶〉，頁9。

[46] 臺灣總督府，《公學校用國語讀本》，第9卷第13課，〈從臺北到屏東〉，頁45-53。

岸，原本臺灣與中國大陸間的國內貿易又再度轉變成國際貿易。當時的茶葉、砂糖與樟腦，因各國需求甚殷，遂成為臺灣的三大出口商品。[47]至日本領臺後，因三項經濟作物有高額收益，對臺灣總督府財政多有挹注，且因臺灣官民引進不少新式機器製作，此等作物又生長臺灣民間，學生多有所見，在強調「實學」的教學原理下，臺灣公學校各期國語教科書也常出現這類題材。

首就茶葉部分而言，在第一期教科書中就連續出現二課談論〈茶〉，顯見其重要性。上一課主要介紹日本國內與臺灣茶樹的生長期，再提及茶葉採摘後成為茶的過程，最後則述說日本與臺灣皆盛產茶，而臺灣最有名者為烏龍茶。[48]至於下一課則介紹傳統製茶，謂採摘後的茶葉先於圓竹籃中挑揀，稍微日曬後將茶葉入鍋以強火多次翻炒，待軟化後於竹籃上揉，冷卻固化後再置於焙爐以弱火待其乾，剔除不佳者，留存則為細茶。細茶再置於焙爐上以弱火處理待其乾，則為茶葉。[49]傳統臺灣製茶的過程在第二期教科書中，除加入包種茶之外，也試著與近代化商業內容結合，文曰：

> 茶為臺灣有名的物產之一，於北部旅行時在山腰到處可見
> 茶園。……採茶季節為四月到十一月，最佳時節則為五月
> 到九月。於茶園採下的茶葉先日曬，之後放入大鼎內炒，
> 待其軟化後從大鼎取出，再用焙爐烘，待其乾燥固化，成
> 為粗茶。裝入大袋後送至大稻埕茶商，茶商先分門別類，
> 再請女工撿茶，將茶枝或較差者剔除，分出好壞後，再放

---

47 清末臺灣茶葉出口總值平均佔54%，糖佔36%，樟腦則為4%，為三大出口商品。
詳見林滿紅，《茶、糖、樟腦業與臺灣之社會經濟變遷（1860-1895）》（臺北：聯經出版事業公司，1997年5月）。
48 臺灣總督府，《臺灣教科用書國民讀本》，第7卷第9課，〈茶一〉，頁15-16。
49 臺灣總督府，《臺灣教科用書國民讀本》，第7卷第10課，〈茶二〉，頁16-18。

入焙爐乾燥後，此即為名貴之烏龍茶。若加上茉莉花有香氣者則為包種茶，與烏龍茶同樣銷售至國外。[50]

　　至於第三期教科書中的〈茶〉與第二期描繪幾乎相同，僅增加包種茶的香料來源除茉莉花外，還有秀英花。此外，臺灣除烏龍茶及包種茶外，還有綠茶與紅茶品種。[51]而在同期教科書第11卷〈臺灣的農業〉一文中，更提到臺灣茶的產區與產量，謂北部為主要產區，粗製茶的年產額約2,000萬斤，大部分再精製成烏龍茶和包種茶後銷往海外，年產額約有700萬圓，是臺灣輸出品的第一位。[52]再度印證茶葉自清末以來即是臺灣對外輸出品的最大宗。

　　至於在砂糖部分，在首期國語教科書〈砂糖〉一課中即描繪傳統製糖之法，謂：「砂糖製法為取甘蔗之莖壓榨成汁，以布過濾之，後放入大鍋熬煮而成各式砂糖。首先，甘蔗汁在熬煮後經些許攪拌會形成大量糖泡，取糖泡熬煮後會形成稀爛的紅糖汁，再置入淺箱待其結晶冷卻，即成紅糖。」[53]在第二期教科書〈製糖〉一課中，則開始擺脫傳統製糖方式書寫，除特別強調新式糖廠取代舊有糖廍外，還特別提出用新式機器製糖帶來砂糖產量的倍增：

　　　　從農場不斷送來的甘蔗，先經由壓榨機取汁，後加入石灰汁熬煮，形成蔗渣。蔗渣一部分浮於上，另部分則下

---

[50] 臺灣總督府，《公學校用國民讀本》，第8卷第5課，〈茶〉，頁11-14。
[51] 臺灣總督府，《公學校用國語讀本》（第三期），第7卷第13課，〈茶〉，頁43-47。
[52] 臺灣總督府，《公學校用國語讀本》（第三期），第11卷第25課，〈臺灣的農業〉，頁127。
[53] 臺灣總督府，《臺灣教科用書國民讀本》，第6卷第12課，〈砂糖〉，頁20-21。

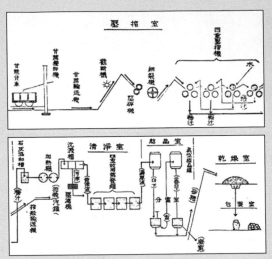

圖2-3 ▌ 製糖過程圖解

資料來源：臺灣總督府，《公學校用國語讀本》，第12
卷第25課，〈參觀製糖工廠〉，頁30-31。

沉。蔗渣用各種機器熬煮，會形成暗黑之物。經分蜜機分
出糖蜜，成為褐色砂糖，稱為分蜜糖，若再精製則可得白
砂糖。歷來均使用水牛拉石磨小規模製糖的糖廍，今製糖
會社甚多，已用新式機器大規模製糖，且漸次改良甘蔗的
品種與栽培方式，致砂糖產量顯著增加，在明治三十六年
（按：1903）時已有5,000萬斤的產量，在十年間增加十倍
之多。[54]

在第三期的教科書中，出人意外的是將砂糖與鹽放入同一課
中，且僅用一頁篇幅述說鹽與糖色相似而味不同，一甜一鹹，但

---

[54] 臺灣總督府，《公學校用國民讀本》，第12卷第18課，〈製糖〉，頁43-47。

都是不可或缺的食物調味料。還說鹽雖有產自於山者，但臺灣為海水取鹽，至於砂糖原料雖有數種，但主要由甘蔗製成，鹽與糖二者皆是臺灣的重要物產。[55]第三期雖簡單帶過砂糖，但在同期〈臺灣的農業〉一課中，還是再度看到砂糖的產量敘述，文曰：

> 甘蔗全島皆可生長，主要產地在中部以南，年產額約八十億斤，從甘蔗提煉出的砂糖近八億斤，其中大部分銷往日本國內。過往我國砂糖多從國外進口，在臺灣製糖興盛後，已有過半份量仰賴這裡，回頭看過往三十年，臺灣甘蔗產量僅三、四億斤而已，其後一方面從國外引進優良品種加以栽培，另方面研究耕種方法，致一甲收穫量已是當初數倍之多，栽種面積也是年年增加而呈現今日盛況。[56]

在第四、五期的教科書中，為強化學生對製糖知識的習得，在〈製糖工廠〉該課文中，均以十頁篇幅詳盡說明新式糖廠的製糖過程，包括細裂、壓榨、加熱、過濾、結晶、分蜜以迄乾燥等過程，並以圖解方式搭配課文說明，使學生得以完全知悉製糖所牽涉到的科學化知識與技術。[57]

最後在樟腦部分，雖然樟腦平均出口數值遠不及茶葉與砂糖，但臺灣乃全世界少數樟樹生長區，在清末已引起外國注意，至日治時期更成為專賣事業之一。在首期國語教科書中也提到樟

---

[55] 臺灣總督府，《公學校用國語讀本》（第三期），第8卷第14課，〈鹽與砂糖〉，頁56。

[56] 臺灣總督府，《公學校用國語讀本》（第三期），第11卷第25課，〈臺灣的農業〉，頁126-127。

[57] 臺灣總督府，《公學校用國語讀本》（第四期），第12卷第11課，〈製糖工廠〉（臺北：臺灣總督府，1941年3月），頁57-66；臺灣總督府，《初等科國語》，第8卷第10課，〈製糖工廠〉（臺北：臺灣總督府，1944年11月），頁60-70。

腦製法，謂：

> 臺灣乃樟木產地，往昔製腦頗為興盛，傳統製腦方式為造
> 一大竈（按：灶），竈上有鍋，鍋上置木筒，筒底多有小
> 洞，木筒上有蓋，筒上外接一長管連接至箱中（按：腦
> 田），箱中再注入冷凝水。樟木置於筒中，於鍋中加水，
> 生火於竈。之後，鍋中之水產生蒸氣，蒸筒中之樟成腦
> 氣，腦氣隨上方之管進入箱中，遇箱內之水冷卻，其氣凝
> 結成樟腦。如此熬製之樟腦色白粗糙，香味強，可製為藥
> 用或各種細物。[58]。

　　至於在第二期部分的書寫，除繼續敘述樟腦的製作方法外，
還特別標明樟腦為日本特產物，世界所需樟腦九成出自日本，其
中臺灣為最大產地。又謂樟木產於人煙罕至之山區森林，到處可
聽聞鋸樹聲，此即腦丁持斧伐樟樹成木片之聲。又山區有茅草小
屋，煙霧裊裊，此即腦寮，為製樟腦之處。最後提及臺北專賣局
為樟腦製造之所，而樟腦除為賽璐珞（Celluloid）原料外，也可
做為驅蟲劑、醫療劑、無煙火藥跟香料等，又樟腦油可提煉成香
料、驅蟲劑與消毒劑等。[59]
　　第三期教科書的樟腦敘述與第二期多有雷同，所不同者除標
明樟樹產於原住民地界外，製腦部分則描繪得更為詳盡，如稱木
筒為〈甑〉，木管為〈筧〉，落於冷卻水箱之腦氣，一部分結晶
為粗製樟腦，另部分則浮於水上成樟腦油，而臺北專賣局則為精
製粗製樟腦與樟腦油之所。[60]在第四期部分特別提到山區樟林之

---

[58]　臺灣總督府，《臺灣教科用書國民讀本》，第11卷第14課，〈樟腦〉，頁32-33。
[59]　臺灣總督府，《公學校用國民讀本》，第11卷第22課，〈樟腦〉，頁61-64。
[60]　臺灣總督府，《公學校用國語讀本》（第三期），第9卷第10課，〈樟腦〉，頁34-
　　36。

圖2-4▊樟腦的採製

資料來源:臺灣總督府,《公學校用國語讀本》(第三期),第9卷第10課,〈樟腦〉,頁35。

處已可聽到機械音,此乃腦丁利用石油發動機具砍伐樟樹之聲,而樟腦的另種用途則可作為選礦劑。[61]

　　由於臺灣有豐富物產,也有農產加工業,是以教科書在介紹茶、糖、樟腦等經濟作物時,不但詳盡介紹製茶、製糖與製樟的過程,藉此傳授近代化農學知識,拓展臺灣農業效能,讓學童知悉日本統治後的臺灣經濟發展已更為向前。另方面,透過相對應近代化設施的描繪,如製糖會社的新式製糖法、利用機具砍伐樟樹、樟腦的各種工業用途等,也使學童知悉傳統以人工方式產製的經濟作物已漸被機械所取代,日本所帶來者乃是近代化與文明化。

---

[61] 臺灣總督府,《公學校用國語讀本》(第四期),第9卷第12課,〈樟腦〉,頁68-71。第五期教科書對樟腦的書寫基本上與此期相同,見臺灣總督府,《初等科國語》,第5卷第7課,〈樟腦〉,頁35-38。

六、結語

　　日人為傳布日語與培養初級技術人員而在臺灣施行新式教育，在初等教育部分主要以日語的學習為主，藉此灌輸皇國民思想、實學與近代化知識，其中五期共60卷的公學校國語教科書，無疑成為扮演傳遞上述內容的最佳工具與媒介。

　　就各期教科書的內容呈現而言，除蘊含日本化、近代化、城市化與農業化等「四化」教學內涵之外，由於編訂的時程不一，隨各種新事物、設備、制度的出現，下一期教科書的編寫除延續前期內容外，通常也會與時俱進，收納新編，如公學校國第三期國語教科書〈臺東來郵〉一課，恰因大正9年（1920）後新港各項建設大興，使該地成為臺東重要商業與行政中心，是以此期教科書遂特別新增此課。又如昭和9年（1934）臺灣總督府為與全球人造樟腦競爭，不但將樟腦權回收專賣，更擴大研究與宣揚樟腦用途，[62]是以在第四期教科書介紹樟腦用途時，隨即新增「選礦劑」一種。再如臺北人口的變化記述，從第一期約略10萬增長到最後一期的37萬等，也可看出各期教科書在近代事物上的新增編寫。

　　據鄭昱蘋的研究，在公學校五期國語教科書中，以臺灣為主的教材共有105課，但僅占總課數的百分之一左右，且多未提及地方特色，雖然也提到不少臺灣的都市與地景，卻多著墨在日本對臺的近代化建設上。[63]透過本文重新檢視五期國語教科書之內容，也發現臺總督府為誇耀對殖民地的作為並收攬民心，另方面

---

62 何鳳嬌，〈赤司初太郎在臺灣的樟腦經營〉，《臺灣學研究》，第16期（2013年12月），頁8。
63 鄭昱蘋，〈從「移植」到「重構」─論公學校五期國語教科書的「臺灣」教材〉，頁116。

也在西化潮流下以臺灣為實驗地進行各種規劃與建設，是以無論從日本皇國精神的灌輸、交通工具設施的強化、近代城市的興建規劃，抑或農作知識與農村生活的傳遞等，皆可看到此種企圖與意涵。

最後，值得提出的是，雖然臺灣總督府在編定國語教科書時一方面灌輸日本對臺的文明啟蒙與近代化貢獻，另方面也定期收納新編事物於內，且對近代化效能的取樣上也多以臺灣學童熟悉的事物為主，如鐵路、市街、茶園、蔗田，又以觀看內河航行汽船的「阿生」、幫不識字母親寫信的「阿玉」等臺人常用名字吸引學童注意，使其產生親切感，以收潛移默化之效。唯臺灣總督府在編定國語教科書時，多強調殖民母國的文明優越與在臺的貢獻努力，忽略臺人的角色與重要性，可謂僅站在帝國統治者的利益書寫，此種教科書雖對殖民統治有一定的助益，但仍是偏頗不全的教科書編纂設計。

原民教化與教育團體

二

第三章｜日治時期臺灣原住民學生的日本認識

一、前言

　　日人自明治28年（1895）統治臺灣後，為解消原住民部落傳統文化與生活，強化對日本的認識而產生認同與遵從，除利用各種教化手法，如政令宣傳、演講、醫療與放映影片外，由於學校教育最具潛移默化之效，因此也成為臺灣總督府採用的重要政策之一。為有效傳遞日本皇國精神與物質文明，藉此啟蒙、教化臺灣原住民學童，使其成為未來部落中堅，臺灣總督府一方面編定教科書使其認識日本，另方面也透過校外修學旅行等方式對應教科書內容，藉此形塑臺灣原住民學童的日本觀，使其了解殖民母國的文化、文明與強大。

　　首先在教科書編定方面，臺灣總督府警務局在昭和3年（1928）刊行8卷本的《教育所用國語讀本》取代既有《蕃人讀本》4卷，成為原住民學童主要學習的教材，直至昭和20年（1945）日本戰敗。該讀本內容設計雖較小、公學校的教材來得簡易，但因沿用近20年，對傳遞臺灣原住民文明知識與日本學習可謂具有一定程度的影響，故值得高度檢視。其次，因為日人認為教化原住民的最好方式就是觀光，所以常設計編排原住民學童的校外教學與畢業旅行，無論至日本國內抑或臺灣本島觀光，各

項參訪的設施便成為日人導引原住民學生認識甚或認同日本的最佳媒介。

歷來的先行研究雖已側重總督府理蕃政策中有關教育、通婚、警政、隘勇線、集團移住等各種施策，且著眼於衝突與抵制、啟蒙與教化等課題，然較不足者是缺乏原住民自身在接受此等政策的反映與回應，雖然原住民因缺乏文字致書寫權多由日人操刀，然值得注意的是，日人在代替原住民發聲中卻也經常流洩「無意史料」。為此，本章利用《臺灣總督府公文類纂》、《理蕃誌稿》、《理蕃の友》、《臺灣日日新報》、《高砂族の教育》、《教育所用國語讀本》等材料，檢視總督府為蕃童教育所編纂的國語教科書到底呈現何種日本旨趣，而掌理原住民事務之各地官廳又如何配合總督府政策規劃，藉修學旅行之舉，使原住民學生知曉日本事物及傳遞日本生活與精神。最後，本章也透過日人替代原住民書寫資料的呈現，檢視原住民學生對日本認識的心得與作為，並比較日人說詞之異同。

二、國語讀本內的記述

日治時期臺灣原住民的初等教育機構大致可粗分為屬臺灣總督府學務部監管，為平地原住民就讀的「蕃人公學校」及位居山地由警務系統監督管理的「蕃童教育所」二類。日人為傳遞皇國精神與物質文明，藉此啟蒙、教化臺灣原住民學童，使其取代舊有頭目、長老勢力，成為未來部落中堅，臺灣總督府也編訂供原住民學童使用之國語教科書，其中蕃童教育所所使用的教科書在大正4年（1915）之前，由於與公學校使用者相同，但因內容較深不甚適用，臺灣總督府乃於大正4至5年（1915-1916）另行編纂《蕃人讀本》4卷，供原住民學童使

用。[1]該《蕃人讀本》主要以日語為主，漢字使用甚少，不使用臺語及原住民語，插畫部分也只選定日本相關事物，藉此養成原住民學童對日本國家的順良，並使其了解殖民母國的文明與強大。[2]此後，隨教育政策調整更易，臺灣總督府警務局在昭和3年（1928）改刊行《教育所用國語讀本》8卷取代既有《蕃人讀本》4卷，直至昭和20年（1945）日本戰敗。

根據《教育所國語讀本編纂趣意書》所示，該讀本傳授對象為蕃童教育所學生，內容雖同《蕃人讀本》以參考小、公學校教科書為主，但因考量「蕃人生活及思想極其單純」，故其內容設計仍較小、公學校所讀教材來得簡易。[3]據上章蔡錦堂的先行研究，得知臺灣漢人學童所使用的公學校第一、二期國語教材，除明顯有尊崇皇室與忠愛國家之言外，也極度誇耀日人在臺的近代化建設，並將其他行政與制度上的變革，如官府、法院、租稅、保甲制度等編入教材，使臺灣漢人學童得以了解日本當局的行政機構與制度。[4]周婉窈也曾針對臺灣漢人學童使用最久的公學校「第三期國語教科書」[5]進行分析，指出該套教科書中雖有實學教育知識的傳佈、臺灣鄉土事物的鋪排，但有關日本歷史、神話與皇室、國家關係者，仍占有高度比重。[6]透過蔡、周二人對公

1　臺灣教育會，《臺灣教育沿革誌》（臺北：南天書局重印本，1995年10月），頁500。
2　松田吉郎，《台湾原住民と日本語教育—日本統治時代台湾原住民教育史研究—》（京都：晃洋書房，2004年12月），頁56-57。
3　轉引自北村嘉恵，《日本植民地下の台湾先住民教育史》（札幌：北海道大學出版會，2008年2月），頁116-119、203。
4　蔡錦堂，〈《臺灣教科用書國民讀本》與《公學校用國民讀本》〉，收於吳文星等編著，《日治時期臺灣公學校與國民學校國語讀本—解說・總目次・索引》（臺北：南天書局，2003年11月），頁52-58。
5　臺灣公學校第三期國語教科書，名為《公學校用國語讀本》，計12卷，在1923-1926年陸續出版，直至1937年第四期公學校國語教科書出現前才遭替換，可謂日治時期臺灣漢人學童使用最久的國語教科書。
6　周婉窈，〈實學教育、鄉土愛與國家認同—日治時期臺灣公學校第三期「國語」教科書的分析〉，收於該氏著，《海行兮的年代—日本殖民統治末期臺灣史論

學校國語教科書的分析，可發現在「認識日本」這個課題上，臺灣總督府所傳遞者主要是天皇、日本史地文化與近代化建設內容，藉此灌輸臺灣學童文明日本、皇國精神與忠君愛國之念。至於原住民學生所使用，以小、公學校教材為本的《教育所用國語讀本》，其實際內容又是如何？檢視8卷本的內容與插畫，其有關日本認識的記述大致可如下表3-1所示：

表3-1 《教育所用國語讀本》內有關日本認識之記述

卷數	課文內容（課數）	日文課名	類別
一	日本國旗、軍隊	---	國家象徵
二	---	---	---
三	天長節（9）	テンチャウセツ	國家祭儀
	飛機（15）	ヒカウキ	交通工具
四	玩偶受傷（16、17）	人形ノ病氣	日本文化
五	神武天皇（1、2）	ジンムテンノウ	日本皇室
	臺灣總督府（9）	タイホク	臺灣行政與教育設施
	臺北第一師範學校（10）	兄サンへ	
	浦島太郎（12）	うらしまたらう	日本童話
	猴子與螃蟹（16、17）	猿とかに	
六	宮城（1）	宮城	日本皇室與皇族
	能久親王（2）	能久親王	
	臺灣總督府、臺灣神社（7）	はがき	臺灣行政設施
	軍艦（10）	クワツドウシャシン	軍事設施
	祈年祭、神嘗祭（14）	お祭	國家祭儀
	開花老爺（17、18）	はなさかぢい	日本童話
七	明治天皇（1）	明治天皇	日本皇室
	大正天皇（15）	大正天皇	
	明治節（1）	明治天皇	國家祭儀

集》（臺北：允晨文化公司，2003年2月），頁215-294。

卷數	課文內容（課數）	日文課名	類別
	櫻花（2）	櫻	國家象徵
	吉野紙（3）	蠶	日本地名
八	天皇陛下（1）	天皇陛下	日本皇室
	仁德天皇（8）	仁德天皇	
	新年（10）	新年	日本文化
	大日本帝國（14）	大日本帝國	國家
	日之丸（2）	日の丸	國家象徵
	教育勅語（18）	教育ニ關スル勅語	

資料來源：據《教育所用國語讀本》各卷內容歸納而得。

　　從上表3-1大致可歸納出總督府欲傳遞給臺灣原住民學童的日本觀，舉凡天皇、皇族、國旗、國歌、神社、國家祭儀、日本童話故事與地名等，象徵日本皇國精神與文化思想者，在教科書中多可看見。而從認識國旗開始到了解教育勅語終結，也可知悉日本欲透過該套教科書傳遞國家主義的體現。

　　其次，要認識日本，遵從日本，屬日本文化或特有事物者，教科書更應注意，是以如〈浦島太郎〉（第5卷第12課）、〈猴子與螃蟹〉（第5卷第16、17課）、〈開花老爺〉（第6卷17、18課）等日本童話故事；日本新年需立門松（第8卷第10課）；日本吉野、嵐山、上野、向島等地盛產櫻花（第7卷第2課）及吉野紙的出現（第7卷第3課）等，亦是該套教科書所納入的範圍。值得注意的是，該套教科書在人物的衣著上，雖也注意到原住民傳統衣飾，但因各族服飾多有不同，故插圖所繪不多，且多以「模範蕃社」為主，但最具日本代表的和服卻時常出現，是以教科書內的人物衣著，無論男女老少多以和服為主。在第4卷首課〈太郎的親切〉中，即描繪身穿和服的太郎與三郎兩位學生在上學途中，三郎因不慎被石頭絆倒致滿身汙泥，原本不敢上學要返回家

中，幸賴太郎另備他套和服借其穿著，方才解決這場困境。[7]雖然課文要表達太郎的親切與助人，但穿著整齊、乾淨、無汙損的和服上學，無疑才是臺灣總督府設想的「模範蕃童」行為與準繩。

非僅是日本和服象徵日本文化，為使臺灣原住民學生對日本抱持親切而巧妙傳輸日本知識，在該套教科書的人名選樣並不像公學校教科書以臺灣名字為主，反倒大量使用日本姓名。經筆者統計，該套教科書日本男子（姓）名出現的情況為：太郎23次、次郎11次、一郎8次、三郎8次、正吉6次、四郎5次、五郎2次、大木一郎、大木二郎與春二都出現1次。至於在女子部分，愛子出現11次，花子出現6次。總計8卷本的《教育所用國語讀本》共出現83次的日本人名（男66次，女17次），卻無一是臺灣漢人或原住民名字，可見該套教科書正是希望臺灣原住民學童以身為日本臣民為榮，此或也是另種對日本事物熟知的鋪排。

《教育所用國語讀本》此套教科書除傳遞國家主義與日本文化外，象徵日本文明進步、交通設施完備的內容亦躍然紙上，如第3卷第15課就提到飛行於空中的〈飛機〉一課；[8]第7卷第10課〈蒸氣之力〉也提到製糖會社工場所使用的大型機具、能承載數百人的火車及能安全航行於大海之上的輪船，其推進所依賴者都是蒸氣；[9]第6卷第10課的〈活動寫真〉則提到讓人震驚可航行於海上的軍艦；[10]第8卷第16課〈石炭與石油〉，更提到火車、汽船、工廠等機械設施的推進多是依賴煤、瓦斯、石油等為動力。[11]

---

[7] 臺灣總督府警務局，《教育所用國語讀本》，第4卷第1課，〈太郎的親切〉（臺北：臺灣總督府警務局，1934年3月），頁1-3。

[8] 臺灣總督府警務局，《教育所用國語讀本》，第3卷第15課，〈飛機〉，頁31-33。

[9] 臺灣總督府警務局，《教育所用國語讀本》，第7卷第10課，〈蒸氣之力〉，頁24-26。

[10] 臺灣總督府警務局，《教育所用國語讀本》，第6卷10課，〈活動寫真〉，頁24-26。

[11] 臺灣總督府警務局，《教育所用國語讀本》，第8卷第16課，〈石炭與石油〉，頁51-53。

凡此，皆可看出日本所欲傳達的工業文明進程，即便如第7卷第6課的〈郵局〉，也介紹郵票、包裹、儲金、匯兌等郵政業務，[12]顯示日本在郵政制度的發達與完善。

此外，該套教科書對城市建設與基礎設施完善的書寫也佔有一定比例，如第3卷第16課的〈明信片〉，就以主角哥哥就讀臺北學校寄來的明信片，呈現宏偉的臺北總督官邸、乾淨熱鬧的臺北市街及整齊的學校校舍。[13]而在第5卷第9課〈臺北〉一文中，更描繪臺北道路寬廣，市街熱鬧，販賣各式各樣商品等，至於更北的城市—基隆，則介紹有開往日本國內的巨型郵輪。[14]還有，城市意象中屬民眾休憩的公園，亦在此套教材中有所呈現，如第7卷第14課的〈公園〉插圖，就描繪主角太郎與其弟弟在傍晚時分散步至臺北新公園（今二二八和平公園），看見榕樹相間、水池噴泉、眾人納涼、白紅花映襯的美麗景象。[15]

面對治臺初期以來的傳染疾病危害，總督府也開始加強預防工作，重視潔淨衛生，定期檢驗及施打預防注射等，期能減少傳染疾病的威脅。在此套教科書中也看到日本帶來近代醫學與公衛防疫的內容鋪排，如第5卷第13課的〈シュトウ〉（疫苗接種），就描繪天花為可怕疾病，警察束手無策，所以提醒學童應該接受疫苗接種，插圖也畫出原住民學童排隊等待公醫檢查注射的樣貌。[16]至於第6卷第5課的〈繩と蚊〉，則直指吃下蒼蠅曾沾黏過的食物會生病，而蚊子更是瘧疾的傳染源等。[17]在第6卷第4

---

12 臺灣總督府警務局，《教育所用國語讀本》，第7卷第6課，〈郵局〉，頁14-15。
13 臺灣總督府警務局，《教育所用國語讀本》，第3卷第16課，〈明信片〉，頁34-35。
14 臺灣總督府警務局，《教育所用國語讀本》，第5卷第9課，〈臺北〉，頁23-24。
15 臺灣總督府警務局，《教育所用國語讀本》，第7卷第14課，〈公園〉，頁38-39。
16 臺灣總督府警務局，《教育所用國語讀本》，第5卷第13課，〈疫苗接種〉，頁37-39。
17 臺灣總督府警務局，《教育所用國語讀本》，第6卷第5課，〈繩と蚊〉（臺北：臺灣總督府警務局，1934年3月），頁11-13。

圖3-1▌都市與公園

資料來源：（上圖）臺灣總督府警務局，《教育所用國語讀本》，第3卷第16課，
〈明信片〉，頁34。
　　　　　（下圖）臺灣總督府警務局，《教育所用國語讀本》，第7卷第14課，
〈公園〉，頁39。

課的〈醫者〉中，編寫者也以哥哥苦苦哀求母親讓妹妹去看病的情節，告誡原住民學童有病時切忌不可迷信祖靈，一定要求助西醫的協助，藉此傳輸近代西方的醫療觀念。[18]

　　為使原住民脫離既有狩獵生活形態，改行農耕生活而步向近代文明，在《教育所用國語讀本》內也有不少農業內容的描繪刊載，如第1卷插畫單字內的稻米、甘藷；[19]第2卷第7課〈オヤトコ（二）〉（親子）中所描繪父親用鋤頭翻土、哥哥幫忙運土與弟弟放牛的農耕景緻；[20]第3卷第7課的〈ハタケ〉（旱田）耕種；[21]同卷第17課〈水牛〉的牛車與牛耕景象；[22]第4卷第12課〈菜〉的採收與溪流洗菜；[23]同卷第15課〈田ウエ〉（田埂）農夫穿簑衣在雨中插秧的情景等。[24]由於日人希望臺灣原住民能仿效日本農村行農業文明之舉，是以此套國語教科書內乃大量鋪陳農業生活場景。[25]

三、修學旅行中的展示

　　日治時期專供臺灣原住民學童所使用的《教育所用國語讀本》，雖然為傳遞國族觀念、皇室關係、日本文化、近代文明、

---

[18] 臺灣總督府警務局，《教育所用國語讀本》，第6卷第4課，〈醫者〉，頁9-11。

[19] 臺灣總督府警務局，《教育所用國語讀本》，第1卷（臺北：臺灣總督府警務局，1934年3月），頁7。

[20] 臺灣總督府警務局，《教育所用國語讀本》，第2卷第7課，〈オヤトコ（二）〉，頁10-11。

[21] 臺灣總督府警務局，《教育所用國語讀本》，第3卷第7課，〈ハタケ〉，頁13-15。

[22] 臺灣總督府警務局，《教育所用國語讀本》，第3卷第17課，〈水牛〉，頁25-27。

[23] 臺灣總督府警務局，《教育所用國語讀本》，第4卷第12課，〈菜〉（臺北：臺灣總督府警務局，1934年3月），頁24-26。

[24] 臺灣總督府警務局，《教育所用國語讀本》，第4卷第15課，〈田ウエ〉，頁32-34。

[25] 陳淑瑩在為該套教科書進行解題分析時，更直指該套教科書其實就是為了施行農業教育而編纂。見陳淑瑩，〈解題《教育所用國語讀本》について〉，收於《國立臺灣大學圖書館藏教育所用國語讀本》（福岡：粒粒舍，2005年3月），頁454。

醫療衛生與農業實學知識而多所用心，但因原住民長期處於山林，在無法眼見為憑的情況下，教科書所傳遞的日本知識內容可謂仍有侷限。

歷來的研究多已證實日人對原住民的統治策略，主要是透過理蕃政策的鋪排，一方面對隘勇線外原住民採討伐威嚇方式，另方面也對隘勇線內原住民採教育、衛生、授產、惠與等撫育方式，藉此懷柔而達有效統治目的。[26]其中對於教育項目則特別強調智能啟發、德行養成與宗教心鼓吹。[27]教育目標既在此，各學校視為重要行事之「修學旅行」[28]便不能脫此而獨立。為實地見聞日本國內或臺灣都市的近代化情景，甚或印證課本所學，原住民學童在修業期間亦曾展開距離與時間不一之修學旅行，參觀諸如軍事設施、官廳衙設、都市文明、農業與教育機構、博覽會等各種內容，可謂對日本認識有更具體的實踐。

據資料所示，臺灣原住民學生早在日本治臺第五年（即明治33年，1900）即已展開修學旅行，但因團體式的修學旅行需隨教

---

[26] 近來探討理蕃政策的研究論著不少，除藤井志津枝（傅琪貽）由博士論文修改而成的開創性作品《理蕃》（臺北：問津堂，2010年10月）外，諸如林素珍的〈日治後期的理蕃：傀儡與愚民的教化政策（1930-1945）〉，國立成功大學歷史學系博士論文，2003年6月及石丸雅邦的〈臺灣日本時代的理蕃警察〉，國立政治大學政治學系博士論文，2008年7月，皆值得關注。至於國外學者的作品也多有抒發，如松田吉郎的《臺灣原住民と日本語教育》（京都：晃洋書房，2004年12月）；松岡格著、周俊宇譯，《「蕃地」統治與「山地」行政：臺灣原住民族社會的地方化》（臺北：國立臺灣大學出版中心，2018年3月）；松田京子著、周俊宇譯，《帝國的思考：日本帝國對臺灣原住民的知識支配》（臺北：衛城出版，2019年7月）；Paul D. Barclay著、堯嘉寧譯，《帝國棄民：日本在臺灣「蕃界」內的統治》（臺北：國立臺灣大學出版中心，2020年1月）等。

[27] 丸井圭治郎，《撫蕃ニ關スル意見書》（臺北：臺灣總督府民政部蕃務本署，1914年10月），頁3。

[28] 所謂「修學旅行」為學校行事之一種，初始起源於森氏師範學校之行軍旅行，當初為軍事教育之一環，為大規模之徒步旅行，之後多利用交通工具而成為參觀古蹟名勝、神社佛寺之見學旅行。此名稱首見於明治21年之「尋常師範學校設備準則」，至明治30年代，則已普及到一般學校。見海原徹，《日本史小百科：學校》，「修學旅行條」（東京：東京堂，1996年2月），頁293。

育體制完備而擴增，故一種以個別「模範學生」[29]為主的觀光旅行反倒先行開啟。明治33年（1900）7月下旬，有嘉義辦務署轄下阿里山鄒族知母勝社原住民模範學生「アパリ」[30]至臺灣本島與日本國內修學旅行。[31]アパリ是阿里山鄒族特富野部落出身的望族，明顯為日人刻意選出的模範學生，故得有機會參加為期近三個月的旅行活動，[32]有關アパリ的參觀行程內容，可參閱下表3-2所示：

表3-2　明治33年（1900）原住民學生アパリ修學旅行行程一覽

日期 （月.日）	所在地	參觀行程或活動
7.25	臺北出發至基隆	凌晨2時搭橫濱丸[33]
7.26	船上	
7.27	船上	
7.28	船上	
7.29	神戶	上午11時上岸，宿海岸通蓬萊社，參觀楠公神社、生田神社、布引山能福寺

---

[29] 日人剛部新曾對模範學生有如下定義，謂：「模範生最少是蕃童教育所四年畢業，並完成數年的補習教育，已具備了日本人的普通教育，從熟悉國語到吸入新智識，大體不辱日本人的素質」。見剛部新，〈先覺者指導上的所見〉，《理蕃の友》，第1卷（1935年1月1日），頁10。

[30] 據石丸雅邦的研究，アパリ是阿里山鄒族特富野部落出身的望族，姓名為アパイ・ヤタゥゥガナ，至於妻子則為アサコ（アブゥ・ティアキアナ），曾幫助總督府討伐布農族有功而擔任警職，後於1918年因炸藥爆破受傷去世，其妻再婚改嫁。三子Uyongu ・Yatauyungana（1908-1954），受臺南州嘉義郡守大塚久義警部多所關照，改名為矢多一生，接受日本教育，畢業於臺南師範學校演習科，戰後擔任阿里山吳鳳鄉鄉長，並改漢名為高一生，後因受二二八事件與白色恐怖牽連而遭槍決。見石丸雅邦，〈臺灣日本時代的理蕃警察〉，第五章頁115-117。

[31] 〈觀光蕃人の演說〉，《臺灣日日新報》，第765號（1900年11月16日），版4。

[32] 〈阿里山蕃出身學生『アパリ』觀光日誌嘉義辦務署送付〉，《臺灣總督府公文類纂》，第4647冊第15卷（1901年1月1日），頁8-9。

[33] アパリ自述從7月15日就從安平搭釜山丸至內地觀光，途中還有七天在臺北，意即7月25日從基隆搭橫濱丸出發至日本國內前，アパリ就已經離開部落10天左右。見〈觀光蕃人の演說〉，《臺灣日日新報》，第765號（1900年11月16日），版4。

日期 （月.日）	所在地	參觀行程或活動
7.30	神戶至大阪，午後離開大阪	參觀藤織工場、大阪城外觀、泉布觀、大阪水道事務所
7.31	上午1時至名古屋，下午3時離開	參觀名古屋城外觀、第三師團騎兵操練、木材切割工廠、絨氈編織工場
8.1	至東京	上午8時至新橋，宿本鄉區駒込淺嘉町
8.2	東京	參訪內務省臺灣課、臺灣協會、印刷局、日本銀行
8.3	東京	參謁二重橋、楠公銅像、拜九段招魂社
8.4	東京	參觀上野公園、動物園、博物館
8.5	東京	參觀淺草公園、觀音凌雲閣、看輕工業展
8.6	東京	輕微發燒，休息
8.7	東京到福島	在車上再度發燒
8.8	福島至仙臺	
8.9	仙臺	休息
8.10~9.9	仙臺	參觀第二師團司令部、步兵第29聯隊、砲兵第二聯隊、仙臺公園、山居澤紡織廠與發電所、仙臺幹城學校、仙臺五城館、東二番町小學校、立町小學校、宮城師範學校及附屬小學校、仙臺工業學校、仙臺地方幼年學校、宮城農學校、長町小學校、仙臺第二高等學校、瑞鳳寺（伊達正宗）、觀賞活動寫真幻燈片
9.10	仙臺至東京	宿神田區淡路町觀音坂下關根屋
9.11	東京	參謁二重橋、楠公銅像、拜九段招魂社
9.12	東京	參觀上野公園、動物園、博物館、展覽會
9.13	東京	參觀淺草公園、花屋敷水族館
9.14	東京	參觀盲啞學校、小石川植物園
9.15	東京	參觀東京理科大學人類學教室
9.16	東京至京都	上午6時20分從新橋出發，晚上10時至京都
9.17	京都至神戶	上午8時從京都出發至大阪，午後至神戶
9.18	在神戶搭橫濱丸	正午啟航

日期 （月.日）	所在地	參觀行程或活動
9.19	馬關	上午8時半由馬關上岸參詣八幡神社，至下午3時回程沐浴
9.20	船上	
9.21	船上	
9.22	基隆	上午8時到，9時半上岸
9.23	基隆	等候搭船
9.24	基隆至臺北	
9.25	臺北	總督府民政部殖產課、學務課報到覆命
9.26	臺北	至大稻埕丸山公園散步
9.27	臺北	於住所及臺北屈尺地方與原住民會面交談
9.28	臺北	城外散步
9.29	臺北	參觀總督府國語學校附屬小學校、與臺北屈尺原住民面談
9.30	臺北至基隆	下午2時搭須磨丸，5時出發
10.1	澎湖島	下午4時到，翌日凌晨3時出發
10.2	安平	上岸後直接往臺南
10.3	臺南	於縣廳面見長官、書記官、覆命
10.4	臺南至新營	
10.5	新營至嘉義	

資料來源：〈阿里山蕃出身學生『アパリ』觀光日誌嘉義辨務署送付〉，《臺灣總督府公文類纂》，第4647冊第15卷（1901年1月1日），頁5-7。

　　在兩個多月的修學旅行中，アパリ的臺灣行程曾遊覽臺南、澎湖、基隆、臺北等地，除至總督府民政部殖產課、學務課報到外，還至醫院、鐵道部、砲兵工廠、國語學校、樟腦局及學校參觀。另兩個月在日本期間，則到過東京、京都、神戶、大阪、名古屋、福島、仙臺等地，除參觀神社、軍事單位及學校外，也曾至動物園、公園及博物館參觀。[34]雖然アパリ的修學旅行日程早

---

[34]　〈阿里山蕃出身學生『アパリ』觀光日誌嘉義辨務署送付〉，頁7。

在教育所用國語讀本發行前，但綜觀其參訪標的，除農業設施外，舉凡皇國精神象徵、教育機構、近代化文明設施與日本文化等，皆是日本往後欲藉教科書所傳遞者。

或由於經費、長距離交通與考量原住民學生狀況等因素，在アパリ修學旅行多年後似未有原住民學生單獨赴日修學旅行之紀錄，唯據山路勝彥之說，謂自昭和期開始，臺灣總督府為達成學生「社會啟發」之目的，更積極鼓勵原住民學生赴日修學旅行，且已有不少學生去過日本，見到日本進步實況，感覺交通設施發達及至先進工場見學之行程是頗為普遍的。[35]由於日本國內路程較遠，修學旅行日程亦長，所需經費更不可少，自昭和期後，由於官方經費補助已大為縮減，故原住民學生的修學旅行，無論臺灣島內或日本國內實多為自費觀光。從下表3-3中，吾人亦可推斷或隨自費觀光的漸增，更長距離的修學旅行方為可能。

表3-3　霧社事件後各年度原住民學生修學旅行之
人數與經費來源一覽

類別 年度	學童觀光（修學旅行）人數			所需經費（圓）		
	男	女	合計	自費	官費補助	合計
1931	597	790	1,387	2,342.87	4,133.40	6,476.27
1932	814	548	1,362	2,625.32	3,069.82	5,695.14
1933	1,473	738	2,211	3,743.17	3,205.66	6,948.83
1934	1,380	1,048	2,428	3,949.12	2,895.16	6,844.28
1935	1,350	899	2,249	7,014.78	4,384.17	11,398.95
1936	1,268	943	2,211	2,703.62	1,583.77	4,287.39
1937	1,475	1,172	2,647	4,639.27	2,488.20	7,127.47
1938	946	812	1,758	3,962.38	2,438.56	6,404.95

---

[35] 山路勝彥，〈拓殖博覽會と「帝國版圖内の諸人種」〉，《關西學院大學社會學紀要》，第97號（2004年10月），頁34。

類別 年度	學童觀光（修學旅行）人數			所需經費（圓）		
	男	女	合計	自費	官費補助	合計
1939	1,321	1,207	2,528	6,658.04	7,169.57	13,827.61
1940	1,549	1,484	3,033	9,049.70	2,538.77	11,588.47
1941	766	753	1,519	8,350.58	1,854.50	10,385.08

註：原住民學童修學旅行人數無法判定是至日本國內觀光或僅是臺灣島內觀光。
資料來源：依臺灣總督府警務局，《高砂族の教育》各年度整理而成。

　　雖然臺灣原住民學生赴日修學旅行是否普遍仍待討論，但在臺灣島內的修學旅行卻時常上演。在アパリ修學旅行後五年，即明治38年（1905）10月終於出現原住民學生參加校外旅行的記錄。同年8月，警察本署長大津麟平（1865-1939）在推動山地隘勇線往前擴張之際，曾至南投埔里社面見當地巡查近藤勝三郎，[36]聽取該部落原住民情況並徵詢意見。近藤勝三郎謂觀光在原住民化育上頗有成效，值得推行，是以在該年10月28日臺灣神社祭之日，大津麟平遂要求下轄機構召集埔里社附近原住民主要人物至臺北觀光一週。值得一提的是，在25年後（1935）發動中外著名霧社事件中的領導者馬赫坡社（Mahebo）頭目莫那・魯道（Mona Rudo），時年30歲，也在此一觀光行列中。[37]

　　此回觀光除莫那・魯道外，還有太魯閣社原住民男女26名（含頭目7名），[38]其中即包含一名就讀臺東廳太魯閣公學校二年級，名曰ユダオト的太魯閣族古魯社原住民學生。ユダオト在為期一週的臺北修學旅行中適逢天長節（10月31日），為表祝賀

---

[36] 臺灣總督府為有效統治原住民，遂利用和親政策，鼓勵各駐守部落之日警與當地頭目或勢力者之妹妹或女兒通婚。其中近藤勝三郎與其弟近藤儀三郎即分別與賽德克族霧社群「荷歌社」（Hogo）與「馬赫坡社」（Mahebo）頭目之妹通婚。見中川浩一、和歌森民男合編，《霧社事件：臺灣原住民的蜂擁群起》（臺北：武陵出版公司，1997年4月），頁204。
[37] 鈴木作太郎，《臺灣の蕃族研究》（臺北：臺灣史籍刊行會，1932年8月），頁382。
[38] 〈太魯閣蕃の觀光〉，《臺灣日日新報》，第2249號（1905年10月28日），版2。

之意遂書寫「君カ代」三字。由於當天臺灣總督府的機關報《臺灣日日新報》特別刊載此事，時任民政長官的後藤新平（1857-1929）知悉後，認為此乃教育臺灣原住民之顯著成功，遂取該報觀覽。不久，該報導又傳到日本皇室，經皇后宮大夫香川敬三（1839-1915）[39]轉呈昭憲皇后（1849-1914）御覽，皇后認為此乃皇化普及之故，遂召旨由香川敬三致道賀信給後藤新平。[40]此回被選派參加臺北觀光的ユダオト，從其學歷及書寫能力加以判斷，當可推知其亦同アパリ般，為總督府刻意選樣之模範學生。至於能寫出「君カ代」三字，日人便認為此乃原住民教育上之顯著成功，皇室還擴大解釋為皇化普及之故，顯然是太過沾沾自喜。

　　相較アパリ與ユダオト屬單一個案，至大正元年（1912）終於出現原住民學生團體修學旅行的紀錄，唯地點仍是臺灣島內而非日本國內。是年4月28日至5月3日，有宜蘭廳叭哩支廳轄下濁水蕃童教育所學童13人及其父兄8名，在教育人員及巡查的帶領下，參觀宜蘭廳署、守備隊空包彈演習、羅東及叭哩支廳署、小公學校幼稚園及東港海邊之漁夫牽罟等。由於此回另有多位父兄陪行，可知學童年齡不大，即因年齡不大，故參觀地也僅選擇在轄區內。至於此回規劃的參觀行程，官署、學校為主要參觀地，軍事設施雖有，但為顧及安全，亦僅有空包彈之演習參觀。至於原住民學生感想，據宜蘭廳長小松吉久（1867-?）的報告，謂他們年紀尚小，無法在言辭上有所表明，僅能以隻字片語盡之，但對歌唱、遊戲與學校生活則頗感興趣。[41]

[39] 皇后宮大夫為皇后宮職之長，香川敬三任該職時間為1881-1912、1914-1915。見秦郁彥，《日本官僚制總合事典：1868-2000》（東京：東京大學出版會，2001年11月）；秦郁彥，《日本近現代人物履歷事典》（東京：東京大學出版會，2002年5月），頁143。
[40] 鈴木作太郎，《臺灣の蕃族研究》，頁382-383。
[41] 〈宜蘭蕃童教育所生徒ノ修學旅行〉，《理蕃誌稿》，第2卷（臺北：臺灣總督府警務局編印，1921年3月），頁290-291。

同年（1912）7月，南臺灣也出現原住民學生集體修學旅行的紀錄，在活動結束後的兩個月，阿緱廳（今屏東）廳長佐藤謙太郎[42]向臺灣總督提交該次旅行的狀況報告書，指出該廳六龜里支廳所轄的雁爾、排剪兩社蕃童教育所學生，從7月28日起開始至蕃薯寮市街（今高雄市旗山區）參觀，修學旅行時間雖僅有五天，但啟發效果良好。主要參觀行程有竹仔門水力發電所、旗尾製糖株式會社、蕃薯寮尋常高等小學校（今鼓山國小）及公學校（今旗山國小）、蕃薯寮兵營、苗圃、火車站、市街及公園等。該報告書也詳列學生參觀後之感想，謂：（一）參觀竹仔門水力發電所時，經技術人員詳加說明機器構造及作業情況後，甚為驚異，認為日人會使神魔發電，自己雖無此種知識，但努力學習後定有同日人之技術。（二）至旗尾製糖工場見學時，廠房雖因擴建而停工，但廠員仍引導學生參觀碩大機器及廣闊蔗園，又讓學生觀察顯微鏡中之螞蟻，學生對於日人均會製造精巧儀器，深感佩服。（三）參觀小、公學校時適逢暑假停課，幸有教員講習會講習手工藝製作，遂被引領參觀，其中有陳述希望吾等手工熟練者。（四）至守備隊分遣隊兵營參觀士兵練習刺槍、柔道時，皆驚訝士兵之勇壯輕捷，其中有學生操生澀日語與士兵對談，原畏懼日本軍隊，卻意外發現士兵頗為親切，遂起敬愛之念。（五）由苗圃主任導引參觀花卉及各種樹苗時，學生皆稱讚園內井然有序，對於部落能分配到樟樹苗4,000株時皆非常高興，認為歸順後可紀念種植，並期望繁茂成林，學生之父兄亦認為造林有益。[43]

　　綜觀此回修學旅行之鋪排，除地方官廳之參訪外，近代化設施、教育機構與軍事設施也成為主要參觀內容，其中為配合農業

---

[42] 依《臺灣總督府職員錄》所載，佐藤謙太郎為岡山縣人，自1901年起即在臺灣總督府擔任臨時臺灣土地調查局事務官、警察官及司獄官練習所囑託講師、專賣局鹽務課囑託，1907年起擔任臺中廳長，1909年改擔任阿猴廳長至1914年。
[43] 〈阿緱廳蕃童教育所生徒修學旅行〉，《理蕃誌稿》，第2卷，頁310-311。

教育政策的施行，阿緱廳更安排學生參觀糖廠、苗圃與水利設施機構等。阿緱廳長佐藤謙太郎也認為此回所見實物雖然單純，但參觀學生無論在精神、物質上均獲益匪淺，尤其稍懂幾分日人應對禮儀，能用簡單日語交談，知對日人敬愛等，凡此，皆可謂該回修學旅行成效不差。[44]

　　日人對原住民學生修學旅行的參觀內容鋪排，雖多以官署與教育機構、近代化文明設施與農業生活為主，但特殊的修學旅行鋪排並非全無，如日本國內軍艦或飛機來臺時，屬軍事威嚇面向，為打消原住民抗日、反日之念，所轄廳署便會帶領參觀，藉此收威嚇統治之效。而就學生修學旅行而言，由於軍艦或飛機本就出現在教科書中，並不陌生，為印證教科書所學，參觀軍事設施可謂更符合修學旅行目的，故不宜偏廢，是以如大正13年（1924）1月28日，當宜蘭廳署知悉日本海軍軍艦大井丸將停泊宜蘭蘇澳港時，遂要求轄下蘇澳郡寒溪、東澳兩蕃童教育所兒童30名及寒溪、古魯、四方林、東澳各社原住民30名至蘇澳港參觀軍艦，藉此而得教化之便。[45]

　　非僅軍事設施來臺為特殊觀光鋪排，重要節日如皇太子誕生祝賀與成年禮、皇室成員喪儀、軍功將帥喪禮、戰歿軍人之慰靈祭或皇族成員來臺等，也都是學校舉行特殊修學旅行之機。如大正8年（1919）5月7、8兩日，宜蘭廳署便召集轄下寒溪蕃童教育所學生82名及其父兄16名，共同觀覽在宜蘭廳舉辦之皇太子東宮殿下（即日後之昭和天皇）成年式祝賀，並順便帶領至宜蘭街二結工場等處修學旅行，借接觸平地文物而行教化之效。[46]又如大

---

[44] 〈阿緱廳蕃童教育所生徒修學旅行〉，《理蕃誌稿》，第2卷，頁312。
[45] 〈南澳蕃人ノ觀光〉，《理蕃誌稿》，第4卷（臺北：臺灣總督府警務局編印，1938年2月），頁755。
[46] 〈蕃童修學旅行〉，《臺北州理蕃志（舊宜蘭廳）下編》（1）（臺北：臺北州警務部編印，1924年3月），頁583。

正5年（1916）4月在臺灣本島開辦「臺灣勸業共進會」時，由於日本皇族閑院宮載仁親王（1865-1945）將來臺參加此一盛會，且欲面見臺灣原住民，臺灣總督府原已招募各州廳轄下600名原住民代表至臺北觀光，為此又追加200名，其中亦不乏蕃童教育所的學生。[47]

除一般修學旅行或軍機軍艦、祭儀活動、皇族成員來臺之特殊修行旅行外，隨各地蕃童教育所之增設，各校聯合舉辦之活動如運動會、學藝會等，也成為原住民學生另種修學旅行之去向。北村嘉惠曾對蕃童教育所學生的活動進行研究分析，謂在蕃童教育所普及初期，即明治末年至大正初起的1910年代，修學旅行的普遍特徵是以（一）距離村落較近的市街地為旅行目的；（二）以役所廳舍及軍隊等權力關係之可視化機構，或是以公司和工廠等文明象徵場所，做為原住民學生主要參觀地；（三）參觀之處仍多以小學校及公學校為主。然自大正9年（1920）後，隨各學校舉辦各種共通活動，如聯合運動會、聯合國語演習會及學藝品展覽會等，不但原住民學生多到此參觀或參賽，也吸引許多日人和漢人到此參觀。[48]是以此種聯合運動會、演習會、展覽會也成為原住民學生修學旅行之重要行程內容。

舉花蓮港廳為例，其轄下蕃童教育所每年便定期舉辦一至二回畢業生與在校生之聯合運動會及學藝會。較特殊的是，各蕃童教育所畢業學生每月需趁農閒期間返回母校一次，在學藝會中複習已習得之實業科目，[49]似亦可印證上節《教育所用國語讀本》此等教科書所欲傳遞的農業教育之效。非僅花蓮港廳之蕃童教育

---

[47]〈各廳下ノ蕃人臺北觀光〉，《理蕃誌稿》，第3卷（臺北：臺灣總督府警務局編印，1932年3月），頁196。

[48]北村嘉惠，〈「蕃童教育所」普及過程における臺灣先住民社會の變容〉，《教育史學會紀要》（東京：日本教育の史學，2000年），頁160-161。

[49]〈教育所卒業生ノ訓練〉，《理蕃誌稿》，第4卷，頁371。

所有跨校性質之聯合活動，新竹州大溪郡ガオガン蕃童教育所也趁校舍改建之機，在昭和11年（1936）6月27日擴大舉辦同「監視區」[50]之聯合學藝會，藉此收地方教化之效。[51]

　　相較於靜態的學藝會，動態性的運動會更受學生歡迎，如臺中州能高郡賽德克族霧社群的聯合運動會便是。大正10年（1921）11月23日，賽德克族霧社群蕃童教育所學生50名被帶至埔裏尋常高等小學校（今南投縣埔里國中）參觀該校運動會，由於學生們未有此等經驗，對所有運動項目均感好奇有趣，也曾參加數回徒步競走（賽跑）比賽。據學生們事後所感，謂競走比賽到達終點時受大家鼓勵歡呼，頗覺害羞但亦覺愉快，希望以後還能參加；另看見同族霧社群ホーゴー（荷歌）社原住民有二位學生就讀該小學校，見其與日本學童無異，能以日語愉快交談，羨慕不已。[52]

　　相同場景也發生在臺北州羅東郡，大正11年（1922）10月15日，羅東郡署假羅東小學校舉行各校聯合運動會，日人也趁此機召集郡內ボンボン、松羅、崙埤子各社蕃童教育所學童30名參加，並由擔任教學之巡查率領參觀羅東市街。在聯合運動會上大家興致頗高，有學生參加徒步競走比賽獲勝，但也有參加角力項目而輸給日本學童者，輸者還直稱對方力氣很大。此外，原住民學童見到日本學童如軍事操練之整齊畫一動作，大為吃驚，帶隊巡查也告知行列中有相同族人，即臺北州蘇澳郡寒溪社之原住民

---

[50] 為有效對付原住民，臺灣總督府在1911年4月即以訓令第74號公布「蕃務監視區規程」，以南投廳濁水溪為界，分設南、北兩個監視區。北蕃監視區包括臺北、宜蘭、桃園、新竹、臺中、南投與花蓮港各廳，南蕃監視區則包括嘉義、阿緱、臺東、南投與花蓮港各廳。其任務為負責區域內原住民的控制、教化與警備等事。見臺灣總督府，《臺灣總督府警察沿革誌》，第1編，《警察機關の構成》（臺北：臺灣總督府警務局，1993年），頁143-144。

[51] 〈教育所改築紀念聯合學藝會の盛況〉，《理蕃の友》，第2卷（1936年7月1日），頁11。

[52] 〈霧社蕃童／觀光〉，《理蕃誌稿》，第4卷，頁169。

學童三人，並訓示若能努力用功，則可與日人不分高下，當局也認為學生在聽完訓示後頗為感動，已充分達到參觀目的。[53]

　　遊戲與運動本就容易吸引原住民學生目光與投入，日人在修學旅行中常藉聯合運動會之參觀與競賽，使原、漢、日三方共同融為一體，並透過模範學童的示例，喚起原住民學生的自我期許，以收殖民統治之效。雖然此種藉修學旅行而達認識日本之策略實不可小覷，唯成效仍有待檢驗。

四、原住民學童的感受

　　透過教科書的編排與修學旅行內容的選定，無疑都是總督府向臺灣原住民學生傳遞「認識日本」的重要方式，甚或因此而強化原住民學生對日本殖民統治的認同。在8卷本的《教育所用國語讀本》中，如第1卷標示的日本嚴整軍隊，在學生歷次的修學旅行中即不乏對軍隊或軍事設施的參觀，前述宜蘭廳叭哩支廳濁水蕃童教育所學童就曾至宜蘭守備隊分遣隊兵營參觀士兵練習刺槍與柔道，且驚訝士兵之勇壯輕捷；模範蕃童アパリ也曾至日本仙臺、名古屋等地參觀軍隊的設施與操練；而當日本飛機、軍艦來臺時，為收軍事威嚇與教化之效，臺灣原住民學生也常被地方政府動員進行校外教學，藉此揭示日本軍事武力強大與軍容壯盛，讓其知悉切不可與之為敵。

　　至於在各卷本所傳遞的皇國精神教育中，反映在修學旅行部分，則無論施行地在日本國內抑或臺灣本島，舉凡宮城皇居二重橋的參謁、各地神社參拜，皇族成員來臺的面見或慰靈祭儀活動的參與等，也都是臺灣原住民學生在教科書與修學旅行中可視化

53　〈羅東郡下蕃童教育所兒童／修學旅行〉，《理蕃誌稿》，第4卷，頁365-366。

的內容。此外，近代化設施的描繪與參觀也常是教科書與修學旅行結合處的最大呈現，如教科書中出現的臺灣總督府、火車站、火車、郵輪、水力發電廠、糖廠機具等近代化建築、工具與設施，即是常常伴隨著修學旅行出現之標的。

在教育設施部分，由於教育本為總督府對原住民施策的重要一環，當可收一定的教化之效，是以教科書也呈現從小公學校、實業學校到師範學校之粗略面貌。在鄰近地所舉辦的學藝會或運動會上，臺灣原住民學生常可藉此接觸到平地的小、公學校與學生，若進行更遠距離的校外教學時，尤其到臺北或東京、名古屋、仙臺等日本國內各大城市，則可看見中等學校、實業學校、師範學校甚或帝國大學等。日人稱謂帶領原住民學生參觀平地之各種學校設施，不但可具體呈現及實際觀覽，有效印證教科書所學，更可激發其向上學習之心。

此外，總督府為力行「農業臺灣」政策之舉，減少原住民的對抗，常對原住民行部落「集團移住」[54]之舉，以利農耕生活的落實與推展，是以教科書所最重視的農業生活展現，在校外修學旅行部分也有相對應的舉措，如前述阿緱（屏東）廳六龜里支廳的雁爾、排剪兩社蕃童教育所學生的修學旅行之處，即是蕃薯寮竹仔門水力發電所、旗尾製糖株式會社、蕃薯寮苗圃等農業水利設施。最後，有關日本文化與文明的接收，由於原住民學生參觀對象、標的、人物多屬日本，是以相關日本文化、文明的展現也可謂蘊含其中。

原住民學生透過教科書與修學旅行大量接受日本事物後，其內心感受為何，是否又直接影響到對日本殖民統治的認同。雖然

---

[54] 日治時期臺灣總督府一方面為強化臺灣山林資源的開採經營，另方面則為管理與教化原住民，乃推動集團移住計畫，迫使高山原住民離開傳統領域，遷移至山腳地帶。相關集團移住研究可參閱胡曉俠，〈日據時期理蕃事業下的原住民集團移住之研究〉，中原大學建築學系碩士論文，1995年6月。

圖3-2 ▌日治時期的原住民學童
資料來源：Lafayette Digital Repository，「臺灣生蕃學童」（1918.3.1-1933.2.14），
　　　　　http://hdl.handle.net/10385/fn1070002。

閱讀教科書後的成效較難得知，需透過口訪、回憶錄、傳記甚或
問卷等材料進行追蹤，至今海內外學界也少有對臺灣原住民教科
書的效能反應進行研究，不過從許多修學旅行活動後的報告，不
管是否為原住民學生的真正心聲，仍可做為檢驗對日本感受的方
式之一。

　　由於日人想藉觀光來規訓原住民學生，另方面也想看出他們
在修學旅行後的態度與反應，因此隨行的官員或巡查常需撰寫報
告呈交上級，藉此規劃理蕃政策。在前述模範學生アパリ三個月
的修學旅行中，隨行的嘉義辨務署第三課課長石田常平[55]在呈給
臺灣總督的報告中，即標示アパリ的觀光心得與感想。首先是他
對交通工具的看法，アパリ說無論搭輪船或火車皆感驚訝有趣，
還反問石田課長為何比原住民房屋還大之輪船可以行進，且速度

---

[55] 臺灣總督府，《臺灣總督府職員錄》，明治33年度（1900年），頁793。

又如此之快。又從基隆上岸搭火車至臺北時,見隧道之構成亦覺有趣,從神戶搭火車時,見車內乾淨清潔且速度合宜,也頗覺滿足。[56]アパリ在返臺後不久所參加的一場觀光巡迴演講中,更向嘉義辨務署轄下的61位原住民說出他對交通工具的看法,謂:

> 我從七月十五日從安平搭釜山丸至內地觀光,該船不但有吾人家屋數十間之大,且行進速度甚快,吾等從部落至嘉義通常需要一天,然輪船卻可來回三趟。對於船如何在海上行駛頗覺疑問,後依船員說明,乃知為蒸汽推動機械所致。途中七日在臺北,從基隆至臺北有一條專屬火車行駛之鐵道,火車行進速度亦如同輪船般快速,上頭有數十個房間之車廂,可裝載許多人與行李。今聽聞臺南也要鋪設鐵道,吾等可從不遠處之嘉義來此觀看。而從基隆改搭橫濱丸至內地時,也發現該船比釜山丸還更大。[57]

火車、輪船此等近代化交通工具,對身處山區部落的原住民學童而言當然無法理解,儘管教科書上曾描繪此等交通工具,但實際大小無法衡量,是以アパリ運用原住民可見之家屋大小來描繪火車、輪船形狀,並告知未來前景,但由於在場的原住民無法親眼目睹,在百聞不如一見的情況下,該回巡迴演講的功能並不顯著。除對交通工具的感想外,石田常平課長也描繪アパリ在臺北、東京、仙臺等地參觀各種機構的所見與感想,其主要內容可參閱下表3-4所示:

---

[56] 〈阿里山蕃出身學生『アパリ』觀光日誌嘉義辨務屬送付〉,頁8-9。
[57] 〈觀光蕃人の演說〉,《臺灣日日新報》,第765號(1900年11月16日),版4。

表3-4 石田常平課長對アパリ在臺北、東京、仙臺等地
之參觀記事

參觀地	參觀機構	記事
臺北	樟腦局	告知蕃界所製樟腦粗惡,現樟腦局精製後價格大好,讓其理解樟腦生產之價值,並喚起彼等勿亂墾伐樟木,需有愛護林野觀念。アパリ看樟腦製造過程頗覺有趣。
	製藥所	アパリ看鴉片製造過程頗覺有趣,但對本島人為何要以高價購買鴉片,頗有疑義。
	砲兵工廠	看武器製造狀況,驚訝製造工具切割木片如切肉片般輕易。
	鐵道部工場	參觀鐵道用具製造情況及火車內部構造,並被告知火車運行原理。アパリ讚嘆日人對此等機械使用自如。
	物產陳列所	陳列各種標本、美術品,但アパリ特別注意觀察有關原住民人種標本。
	測候所	告知該所有觀測天氣、地震之功能,使航海者能在暴風雨前知悉而免除危險。アパリ則驚訝各種儀器之精巧。
	臺北縣農事試驗場	告知島內外各種植物及耕作法,アパリ對於未知之物頗覺好奇。見一漢人學生斷髮改服,大起同情心。參觀國語學校理化實驗室,見各種實驗大為驚奇。驚訝淡水館之偌大建築,讚嘆丸山公園之風景。
	臺北城內	看城內商店、公司狀況及電燈等,感覺如至內地。
東京	印刷局	驚訝製造印刷物之眾多,特別是看到數百名女工各拿數萬張異於一般紙片之紙幣,而知紙鈔之價值。
	日本銀行	驚訝內部構造之大,看金庫前有士兵一人持劍固守,即覺庫內金額之鉅大。

參觀地	參觀機構	記事
	二重橋及楠公銅像	於二重橋前致上對天皇的最敬禮。見宮城前衛兵武裝嚴格，廣場打掃乾淨，感其壯麗。對楠木正成故事及其精神稍微瞭解。
	靖國神社、遊就館	參觀遊就館內武器及戰爭圖畫，頗為熱衷。
	盲啞學校	對於聾啞生皆能讀其姓名，頗為驚訝。
	小石川植物園	對於園內網羅收集臺灣之各種植物，甚為驚訝。
	上野與淺草公園	見各種珍鳥奇獸，頗為有趣，但見臺灣所產之鹿與山豬時，開始懷念起故鄉。
	東京理科大學	參觀人類學教室內世界各原住民風俗標本，對其他族群標本頗為注意。
仙臺	第二師團司令部	位於舊仙臺城遺址，佔地廣大。從山上看仙臺市，廣瀨川曲流在外，感覺如部落內之溪流，頗為有趣。
	步兵第29聯隊	感覺各兵營內整頓整齊，經說明後稍解五連發村田槍射程距離遠之因。
	野戰砲兵第二聯隊	驚訝巨砲威力之強大，見砲兵空砲彈演習，甚為壯觀。
	仙臺工業學校	見青少年學生努力勞作，頗覺有趣。午後見學生操練各種體操、柔道、劍道等，其服裝規律無異於軍人。
	東二番丁小學校	驚訝學生多至一千五、六百名。
	宮城尋常師範學校	驚訝該校校舍宏偉，標本豐富。
	宮城農學校	觀賞養蠶吐絲製作過程。
	山居澤紡織場、發電所	參觀發電所之水力利用裝置，頗覺不可思議。

資料來源：〈阿里山蕃出身學生『アパリ』觀光日誌嘉義辨務屬送付〉，頁10-19。

綜觀石田課長所寫的アパリ參觀記事，大致可歸納出軍事、教育、工業及農業等四大面向為アパリ行程之規畫藍本。就軍事而言，主要讓アパリ知道日本軍隊與武器狀況；在教育面向，則

讓アパリ知悉日本從幼稚園至大學皆備，也有各種專門學校教導學生技藝。另外，日本國內民眾無論男女對工農產業皆相當熱心，故工業強盛，民眾富有。[58]日人如此苦心設計，アパリ的感想又為何，從上表3-4中可以發現アパリ對各種現代文明施設多覺訝異，對各種新奇事物亦感好奇，但對村田槍之機械構造與楠木正成故事則不太感興趣，且見到溪流鳥獸就想到原鄉山林景緻，並特別關注原住民人種標本一事，顯見軍事武器與國民精神涵養，在此刻アパリ心中並未有太大效應，其所感知者仍是自身的山林與族人。

松田吉郎曾為文指出，臺灣總督府的原住民教育是施予與清朝時漢化政策相異之近代日本教育，並進一步選擇優秀學生加以教育，行日本國內觀光，期待藉由意識轉變而達一定同化目的。[59]就此層面觀之，修學旅行可謂是總督府培植各部落未來中堅人物之方式，由於原住民學童在昭和5年（1930）的入學率已達60%，至昭和10年（1935）時更超過70%，皆遠遠超過以漢人子弟就讀為主之公學校就學率，顯見原住民的教育多有可為。[60]而透過前述對《教育所用國語讀本》的歸納與分析討論，也可知悉總督府透過教科書而有效傳遞日本文化與近代文明。然原住民學童的高就學率並不代表對日本認同的高標程度，總督府理蕃當局甚至感嘆「學生在修習完初等教育課程後，旋即為四周環境所化，而轉回至往昔蕃人生活。」[61]由於部落自身即有各

---

[58] 〈阿里山蕃出身學生『アパリ』觀光日誌嘉義辨務署送付〉，頁20。
[59] 松田吉郎，《臺灣原住民と日本語教育─日本統治時代臺灣原住民教育史研究─》，頁91。
[60] 1930年漢人公學校的就學率為32%，蕃童教育所則為60%；至1935年時，漢人公學校就學率為41%，蕃童教育所為71%，顯見二者之差異。見鈴木直，《臺灣學事年鑑》（臺北：臺灣教育研究會，1940年4月），頁471；鈴木作太郎，《臺灣の蕃族研究》，頁357。
[61] 〈蕃地教化團體に助成金交付〉，《理蕃の友》，第1卷（1933年7月1日），頁7。

種傳統文化與祭儀做為教育子弟之用，近代學校教育亦無法完全取代家族、部落的規訓力，是以日本學者近藤正己會如此說出：「原住民部族社會所具有的對外來文化的淨化力是甚為強固的」[62]。

除部落自身的傳統與規訓力之外，學齡兒童的經驗、智慧與知識，也可能在修學旅行後產生與日人認定標準的落差。如前述大正元年（1912）宜蘭廳濁水蕃童教育所的學童13名，在參觀宜蘭廳轄下各地設施後，宜蘭廳長小松吉久的呈報內容為「其感想十分抽象，不能在言辭上有所表明，僅能以隻字片語盡之。」雖然廳長特別強調這些原住民學生在目睹一切後已受到刺激，深印腦海，心中已激起上進心，且因競爭心態而激發向學之心，[63]但低年級學童在修學旅行後會有何種認同情愫，實非宜蘭廳長樣板說詞所能等同。

此外，修學旅行本有一定風險，水土不服或傳染疾病的威脅更是初次離開熟悉家鄉者的致命傷，對原住民學生而言，長距離修學旅行或已不堪負荷，至日本國內修學旅行更需思索。如昭和9年（1934）11月16日，有臺中州各蕃童教育所四年級學生146名至臺北、基隆進行為期三天的修學旅行，但由於行程過於緊湊，加以舟車勞頓，致僅有13名參加者之東勢郡蕃童教育所學生，至臺北觀光時就有6名學生感冒，其中2人還併發肺炎，最後在紅十字醫院的照料下，方悉數痊癒出院。[64]而前述模範蕃童アパリ在三個月的修學旅行途中，也有四、五天是在車上或船上度過的發燒休息日。

---

[62] 近藤正己，〈霧社事件後的「理蕃」政策〉，《當代》，第30期（1988年10月），頁47。

[63] 〈宜蘭蕃童教育所生徒ノ修學旅行〉，《理蕃誌稿》，第2卷（臺北：臺灣總督府警務局編印，1921年3月），頁290-291。

[64] 〈教育所兒童の修學旅行〉，《理蕃の友》，第1卷（1934年12月1日），頁4。

另就修學旅行的地域而言，即便臺灣原住民學生至當時臺灣最先進的臺北市街參觀學習，但日人仍認為臺北僅是日本國內修學旅行的階梯而已，如此作為是想藉由兩地參觀，讓學生辨別臺灣本島漢人與日人仍有高度差異，特別藉此強調日人文明優越而產生日本認同。由於認同轉變並非僅賴修學旅行便能達成，是以アパリ曾在某場談話會上說：「內地觀光最令自己感動者乃內地無論何人皆為親切，如同兄弟一般，今觀內地模樣，希望自己部落也能像內地一般。」[65]他認為轉變認同的主因是「內地日人親切」，況且在此種刻意鋪排的場合發表演說，有時也不得不隱藏真正的聲音，更何況待其返回部落後，面對傳統文化規訓，對日本的認同或又縮減消失。

　　同樣的情況也不難例舉，昭和15年（1940）臺南州青年團員矢多一生（即模範蕃童アパリ之子）在參加日本國內觀光旅行後，回到部落巡迴演講，就日本國內所見所聞發表感想。他說最欽羨的是日本國內的氣候與風土，特別是岡山縣高陽村的農村生活，很想在該地生活，但返回部落後，又覺得只不過是「隨便想想」而已。[66]要之，無論在臺灣各市街抑或日本國內的修學旅行，學生在觀覽各種新奇事物後確實會產生各種欣羨之情，也會隨年齡、經驗、知識而有不同想法，從前述低年級學童目睹各種事物仍無法有任何反應，到青年團員對行日本農村生活只不過想想而已，均可看出要摒棄自身族群社會文化轉而認同他者，恐非僅依恃「教科書」與「修學旅行」便能達成。

---

[65] 〈觀光蕃人の演說〉，《臺灣日日新報》，第765號（1900年11月16日），版4。
[66] 〈雜感一束：內地で暮し度い〉，《理蕃の友》，第3卷（1940年7月1日），頁6。

五、結語

　　對於強調「啟蒙未開化民族乃日本天職之一」的殖民統治者而言，到底要如何達成天職，尤其是要教化未來可能成為部落中堅，對日本產生高度認識，並可使殖民統治產生協力效能的臺灣原住民學生，透過教科書傳遞與修學旅行參觀的教化方式，無疑是最重要的政策與方式之一。

　　在教科書部分，以小、公學校國語讀本為參考範本編纂的8卷本《教育所用國語讀本》，透過課文內容與插圖的分析，已可歸納出此套教科書要傳遞給臺灣原住民學生的日本圖像為軍事力量強大、皇國精神久遠、近代化設施齊備、教育設施普及、日本文化及文明優越、醫療衛生環境佳及企求原住民行農業生活以便進入日人所規劃的文明國度等要旨。至於在修學旅行部分，由於日人認為觀光乃教化原住民最具成效者，[67]且可呼應教科書所學，因此成為常態施行。從明治33年（1900）模範學生アパリ的觀光以迄蕃童教育所學生的集體旅行觀光，日人可謂用盡心思在修學旅行的鋪排上。

　　首就旅行的型態而言，由於理蕃政策中的教育項目著重「智能啟發」與「德行養成」，故總督府對原住民學生多行「啟發」觀光，即使軍事設施的參觀，為顧及學生年齡及心態，並未施用飛機轟炸與實彈演習等軍事威嚇手法，反倒以較靜態的軍事設施或方式呈現。其次就觀光內容而言，蕃童教育所的修學旅行雖被規劃以教育、軍事、農業、工業四大範疇為主，但臨時性或特殊性的觀光，如日本軍事設施飛機、軍艦來臺或皇族成員來臺等，

---

[67] 齋田悟，〈蕃人觀光の沿革と其の實績〉，《理蕃の友》，第1卷（1934年10月1日），頁5。

學生也常被動員觀覽。而由於蕃童教育所學生年齡偏低，故參觀各種設施雖多有驚訝、讚嘆之聲，甚或有效法、學習之說，但多數項目卻也難以體會，反不如跨校性的學藝會、運動會，因蘊含遊戲與活動在內，故深受學生喜愛。

至於參觀地的選擇，蕃童教育所的修學旅行原以各鄰近市鎮為主，隨交通設施發達，長距離旅行成為可能，臺灣各大城市亦取代過往鄰近市街，成為修學旅行之所。尤其臺北一地為重要官署所在，且具皇國精神教育之臺灣神社亦在臺北市郊，為驗證教科書所學，看到更多近代化建築與文明施設，至臺北的修學旅行成為首選，無論在單獨或聯合型之修學旅行中，皆可看出此等現象。

最後，有關日本認識的成效問題，雖然官方說法多屬正面，亦有原住民學生覺察日本文明之優越，但從模範學生アパリ的觀光心得、群體學生的「幼稚感想」，乃至青年團員行日本農村生活的「想想而已」，仍可清楚看出原住民學生在既有部落傳統文化與近代文明、皇國民教育規訓間的拉扯。

第四章｜日治時期臺灣教育會的
創立與發展

一、前言

　　明治28年（1895）日人據臺之後，出於殖產興業、初級技術人員養成與政令通達所需，國語（即日語，以下皆同）教育成為總督府治臺的重要施政之一，而如何推行國語教育也成為當時的重要課題。由於臺灣為日本首座殖民地，在殖民地施展國語教育亦是頭一遭，在欠缺可襲用的政策法令之下，臺灣總督府對學校教育的發展和改良不斷摸索，並再三召開教育會議討論，期能謀求解決之道。

　　由於總督府教育政策執行的不確定性，在臺日人為謀求教育的推展，也開始仿效日本國內已行之有年的教育會，協同地方力量，開始創辦地方教育會。自明治30年（1897）臺南教育會創立後，臺北、基隆、臺中、新竹、桃園等地也開始籌設教育會，號召各學校校長及地方士紳共同籌劃，以推廣新式教育、傳達政令與改良傳統書房為目的。[1]至明治31年（1898）9月，臺灣總督府國語學校的教師們，為解決教學現場所面臨的各種教學問題，又成立「國語教授研究會」相互討論，並將意見提供給臺灣總督

---

[1] 謝明如，〈日治初期臺灣地方教育會之研究〉，《臺灣師大歷史學報》，第43期（2010年6月），頁238-246。

府，做為國語教育政策制訂與公學校教科書編纂之參考。[2]

明治31年（1899）底，為擴大規模並讓更多人加入國語教授與研究的行列，「國語教授研究會」更名為「國語研究會」，然性質並未改變。[3]至明治34年（1901），時任總督府教育事務官員的會員平井又八（1868-1911）[4]等人建議將「國語研究會」改組為「臺灣教育會」，除草擬「臺灣教育會規則草案」外，並選定位於臺灣總督府後方的「淡水館」（今長沙街婦聯總會現址）舉辦成立大會，由當時臺灣總督府參事官長石塚英藏（1866-1942）與學務課長松岡辨分任正、副會長，[5]自此成為日治時期臺灣最大的教育團體。

臺灣教育會的成員以各級學校教師與教育官僚為主，其中又以小、公學校教師為最，會員總人數超過15,000人，規模十分龐大，其經費來源除會員所繳納的會費外，尚有日本皇室與各種公益團體的補助，因而能辦理各項教育事業，由於該會的重要職位皆由總督府官員擔任，且多支援處理總督府之文教事業，遂成為總督府教育政策施展的外圍協力者。

昭和6年（1931），臺灣教育會改組為社團法人，主要的業務與活動為各種講習會、國語演習會與臺灣美術展覽會的舉辦。此外，尚有青年讀物的刊行、國語講習所教科書之編纂、各種教育影片的採購與放映、臺北女子高等學院的經營、教育貢獻者的表

---

[2] 吉野秀公，《臺灣教育史》（臺北：臺灣日日新報社，1927年10月），頁156。
[3] 〈本會規則及役員〉，《國語研究會會報》，第1期（1900年5月），頁1。
[4] 依《臺灣總督府職員錄》所示，平井又八為岡山縣人，自1897年起曾歷任總督府國語學校第二、第一附屬學校教諭、臺北師範學校助教授、大稻埕公學校及臺北第二尋常高等小學校校長。1911年3月起擔任臨時臺灣舊慣調查會補助委員，對臺灣原住民調查多有熱忱，唯不幸於同年8月過世。見臨時臺灣舊慣調查會編，《臺灣舊慣調查事業報告》（臺北：臨時臺灣舊慣調查會，1917年3月），頁79-80。
[5] 〈臺灣教育會規則〉、〈本會役員〉，《臺灣教育會雜誌》，第1期（1901年7月），無頁碼；〈《國語研究會沿革》，《國語研究會會報》，第1期（1900年5月），頁72。

揚與芝山巖祭典的承辦等，對日治時期臺灣學校教育與社會教育的推展，可謂具有一定的貢獻與影響。此外，臺灣教育會還創辦《臺灣教育會雜誌》（1914年更名為《臺灣教育》），自明治33年（1900）創刊至昭和18年（1943）為止，共發行498期，可說是當時臺灣各界表達教育意見與協助總督府普及國語教育的重要刊物，內容涵蓋甚廣，爾後也成為研究近代臺灣教育史的重要一手材料。[6]

日本學者又吉盛清在1996年復刻臺灣教育會的主要出版品，即《臺灣教育會雜誌》時，曾為文介紹該會的活動內容與同化教育。[7]此後，旅日學者陳虹彣也曾陸續發表二篇有關臺灣教育會的文論，就該組織的運作、發展、經費、活動等稍勢抒發。[8]此後，許佩賢則就戰爭時期該教育會的性質與定位提出說明，認為該會為因應時局，達宣傳教化之目的，對教育的關心與自我認同較為薄弱，實屬總督府的外圍團體。[9]由於先行研究或側重某一時限或僅述其梗概，為此，本章乃利用《臺灣日日新報》、《臺灣學事年報》、《臺灣教育會雜誌》等史料與歷來相關研究為文，介紹此一社會教育機構的創立與發展、經費人事與各種教育活動，期使大眾能對臺灣教育會有更清楚的認知。

---

[6] 有關臺灣教育會雜誌的相關研究，可參閱室屋麻梨子，〈臺灣教育會雜誌漢文報（1903-1927）之研究〉，國立成功大學歷史研究所碩士論文，2007年6月；周百合，〈日治時期《臺灣教育會雜誌》（1901-1911）研究〉，國立臺灣師範大學臺灣史研究所碩士論文，2015年1月。

[7] 又吉盛清，〈解說 臺灣教育會雜誌—臺灣教育會の活動と同化教育—〉，收於該氏編，《臺灣教育會雜誌 別卷》（沖繩：ひるぎ社，1996年），頁30-31。

[8] 陳虹彣，〈日本植民地統治下臺灣教育會に關する歷史の研究〉，收於梶山雅史編，《近代日本教育會史研究》（東京：日本圖書センター，2007年9月），頁377-405；陳虹彣，〈淺談臺灣省教育會之前身—日治時期臺灣教育會〉，《臺灣教育》，第674號（2012年4月），頁85-86。

[9] 許佩賢，〈戰爭時期臺灣教育會與殖民地統治（1937-1945）〉，收於戴浩一、顏尚文編，《臺灣史三百年面面觀》（嘉義：國立中正大學臺灣人文研究中心，2008年4月），頁331-366。

二、沿革與組織

所謂「教育會」係指日本明治維新時期為因應新學制實施而出現的教育組織，其發展受到時代影響，不同區域與不同時期的教育會，皆有不同的特色與發展形式。[10]據日本學者石戶谷哲夫的分類，戰前日本各地教育會的性質大致可區分為三：第一是地方行政當局為討論教育行政、財政而開設的教育會，政策與行政屬性較濃；第二是公設的教師研修團體，以地方首長為議長，各地教師為會員，主要聚焦在教師間的教學問題；第三則是教師自發性所組成的研究進修團體，以增進自身的教學能力與研究為主。[11]

（一）教育會的形成

一般而言，戰前日本各地的教師會多由地方行政官員、師範學校教職員、小學校教職員及地方名望家所組成。會長或總裁多由地方長官擔任，實際會務則由學務部（課）長或師範學校校長等地方教育行政主管擔當，故多數組織具有地方行政當局外圍團體之特徵。而各地教育會的經費來源，主要是會員所繳納的會費，旁及於各項事業收入、補助款及各界捐款。至於教育會的業務內容，除建議或答覆各界所提之教育疑問與相關事項外，其餘諸如出版刊物、辦理教師的養成、研究學校教育及調查教育相關事項等，皆含括在內。[12]由於日本各地的教育會在明治維新後已

---

10 梶山雅史編著，《近代日本の中央・地方教育史研究》，〈序章〉（東京：學術出版會，2007年9月），頁7-33。
11 石戶谷哲夫，《日本教員史研究》（東京：講談社，1978年），頁119-125。
12 謝明如，〈日治初期臺灣地方教育會之研究〉，《臺灣師範大學歷史學報》，第43期（2010年6月），頁236-237。

漸次成立，迨明治28年（1895）日本來臺後，在無方針主義政策的困境下，臺灣各地教育機構或地方政府也多沿用日本國內設立教育會的方式，以加速推動地方教育。

明治30年（1897），臺南地方官吏、教育者與地方人士共同創設臺南教育會，展開教育相關之調研活動，堪稱臺灣地方教育會設立之濫觴。[13]此後，臺北、基隆、臺中、新竹、桃園等地也開始籌設教育會，號召各學校校長及地方士紳共同籌劃，藉以推廣新式教育、傳達政令與改良傳統書房。雖然各地教育會多扮演官民溝通橋梁角色，對臺人吸收現代化新式教育多有貢獻，[14]但因經費缺乏，且參與者有限，致各地教育會中途停辦者不少，為此，時論乃建議各地方教育會應廣招會員，並由臺灣總督府介入經營。[15]

由於國語教育為日人治臺的重要課題，然總督府初期卻欠缺可襲用的制度方針，來臺的日籍教師在教學上亦深感困擾，為此，在明治31年（1898）9月，總督府國語學校的教師們為相互支援、解決教學現場問題，遂成立「國語教授研究會」，以研究公學校和國語學校的國語教授為目的，成為當時臺灣第一個專門研究國語教育的研究會。該會的主要活動為定期召開例會，調查國語語法與教授等問題，並發行《國語研究會雜誌》，刊載該會所討論或議決的教育課題。[16]該會在明治32年（1899）12月改組前，共召開過十五次討論會，所得的研究結果多提供總督府做為教育政策參考，雖然國語研究未能克盡全功，但對爾後臺灣公學

---

[13] 〈臺南に於ける學事一斑〉，《臺灣日日新報》，第13號，「雜報」（1898年5月20日），版5。
[14] 謝明如，〈日治初期臺灣地方教育會之研究〉，頁270。
[15] 〈臺灣教育會設立談〉，《臺灣日日新報》，第480號，「雜報」（1899年12月7日），版2。
[16] 〈國語研究會沿革〉，《國語研究會會報》，第1號（1900年5月），頁76。

校教科書的編纂仍起了一定作用。[17]

　　此後，伴隨會務的擴大與追求更為深入的國語研究，國語教授研究會在明治32年（1899）12月改組為「國語研究會」。國語研究會除繼續進行國語與國語教授的調查與研究外，還定期召開例會、總會，進行各項演說，並於明治33年（1900）5月發行《國語研究會會報》，登載相關教育內容以供各界參考。至於該會會員的組成，除日本國內招募而來的學者與國家教育社的會員外，也從臺灣總督府國語學校畢業之優秀日本教員中選出。[18]

　　雖然「國語研究會」承繼「國語教授研究會」而來，然事實上二者皆以國語調查與研究為目的，性質並未有太大改變。另方面，因為「國語研究會」會員人數過少、資金不足，加以研究範圍過窄，且臺灣教育問題非僅是國語與國語教授問題而已，是以該會會員乃萌生改革之舉。

（二）臺灣教育會的出現

　　明治34年（1901）2月，國語研究會會員平井又八等人，認為該研究會需全盤考量臺灣教育的發展，不能僅著重於國語研究，遂提案建議將該會改組成「臺灣教育會」。此項提案最後經會員決議通過，而在決議通過前，該會已先草擬「臺灣教育會規則草案」，並擇定位於臺灣總督府後方的「淡水館」舉辦成立大會，以普及與改進臺灣教育為創會目的。[19]

　　明治34年（1901）7月20日，臺灣教育會的機關刊物─《臺灣教育會雜誌》創刊，依當期刊載之臺灣教育會規則第四條所示，該會所執行的事項為：1、社會教育意見之發表。2、研究教

---

[17] 室屋麻梨子，〈臺灣教育會雜誌漢文報（1903-1927）之研究〉，頁14-15。
[18] 陳虹彣，〈日本植民地統治下臺湾教育會に關する歷史的研究〉，頁379。
[19] 吉野秀公，《臺灣教育史》，頁154。

育學術之事蹟。3、調查教育主要事項。4、開辦教育學術相關之講談會及講習會。5、發行教育相關雜誌及教育性質的圖書。[20] 綜合上述內容,可知臺灣教育會初創目的欲涵蓋教育之研究、發表、出版與推廣,相較於之前「國語教授研究會」或「國語研究會」只重視國語與國語教授的調查研究,其主旨內容可謂更具多元。

有關臺灣教育會的人員編制,在初創之際共設有會長一名,由時任參事官的石塚英藏(1866-1942)兼任;副會長一名,由時任學務課長的松岡辨兼任;幹事長一名,由時任國語學校長的田中敬一(1858-1930)兼任。另有總督府評議員及各學校校長、教師擔任之幹事五名、編輯委員五名及評議員二十名等。至於辦公的事務所則選在總督府國語學校內。[21]明治37年(1904),臺灣教育會進行人事改選,由時任民政長官的後藤新平(1857-1929)榮膺會長,原會長石塚英藏則改任副會長,新任的學務課長持地六三郎(1867-1923)則擔任幹事長,此外,並新設副幹事長一名,由上述原幹事長國語學校校長田中敬一兼任。[22]

明治40年(1907),臺灣教育會再度修改會則,並訂定人員編制,新設總裁一名(由臺灣總督兼任),其餘編制則大致如舊,如設會長一名(由民政長官兼任)、副會長一名(由文教局長兼任)、幹事長一名、副幹事長一名、幹事八名、評議員三十名、編輯委員五名、地方委員若干與書記一名,事務所則從國語學校遷移至臺灣總督府,[23]顯示總督府的控管與介入更屬。至昭

---

[20] 〈臺灣教育會規則〉,《臺灣教育會雜誌》,第1號(1901年7月20日),「卷首」,頁1。

[21] 〈臺灣教育會規則〉,《臺灣教育會雜誌》,第1號(1901年7月20日),「卷首」,頁3。。

[22] 〈會報:本會第四次總會〉,《臺灣教育會雜誌》,第24號(1904年3月25日),頁16。

[23] 〈臺灣教育會發達のあと〉,《臺灣教育》,第300號(1927年6月),頁123-

圖4-1▌臺灣教育會館外觀
資料來源：〈臺灣教育會館外觀〉，《臺灣建築會誌》，第3輯第5號（1931年11月），
　　　　　封面後頁7。

和6年（1931），因財政困難與考量國語普及運動的重要性，臺灣
教育會決定改組為社團法人，除既有編制外，更新設「理事」二十
名以審議重要事項，另設「監事」三名以監督會務與會計事務，
並擴大其社會教育的內容與功能。此外，事務所也從總督府遷移
至新落成的教育會館（位於龍口町三丁目，今南海路二二八國家
紀念館）內，[24]以外圍團體方式協助總督府處理教育相關事務。
　　至於在組織部門方面，大正元年（1912），臺灣教育會新設
「研究調查部」與「通俗教育部」等兩個部門，前者主要從事相
關學校教育之調查研究，與初創之際的性質相同；後者則主要從
事社會教育，可謂新增業務的主事單位。至昭和3年（1928），
隨臺灣教育會組織規模擴大，經辦業務繁多，該會廢除既有組

　　132。
[24] 許佩賢，〈戰爭時期的臺灣教育會與殖民地統治（1937-1945年）〉，頁334。

織，改設「庶務部」、「會計部」、「事業部」、「寫真部」、「雜誌部」、「高等普通教育研究部」、「師範教育研究部」、「特殊教育研究部」、「初等教育研究部」、「體育衛生研究部」、「實業教育研究部」、「社會教育研究部」及「學術研究部」等十三個部門。[25]至昭和6年（1931），臺灣教育會依「社團法人臺灣教育會定款」改組為社團法人後，又將既有組織編制縮減為「庶務」、「會計」、「學校教育」、「社會教育」、「出版」及「寫真」等六部。[26]另在預算與會務審議方面則改採代議制，由理事及代議員構成，代議員則由會長指定選出，任期二年。

　　臺灣教育會在社團法人化之後，雖獲得更多的補助與權限，但實際上重要職位仍由總督府官僚所擔任，理監事也幾乎都是總督府或相關教育官僚。[27]換言之，臺灣教育會從國語教授研究會與國語研究會時代，以國語教育之調查與研究為主，之後，隨組織規模的擴大與總督府的介入，臺灣教育會已轉變為臺灣總督府政令宣傳下達之任務型機構。

（三）地方教育會的設立

　　原設於總督府國語學校內，以總督府官員及學校教師為主之臺灣教育會，為順利於各地推展教育事業，並廣納會員，在明治35年（1902）2月之臺灣教育會總會上曾決議增設各地分會，並在規程中增加設置分會之條文；同年4月，臺灣教育會在評議會上，亦頒佈「臺灣教育會分會設置及廢止規程」，依該規程第十

---

[25] 〈臺灣教育會處務擔任〉，《臺灣教育》，第315號（1928年11 月），頁171-174。

[26] 〈社團法人臺灣教育會定款〉，《臺灣教育》，第343號（1931年2月），「卷頭」，頁1-4。

[27] 陳虹彣，〈淺談臺灣省教育會之前身—日治時期臺灣教育會〉，頁85。

六條所訂，凡經十名以上會員請求，且經評議會決議通過者，即可設立分會。[28]

明治35年（1902）9月，彰化一地首先設立臺灣教育會分會，為臺灣教育會各地分會之濫觴。此後，臺中、臺南、鳳山、彰化各地分會也相繼成立，各分會也仿照教育會方式，除選出會長等幹部外，也在各地進行講演會及展覽會等教育活動，並協助臺灣教育會推展地方教育業務。至昭和元年（1926）時，因臺灣全島教育設施已漸為普及，然各地分會卻未普設，是以各界乃呼籲臺灣教育會應儘速在各州廳設立分會，[29]此後，在總督府文教局與臺灣教育會的努力下，全島五州三廳的地方教育會最終皆獲許可設立。

值得一提的是，在大正13年（1924），臺灣總督府為振興社會教育事業，曾於總督府文教局內設置社會課，此後更於昭和3年（1928）於各州廳設置相關之社會教育係（組；股）承辦相關業務，以普及與改善地方教育為目的，也可視為是臺灣教育會之地方教育團體。至昭和6年（1931）後，隨臺灣教育會的法人化，臺灣教育會的各項活動也透過各州廳之教育分會進行，最終擴及全島。[30]

三、會員與經費

有關臺灣教育會的會員大致可分為三類：即經常會員、名譽會員及贊助會員。經常會員為普通會員，會費初期每人每月繳

---

28 〈臺灣教育會規則〉，《臺灣教育會雜誌》，第6號（1902年8月），頁4。
29 〈組織倒れのを臺灣教育會を如何に活用するか 「各州廳に支部を設けよ」聲起る 文教局新設と共に實現せん〉，《臺灣日日新報》，第9297號（1926年3月24日），版5。
30 室屋麻梨子，〈臺灣教育會雜誌漢文報（1903-1927）之研究〉，頁33。

30錢，自明治35年（1902）後，每月減至20錢；名譽會員則是具名望或對臺灣教育會有功者，並經評議會決議通過選任；至於贊助會員則是臺灣教育會事業的贊助者，初期規定需捐贈25日圓以上，同樣也需由評議會決議通過。[31]

（一）會員組成與人數

臺灣教育會的會員主要以各級學校的教職員為主，此外，如擔任臺灣總督府教育行政的學務課、編修課之職員，各州廳教育課之職員；又如銀行、郵局、圖書館等公共機關的職員等均臚列在內。另值得一提者，臺灣教育會的會員並不限於臺灣本島，舉凡臺灣海峽對岸之香港、廈門、福州、汕頭等地，屬總督府南進據點之學校教職員等，也多包含在內。由於臺灣教育會會規規定，加入該會者除需填寫職業、姓名、住所外，最重要者即是需由其他會員推薦，[32]職是之故，各會員的出身背景可謂相近，舉明治37年（1904）與明治40年（1907）的統計為例，會員中為學校教職員者幾乎佔有七成左右的比例（詳下表4-1），可見臺灣教育會的會員多為從事教育相關行業者，性質與專業度頗為雷同。

表4-1　臺灣教育會會員組成人數及百分比

年度	學校職員		其他		合計	
	人數	百分比	人數	百分比	人數	百分比
1904.1	476	66.95%	235	33.05%	711	100%
1907.9	724	72.33%	277	29.67%	1001	100%

資料來源：〈會報〉，《臺灣教育會雜誌》，第32號（1904年11月），頁61；〈會報〉，《臺灣教育會雜誌》，第68號（1907年11月），頁65-66。

---

[31] 〈臺灣教育會評議員會〉，《臺灣日日新報》，第1132號（1902年2月11日），版2。

[32] 〈會員諸君ヘ稟告〉《臺灣教育會雜誌》，第6號（1902年8月），頁2。

由於臺灣教育會逐漸受到重視，參與該會的人數也漸為增加，會員的入會需由教育會的地方委員或校長推薦，主要會員（即經常會員）為各州廳教育相關單位的職員，各學校（小公學校、中學校、專門學校以迄大學）之教職員，並網羅社會教育相關者，唯其中仍以小、公學校的教員佔最大多數。初期會員招募不受限，雖然不知組成份子的國籍別，但仍以日本會員居多，至明治35年（1902），隨各地分會的成立，臺籍會員乃陸續增加，為此，《臺灣教育會雜誌》還特別增闢漢文欄，藉此將各種教育訊息傳佈給臺籍會員知曉。至昭和6年（1931），臺灣教育會成為社團法人後，依相關規則所訂，在會員招募部分，除過往的個人會員與分會會員外，也開始讓各種青年團體會員加入。[33]會員入會資格為年繳5日圓會費之青年團體，是以各地青年團會員皆可認定，也因此臺灣教育會的會員隨之增長，各種教育活動也大為擴展。

表4-2　臺灣教育會歷年會員人數及增減率

年度	人數	增減率	年度	人數	增減率
1901	216	---	1922	5,229	-1.34%
1902	425	96.76%	1923	5,511	5.39%
1903	757	78.11%	1924	5,839	5.95%
1904	855	12.95%	1925	5,859	0.34%
1905	874	2.22%	1926	5,927	1.16%
1906	917	4.92%	1927	5,975	0.81%
1907	1,050	14.50%	1928	6,977	16.77%
1908	1,060	0.95%	1929	7,088	1.59%
1909	1,077	1.60%	1930	7,351	3.71%

---

[33] 不作著人，〈社團法人臺灣教育會定款〉，《臺灣教育》，第343號（1931年2月），頁1。

年度	人數	增減率	年度	人數	增減率
1910	1,184	9.94%	1931	7,763	5.60%
1911	1,568	32.43%	1932	7,869	1.37%
1912	1,689	7.72%	1933	7,990	1.54%
1913	1,870	10.72%	1934	8,235	3.07%
1914	2,084	11.44%	1935	8,556	3.90%
1915	2,211	6.09%	1936	8,813	3.00%
1916	2,472	11.80%	1937	9,868	11.97%
1917	2,795	13.07%	1938	10,779	9.23%
1918	3,000	7.33%	1939	11,816	9.62%
1919	3,362	12.07%	1940	12,955	9.64%
1920	3,918	16.54%	1941	14,341	10.70%
1921	5,300	35.27%	1942	15,639	9.05%

資料來源：依《臺灣教育會雜誌》各年度統計而成。

　　上表4-2為臺灣教育會歷年會員人數一覽，從創會初始僅216人，至昭和17年（1942）時已高達15,639人，41年間的會員人數成長高達72倍，當中除大正11年（1922）的會員人數稍減外，其餘各年度皆為增加，尤其自昭和12年（1937）起，隨蘆溝橋事變的爆發，由於進入到戰時體制，各種戰時動員之組織團體增多，臺灣教育會也納入更多團體會員，甚至強制納入全臺從事教育相關行業者，進行教育宣傳的任務與活動，是以會員人數更是呈現幾何級數的增長。（見下圖4-2）

（二）經費來源

　　臺灣教育會初創之際由於會計獨立，因此經費來源主要是會員繳納的會費，其次，尚有教科書等出版品的收入、雜誌的廣告活動費、各種教育活動的入場費與財產孳生之利息等。此後，因社會通俗教育的擴大，費用支出增加，致經營陷入困難，臺灣教

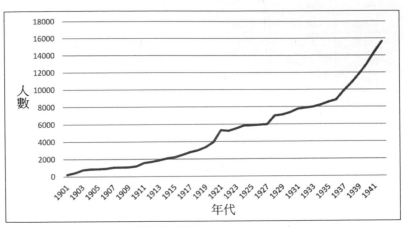

圖4-2┃臺灣教育會會員人數增長曲線圖
資料來源：依表4-2統計整理而成。

育會無力負擔，除開放個人與各界捐款外，也央請臺灣總督府加以補助。

　　總督府對臺灣教育會最大宗的補助其實來自於「學租財團」，所謂學租財團係指以臺灣舊有儒學、書院、義學、社學、書房等教育機構所擁有之田地收入來徵收學租的財團組織。自日本統治臺灣後，事實上，學租財團率皆由總督府管理，當時學租財團除提供經費補助臺灣教育會之各種活動外，也提供各界開設教育講習會、舉辦各地國語練習會、放映通俗教育影片、補助海外教育視察及興辦教育展覽會等，唯此後這些補助內容幾乎都轉變為臺灣教育會的事業項目。換言之，學租財團的經費絕大部分為臺灣教育會所用，總督府主導的學租財團可以指定經費用途，是以臺灣教育會也成為總督府指揮下的執行機構。[34]

　　大正12年（1923）元旦，學租財團依民法改組為「財團法人學租財團」，唯財團的總裁仍由臺灣總督兼任，理事長仍由原民

---

[34] 陳虹彣，〈淺談臺灣省教育會之前身─日治時期臺灣教育會〉，頁85-86。

政長官改換後之總務長官擔任，文教局長擔任副理事長，職員則由文教局或財務局內借調，事務所更設於總督府內。作為獨立的學租財團，其以學租金支付臺灣教育會承辦之主要活動內容為：1、臺灣教育會的事業助成金。2、學事講習會之開辦。3、各州廳國語練習會指導獎勵及通俗教育活動寫真的補助。4、臺灣人在日本國內求學之指導與協助。5、辭書的編纂與材料的蒐集整理。6、海外學事視察派遣的補助。7、教育展覽會的開辦等。[35]

　　除總督府學租財團的奧援外，自昭和5年（1930）開始，臺灣教育會也開始向各教育獎勵團體申請活動經費的補助，如恩賜財團臺灣濟美會、恩賜財團臺灣獎學會、久彌宮殿下下賜教育獎勵資金、恩賜財團臺灣教化事業獎勵會、伊澤財團等機構。[36]由於這些捐贈機構多指定經費用途，是以臺灣教育會也只能利用這些補助，進行捐贈機構所限定的社會教化事業，如經營濟美會館、舉辦社會講習會（原皆為臺灣濟美會之業務）、國語普及廣播（原為伊澤財團補助業務）、募集青年歌曲（原為教化事業獎勵會之業務）等。

表4-3　臺灣教育會歷年經費收入及補助一覽

年度	總收入（日圓）	補助金（日圓）	補助金所佔比例（%）
1928	107,000	80,390	75.13
1929	95,247	68,660	72.09
1930	115,000	87,328	75.94
1931	124,986	69,321	55.46
1933	132,490	74,910	56.54
1934	132,960	75,300	56.63
1935	138,210	73,900	53.47

---

[35] 臺灣總督府內務局文教課，《臺灣總督府學事第22年報》（1926年），頁62。
[36] 臺灣總督府內務局文教課，《臺灣總督府學事第22年報》（1926年），頁61-62。

年度	總收入（日圓）	補助金（日圓）	補助金所佔比例（%）
1938	148,030	60,500	40.87
1939	165,690	60,500	36.51
1941	170,810	60,500	35.42

資料來源：室屋麻梨子，〈臺灣教育會雜誌漢文報（1903-1927）之研究〉，國立成功大學歷史研所碩士論文（2007年6月），頁24。

　　從上表4-3中可以清楚看出，臺灣教育會各年度的收入來源主要是補助金，所佔比例曾高達75%，即便進入到中日戰爭時期的昭和16年（1941），補助金仍佔35%。這些補助來源即為上述之各項財團法人。為解明上述這些補助機構的性質與對臺灣教育會的影響，茲臚列其相關內容如下：

　　1、學租財團：清領時期臺灣各地之教育機構，如書房、書院、義學、社學等，其維持運作之經費來源多賴所有土地租佃所得之租穀，即所謂「學租」。日本治臺後，臺灣總督府除沿用於各地教育事業外，並於明治28年（1895）9月28日發佈訓令第7號「官租收納取扱心得」，將學租視為官租徵收，做為府庫收入。由於學租的性質較為特殊，總督府也規定可同其他官租如義渡租一般，由地方政府保管並向總督府報告。[37]明治30年（1897）12月11日，總督府發布訓令第161號，增加社團、財團及個人收入之相關處理規定，其中學租被認為與社會團體收入有關，故適用上述規定；[38]至明治34年

---

[37] 臨時臺灣舊慣調查會，《第一部調查第三回報告書：臺灣私法》，第1卷，下冊（臺北：臨時臺灣舊慣調查會，1910年），頁286-287；臺灣總督府史料編纂會，《臺灣史料稿本：明治二十八年九月》（臺北：臺灣總督府史料編纂會，1895年），頁111；〈明治二十八年九月訓第七號官租收納取扱心得第一條中「學田」、「義渡田」ノ五字竝但書ヲ削除ス〉，《臺灣總督府府報》，第210號（1897年12月12日），頁18。

[38] 〈社團財團若ハ個人ノ收入ニ屬スル金錢取扱方〉，《臺灣總督府府報》，第209號（1897年12月11日），頁17。

（1901）底，總督府再以府令第109號「學租財產ノ件」與訓令第424號「學租取扱規程」兩項規定，改由民政長官管理財產，且收入限定運用在有關學事之各項範圍。[39] 明治39年（1906）5月9日，總督府頒佈訓令第202號「學租財團所屬財產取扱規程」，更規定學租財團財產之處置、管理與收支。[40]至大正12年（1923）臺灣施行日本民法，學租財團改為財團法人後，其學租收入則限定用以補助臺灣各項教育事業之改良與普及化，其補助的範圍與對象即包含最重要的臺灣教育會。

2、恩賜財團臺灣濟美會：大正12年（1923）4月，裕仁皇太子（即之後的昭和天皇）來臺巡視，特別捐款10萬日圓做為臺灣各項社會事業及教育發展之獎勵，恩賜財團臺灣濟美會即以此為基金而設。該會的正、副會長分別由臺灣總督及總務長官擔任，辦公室也設在總督府內，可見該會與臺灣總督府之關係密切。臺灣教育會所獲得的補助主要從該基金孳生之6,000日圓利息及其他收入而來，[41]唯需執行該財團指定之教育事業，如實業教育的獎勵、國語普及會的舉辦及對國語普及有功者之表揚等。舉昭和12年（1937）為例，該年度臺灣教育會所獲得的2,500日圓補助，即承辦實業教育與農業教育的獎勵、演講會的舉辦、博物館與圖書館協會的補助等。[42]

---

[39] 有關學租之探討可參閱李鎧揚，《日治時期臺灣的教育財政－以初等教育費為探討中心》（臺北：國史館，2012年7月），尤其是第三章的部分。

[40] 〈學租財團所屬財產取扱規程〉，《臺灣總督府府報》，第1964號（1906年5月9日），頁44-47；臺灣總督府內務局文教課，《臺灣總督學事第22年報》（1926年），頁62-63。

[41] 臺灣總督府文教局社會課，《昭和八年十一月臺灣總督府社會教育概要》（臺北：臺灣總督府文教局社會課，1933年），頁11。

[42] 臺灣總督府內務局文教課，《臺灣總督府學事第36年報》（1940年），頁59-60。

3、恩賜財團臺灣獎學會：大正13年（1924）1月26日，裕仁皇太子大婚時，為獎勵臺灣學童而特別捐款60,000日圓，以做為臺灣各州廳頒行「教育勅語」獎勵之用，恩賜財團臺灣獎學會即為紀念此一恩典而設。該獎學會如同臺灣濟美會，辦公室也設在總督府內，且正、副會長亦同樣分由臺灣總督及總務長官擔任。該會自昭和3年（1928）起，開始補助臺灣教育會，主要補助該會編纂出版以公學校學習為目的之補習讀本，期能以較便宜的價格販售，讓學童家長有能力購買，以普及學童國語之學習。[43]

4、久彌宮殿下教育獎勵金：大正9年（1920）10月，日本皇族久彌宮邦彥親王（1873-1929）來臺捐贈2,000日圓以資獎學，而後總督府以此為基礎，利用孳生之利息於大正9年（1920）11月26日創立此教育獎勵金。[44]自翌年（1921）起，總督府開始募集在臺教育關係者書寫有關教育改善問題之論文，擇優秀者核發獎勵金，其目的在求教育的進步改善。[45]臺灣教育會除獲得補助外，此後也接手處理此一業務。

5、恩賜財團臺灣教化事業獎勵金：大正14年（1925），適逢大正天皇與貞明皇后（1884-1951）結婚滿25週年「銀婚」之際，日本宮內省特別頒賜50,000日圓做為臺灣教化事業之獎勵，恩賜財團臺灣教化事業獎勵金即以此所孳生之3,000餘日圓利息與其他收入，做為執行教育業務經

---

43 臺灣總督府內務局文教課，《臺灣總督府學事第27年報》（1931年），頁63。
44 臺灣總督府內務局文教課，《臺灣總督府學事第23年報》（1926年），頁64。
45 不作著人，〈久邇宮邦彥王教育獎勵賞研究物募集〉，《臺灣教育》，第256號（1923年10月），頁5。

費之來源。[46]該單位辦公室亦設在臺灣總督府內，總督為總裁，正、副會長也分別由總務長官及文教局長擔任，以表揚社會教育團體及獎勵社會教育功勞者為其主要事業。[47]昭和12年（1937），該單位核撥500日圓給臺灣教育會，委託其表彰國語普及功勞者與編輯教化資料。[48]翌年（1938）又補助1,710日圓，委託臺灣教育會辦理優良教化團體及國語普及功勞者之表揚獎勵。此外，還有巡迴指導員派遣的補助、優良女子青年團赴日本國內觀光視察之協助等。[49]

6、伊澤財團：昭和3年（1928）6月，為表彰曾任臺灣第十任總督的伊澤多喜男（1869-1949）而設，該財團以同化和睦為目的，其資金共有47,000日圓，利用該筆資金衍生之利息2,800日圓進行教育業務，其主要業務仍用於普及國語。[50]昭和7年（1932），該財團將資金衍生之利息2,000日圓，補助臺灣教育會承辦國語普及廣播、全島國語講演會、選派國語普及有功者赴日本國內觀光考察。在昭和15年（1940）時，該財團也曾補助臺灣教育會700日圓，用於推行國語普及、電臺廣播與開辦全島國語演習會等。[51]

---

[46] 臺灣總督府文教局社會課，《昭和八年十一月臺灣總督府社會教育概要》（臺北：臺灣總督府文教局社會課，1933年），頁11。

[47] 臺灣總督府內務局文教課，《臺灣總督府學事第26年報》（1929年），頁62。

[48] 臺灣總督府內務局文教課，《臺灣總督府學事第36年報》（1940年），頁60。

[49] 臺灣總督府內務局文教課，《臺灣總督府學事第33年報》（1936年），頁61。

[50] 臺灣總督府，《臺灣事情（昭和七年版）》（臺北：臺灣時報發行所，1932年），頁161。

[51] 室屋麻梨子，〈臺灣教育會雜誌漢文報（1903-1927）之研究〉，頁34。

表4-4　各財團對臺灣教育會的補助金額及百分比

年度	金額 百分比	補助來源						合計
		學租 財團	臺灣 濟美會	臺灣 獎學會	教化 事業 獎勵金	教育 獎勵金	伊澤 財團	
1930	日圓	70,050	8,400	5,200	3,360	600	1,480	89,090
	%	78.63	9.43	5.84	3.77	0.67	1.66	100
1931	日圓	53,321	6,000	5,200	2,200	600	2,000	69,321
	%	76.92	8.65	7.50	3.17	0.87	2.89	100
1933	日圓	63,200	4,800	3,000	1,710	700	1,500	74,910
	%	84.37	6.41	4.00	2.28	0.94	2.00	100
1934	日圓	64,200	4,000	3,000	1,710	700	1,500	75,110
	%	85.47	5.33	3.99	2.28	0.93	2.00	100
1935	日圓	64,300	3,600	3,000	1,400	700	1,000	74,000
	%	86.89	4.87	4.05	1.89	0.95	1.35	100
1938	日圓	54,100	2,500	2,000	500	700	700	60,500
	%	89.42	4.12	3.31	0.83	1.16	1.16	100
1939	日圓	54,100	2,500	2,000	500	700	700	60,500
	%	89.42	4.12	3.31	0.83	1.16	1.16	100
1941	日圓	54,100	2,500	2,000	500	700	700	60,500
	%	89.42	4.12	3.31	0.83	1.16	1.16	100

資料來源：室屋麻梨子，〈臺灣教育會雜誌漢文報（1903-1927）之研究〉，頁24-25。

　　就上表4-4中可清楚看出，臺灣教育會的收入來源多來自各財團的補助，如學租財團、臺灣濟美會、臺灣獎學會、臺灣教化事業獎勵金、教育獎勵金與伊澤財團等，唯其中仍以學租財團的補助最多，每年常態性補助5至7萬日圓不等，幾乎高達所有補助金的八至九成。至於補助的內容，除上述學事講習會的開辦、各州廳國語練習會的指導獎勵、通俗教育活動寫真的補助、臺人在日求學之指導協助、辭書編纂與材料蒐集整理、海外學事視察派

遣補助與教育展覽會的開辦外，由於總督府甚為重視臺灣教育會所經營的臺北女子高等學院與芝山巖的祭典等，因此辦理該等事業所需經費仍由學租財團加以支應。

隨昭和12年（1937）蘆溝橋事變的爆發，臺灣進入到戰時體制，學租財團對臺灣教育會的補助多有更易，舉翌年（1938）為例，臺灣教育會接受學租財團的補助後，為配合政策，遂變更預算項目，共刪除學校教育部、社會教育部、國語教育調查費、臺灣美術展覽會、青年幹部講習會等活動之經費，反而新增與戰時活動有關之預算科目，如戰時軍人慰問費、教員資格向上講習費、全島青年團長會議費、全島青年團聯合大會費、國民精神總動員費、國語教育所用教科書改訂費、事變後南支（華南）事情映畫製作費等。[52]凡此，可以明顯看出，臺灣教育會在戰時體制下配合總督府戰爭教育與戰爭宣傳之作為。

四、業務與活動

臺灣教育會在明治34年（1901）初創之際，依會規所訂，主要業務內容為發表、研究、調查教育內容，舉辦講習會與發行圖書刊物等，可謂多聚焦在學校教育事務上，尤其是國語學校與公學校建設關係的補助。然自大正時代以降，臺灣教育會與總督府開始聯手舉辦各種活動，如講習會、演講會、表彰會、音樂會、幻燈及活動寫真會、全島國語演習會、臺灣美術展覽會，發行圖書刊物及獎勵廣播事業等。與初期業務較不同的是，原本以學校教育為主的活動，到此時轉變為社會通俗教育取向，並開始指導

---

[52] 不作著人，〈昭和十二年度代議員會並に總會記事〉，《臺灣教育會雜誌》，第429號（1938年4月），頁110-129。

青年團、少年團及推展國語普及運動，[53]可說是協助臺灣總督府推展社會教化與國語教育活動的執行機構。

至大正12年（1923）底，臺灣教育會已成為臺灣島內組織最為龐大的社會教育團體，會員人數將近6,000人，除經辦歷來的學校教育業務外，其工作內容還包括《臺灣教育會雜誌》的刊印、國語研習會與演講會的舉辦、教育功績者的表揚、通俗教育書籍的編纂出版及芝山巖祭典的執行等。此外，臺灣教育會也積極協助辦理臺灣美術展覽會。[54]

昭和6年（1931），臺灣教育會在法人化之後，更依會規所訂，強化業務內容，主要營運項目計有：（一）教育研究調查各種意見之發表。（二）臺北女子高等學院的經營。（三）講習會、演講會及國語演習會的舉辦。（四）臺灣美術展覽會及其他展覽會的舉辦。（五）發行雜誌並編輯、出版與推薦有益教育之圖書。（六）製作、發行並推薦教育影片。（七）表彰教育功勞者。（八）舉辦芝山巖祭典及其維持。（九）補助獎勵有益教育之事業。（十）與獎學相關之事業。（十一）其他必要之事業。此外，臺灣教育會還曾辦理臺灣教職員互助會之事業，提供教職員間的退休（職）、撫卹、慰問與急難救助事宜。[55]

上述各項會務工作，如國語講習會的舉辦、教育功勞者之表彰與芝山巖祭典的舉辦等事業，均持續辦理到太平洋戰爭結束前一年，即昭和19年（1944），至於圖書刊物的發行更是持續到戰爭結束之昭和20年（1945）是年。另外，會務第二項「臺北女子高等學院」的經營，則是利用學租財團的補助，設立以專門培養賢妻良母為目的之女子教育機構，後於昭和19年（1944）結束營

---

53 室屋麻梨子，〈臺灣教育會雜誌漢文報（1903~1927）之研究〉，頁34。
54 臺灣總督府內務局文教課，《臺灣總督府學事第22年報》（1926年），頁63。
55 〈社團法人臺灣教育會定款〉，《臺灣教育》，第343號（1931年），「卷頭」。

運。至於第四項的「臺灣美術展覽會」，臺灣教育會雖然只從昭和2年（1927）的第一屆舉辦到昭和11年（1936）的第十屆，之後即由總督府由官方立場接手，然藉由各次的展覽也影響到日後臺灣美術史的發展。此外，為了辦理第六項的「製作、發行並推薦教育影片」，臺灣教育會也特別購買許多影片、攝影器材與放映設備，以達到用影片宣傳社會教育之目的。至於最後第十一項的「其他必要之事業」，意指臺灣教育會可依需求辦理任何新式教育事業，此項會務規定也成為影響到日治末期有關日本南進策略與留學生事務發展的重要依據。[56]

隨昭和12年（1937）中日戰爭爆發，臺灣教育會的業務活動產生較大變化，原本以學校及社會教育為主之各項費用多移為戰事慰問費、國民精神總動員講習費、收音機體操普及獎勵費等因應戰時體制之活動項目。依昭和13年度（1938-1939）代議員會上半年度事業報告書中得知，當年度所追加的業務費，均是伴隨戰爭或因應時局而發之項目，如陸軍醫院官兵慰問費、海軍官兵慰問費、世界教育會議費（庶務部）、收音機體操普及獎勵費、國民精神總動員費（社會教育部）。中止預算的項目則有小公學校教員講習會、初等教育研究會、中等教育研究會、國語講演會、師範學校附屬公學校研究會（學校教育部）、國語講習所指導者講習會、講演會、女子青年日本國內派遣、社會教育會議派遣、發聲映寫機（電影放映機）的購入等。[57]

此外，如總督府主辦因應時局的講演會，如國民精神文化講習會、國民精神研修講習會、國民精神總動員講習會等活動，臺灣教育會也仍是協辦單位。[58]總而言之，臺灣教育會在戰時體制

---

[56] 陳虹彣，〈淺談臺灣省教育會之前身—日治時期臺灣教育會〉，頁86。

[57] 〈昭和十三年度代議員會竝に總會記事〉，《臺灣教育》，第441號（1939年4月），頁88、90。

[58] 許佩賢，〈戰爭時期的臺灣教育會與殖民地統治（1937-1945年）〉，頁336。

下的業務活動，社會青年的教化已成為該會的重要業務之一，也可以說是配合總督府執行青年教化政策的重要機構。

由於臺灣教育會自明治34年（1901）創立初始以迄昭和20年（1945）太平洋戰爭結束，其所承辦處理的教育事業內容不少，下文茲臚列數項較為重要之活動，藉此彰顯該會之實際運作情景。

（一）講習會及講演會的舉辦

臺灣教育會創立之初的業務內容，依會規第四條所訂，除發表、調查、研究教育事項與發行刊物外，最主要者即是舉辦教育學術相關之講習會及演講，以增進教師教學職能，此舉可謂從創立之初直至日本戰敗前一年均持續進行。由於講習會的內容為配合時局而發，故每年多有更易，舉明治39年（1906）的「公學校訓導臨時講習會」為例，該年受總督府國語學校師範部乙科修業年限延長之影響，公學校訓導（按：輔助教諭教學，以臺籍教師為主）人數嚴重不足，為解決教師荒之窘境，總督府決定於明治40年（1907）舉行訓導檢定考試，對合格者授予訓導資格。臺灣教育會為服務考生，也由學租財團所補助之近500日圓款項中，開辦公學校訓導臨時講習會，強化相關知識以備應考。[59]

在臺灣教育會所舉辦的各種講習會中，最重要者莫過於大正13年度（1924-1925）才改稱之「學事講習會」，此原本為臺灣總督府相關學務部門所主辦，故稱為「臺灣總督府學事講習會」，然自大正11年（1922）隨新臺灣教育令的頒佈，也改由臺灣教育會實質主導。舉大正14年度（1925-1926）的學事講習會為例，有

---

[59] 〈會報〉，《臺灣教育會雜誌》，第55、56號（1906年10、11月），頁57、58。

為初到臺灣之日籍新進教師所辦理的「新進教師講習會」，也有文部省為中等教師檢定而舉辦的「教師教學能力改善講習會」，還有以校長知識學習為主之「校長講習會」，為改善小公學校算數科教授而舉辦之「算數科主任講習會」，及為改善小公學校、中等學校的體育衛生而舉辦之「體育講習會」等。[60]此外，臺灣教育會還曾辦理過公學校訓導養成講習會、文檢講習會、[61]少年團組織準備講習會等，可說是因應各種狀況辦理講習會。雖然臺灣教育會經常舉辦各種教育相關之講習會，但實際上並無發言主導權利，主要任務還是執行與協調。[62]

此外，臺灣教育會每年還會邀請官員及學者專家舉辦學術演講，內容不僅是教育方面的問題，旁及於各種學問知識與臺灣統治問題，由於此種學術演講不獨優惠會員，亦開放給一般民眾聽講，故甚受歡迎。[63]

（二）國語普及活動的開辦

為配合總督府推行國語普及活動，自大正3年（1914）開始，在時任民政長官內田嘉吉（1866-1933）會長的指示下，臺灣教育會也以獎勵說國語為目的，聚集各州廳所選出的兒童與國語練習會員，開辦各種「國語演習會」直至昭和20年（1945）戰爭結束。[64]雖然實際開辦的方式與方法每期多有不同，但自國語普及運動實施後，活動規模與參加者確實不斷擴大，原本只是公

---

[60] 〈學事講習會 臺灣教會主催〉，《臺灣日日新報》，第8978號（1925年5月9日），版2。

[61] 所謂「文檢」乃「文部省師範學校中學校高等女學校教員檢定試驗」簡稱，意即中等學校教師之檢定考試。相關研究可參閱葉碧苓，〈日治時期中等學校教師檢定考試之研究〉，《國史館館刊》，第41期（2014年9月），頁1-41。

[62] 陳虹彣，〈日本植民地統治下臺灣教育會に關する歷史的研究〉，頁395。

[63] 室屋麻梨子，〈臺灣教育會會雜誌漢文報（1903-1927）之研究〉，頁27。

[64] 臺灣總督府，《臺灣の社會教育》（臺北：臺灣總督府，1938年12月），頁98-99。

學校兒童的演習會，自大正6年（1917）開始，也將對象擴大至國語練習會員。[65]此後，參加對象還擴大到國語保育園的幼童、公學校的兒童與男女青年團員等。以昭和9年（1934）國語演習會舉辦要點為例，招募對象即為各州廳國語講習所、青年教習所、畢業生指導講習會等青年輔導教育設施的學生，還有小、公學校的學生與16歲以上未滿20歲之青年團員等。[66]

至於演習會的方式，除一般的演講、朗讀外，之後也增加「即題」，意即當場抽題目演說，藉此增進參與者的國語表達能力。至昭和4年（1929），在演習會的即題中，又新增對話、朗讀、發表感想與舞蹈、戲劇等方式，內容更加多元。如各州青年團員的演習會即以表演青年劇（每組10分鐘以內）或是發表個人的研究（5分鐘以內）為主，題目則與各地之社會教化、國語普及、陋習改善、產業開發有關，藉此呈現國語教育的旨趣。[67]

另從昭和5年（1930）開始，臺灣教育會也開始辦理原伊澤財團為實施國語普及所進行的廣播活動，定期播放「國語普及の夕」節目。在每個月第二個星期日由臺北電臺播放，播放地區為臺北及新竹；第四個星期日則由臺南電臺播放，播放地區為臺中、臺南及高雄。廣播節目為各地選拔出之青少年團員、受青年輔導教育者、國語講習所學生及小、公學校的學生，人員約20到100名，以錄製其唱歌、談話、話劇、遊戲、演奏等方式，來表現國語的學習成果，藉此達國語普及之目的。[68]

---

[65]　〈國語教育に就きて〉，《臺灣教育》，第178號（1917年4月），頁1。
[66]　〈國語演習會 附屬小學にて開催〉，《臺灣日日新報》，第5306號（1915年3月29日），版5；臺灣教育會，《第二十一回全島國語演習會順序》（1934年12月），頁1-18。
[67]　陳虹彣，〈日本植民地統治下臺灣教育會に關する歷史的研究〉，頁392。
[68]　室屋麻梨子，〈臺灣教育會雜誌漢文報（1903-1927）之研究〉，頁38。

（三）芝山巖祭典的舉辦

臺北近郊士林芝山巖為日本在臺實施近代化教育之始，也是明治29年（1896）日本六位來臺教育官員遭難之處，日人除在該地建立石碑以示表彰外，自明治30年（1897）起，每年更是舉辦追悼紀念活動。祭典當日，自臺灣總督以下之各級官員多前往參拜，而第一回參拜之首屆芝山巖學堂畢業學生，更是以斷髮改裝來展現其接受日本近代文明的心志。[69]

明治36年（1903）2月8日，在臺灣教育會年度總會上，時任臺北廳大稻埕高等公學校（今臺北市大同區太平國小）教諭的赤松三代吉[70]與總務局學務課屬之和田貫一郎[71]等12名會員聯合提案，希望對來臺從事教育事業卻因風土疾病或遭抗日殺害之日人，能與芝山巖六氏先生合祀，並為其舉辦招魂祭。其主要提出的內容為：1、對從事臺灣教育而遭匪害或風土傳染病而死亡者，每年為其舉辦招魂祭。2、招魂祭日期為每年2月1日。3、祭典費用由臺灣教育會會員集資或由其他經費支出。4、對於遭殺害者，可在其遇難之地設立紀念碑。[72]此一提案最後獲得全體會員一致通過，為此，臺灣教育會乃開始舉辦芝山巖祭典，自明治38年（1905）1月建立殉難教育者合祀之石碑後，同年2月1日，隨即舉行六氏先生十週年祭典及合祀教育殉職者之儀式。最後並在2月5日總集會上決定，此後每年2月1日由臺灣教育會在芝山巖舉辦之祭典將持續成為慣例，至昭和8年（1933）時，臺灣教育會更編纂出版《芝山巖誌》，[73]以介紹並傳遞日人在臺教育「鞠

---

[69] 臺灣教育會，《芝山巖志》（臺北：臺灣教育會，1933年2月），頁54-62。
[70] 《臺灣總督府文官職員錄》，明治36年（臺北：臺灣總督府，1903年），頁128。
[71] 《臺灣總督府文官職員錄》，明治36年，頁7。
[72] 〈臺灣教育會發達のあと〉，《臺灣教育》，第300號（1927年6月），頁132。
[73] 〈臺灣教育會總會の景況〉，《臺灣日日新報》，第1431號（1903年2月10日），

躬盡瘁，死而後已」的犧牲精神。

（四）會誌之刊行

臺灣教育會除舉辦各種講習會及因應時局而發之活動外，出版事業也是臺灣教育會的重要工作項目之一。臺灣教育會自明治34年（1901）6月成立後，隨即在7月發行機關刊物《臺灣教育會雜誌》，作為在臺推廣、調查、研究、發展教育事業訊息之工具。[74]在第一期創刊號的內容中，《臺灣教育會雜誌》共闢有「論說」、「學術」、「實驗調查」、「文藝史傳」、「雜錄」、「質疑應答」、「圖書介紹」、「內外彙報」、「會報」、「公文」等專欄。各專欄每期相同，[75]至於其他如「時事一般」、「質疑應答」、「地方通信」、「敘任辭令」等專欄，則視實際需要調整增加。

《臺灣教育會雜誌》從創刊號直至昭和18年（1943）發行最後一號498期，當中曾歷經一些轉變，最初該刊為季刊型式，每三個月發行一次，至明治35年（1902）8月，改為隔月出版之雙月刊型式，同年11月以後，才正式改為月刊型式，一直持續至停刊，每期雜誌平均頁數為80頁左右。自明治36年（1903）元月發行之第10期開始，臺灣教育會特地央請時任臺灣總督府國語學校助教授之三屋大五郎（1857-1945）[76]擔任該雜誌的漢文主任，並

版2：〈臺灣教育會總集會〉，《臺灣日日新報》，第2028號（1905年2月7日），版2。

[74] 有關臺灣教育會雜誌在明治年間出版之內容介紹，可參閱又吉盛清著、潘淑慧譯，〈臺灣教育會雜誌─再版記及內容介紹〉，《國立中央圖書館臺灣分館館刊》，第3卷第2、3期（1996年12月、1997年3月），頁67-88、76-90。

[75] 《臺灣教育會雜誌》，第1號（1901年7月），「目次」。

[76] 三屋大五郎為東京府士族出身，曾歷任日本國內多所小學校教諭，日治時期曾來臺歷任總督府國語學校講習員、宜蘭公學校校長、臺中師範學校助教授、總督府國語學校助教授等職，對於漢文具有一定程度的造詣。其相關學經歷可參閱李龍雯，〈三屋大五郎在臺之教育及文筆活動的研究〉，國立成功大學臺灣文學系碩士論文，2012年7月。

新增17頁之漢文欄。[77]《臺灣教育會雜誌》新增漢文欄之目的，一方面是藉由臺人較為熟悉的文字來宣揚殖民教育理念，另方面則是希望招收更多臺人入會，[78]此漢文欄一直持續到昭和3年（1928）第305期之後才告廢除。另自大正3年（1914）起，《臺灣教育會雜誌》更名為《臺灣教育》，仍繼續作為臺灣總督府教育政策發聲之機關誌角色。

　　《臺灣教育會雜誌》雖然主要在臺灣地區發行，但如日本國內，甚至如當時為日本佔領地的朝鮮及關東州等，皆可見到該雜誌的蹤跡。《臺灣教育會雜誌》除作為殖民地進行教育工作的日籍教師一個參考工具外，同時也開放教師相互交流、研討，更刊載日本國內最新的教育動態，還有歐美各國的教育情形、見聞，作為教師汲取新知的一個管道，可視為是一個教育社群的產物。[79]

（五）教育圖書之出版

　　臺灣教育會除發行《臺灣教育會雜誌》、《臺灣教育》之機關刊物外，亦出版過不少教育類的圖書，誠如初創之際的會規所載，具教育性質的圖書雜誌編纂出版，本就是該會的重要工作項目。總計臺灣教育會的出版品，有學校用書、國語教學用書、教職員專用書、研究書籍、雜誌、文集、調查報告等類，其中又以具社會教育性質之國語學習用書及青少年課外讀物為最，且隨國語教育普及的對象與地區不斷擴大，至昭和時期，臺灣教育會

---

[77] 〈明治三十五年の臺灣教育會〉，《臺灣教育會雜誌》，第9號（1902年12月），頁2。

[78] 三屋大五郎，〈設漢文報宗旨〉，《臺灣教育會雜誌》，第10號（1903年1月），頁1。

[79] 張瑜庭，〈日本與臺灣的漢學連結：明治時期《臺灣教育會雜誌》漢文報（1903-1911）之研究〉，國立臺灣師範大學國際漢學研究所碩士論文，2007年6月，頁31-32。

透過出版、販售圖書之所得，也成為該會重要的經費收入來源之一。

　　臺灣教育會所出版的教育書刊不少，如昭和14年（1939）出版的《臺灣教育沿革志》即為解明日治時期各種教育制度法規的工具書，頗具參考價值。而屬國語學習者，則有《國語捷徑》、《國語教育新撰讀本》、《國語教本》、《國語之書》、《中等國語教本》等；屬於國語教授之教科書及參考書者，則有《國語教育新撰讀本》、《國語教育工業讀本》、《臺灣園藝》、《公學校教授要目》、《公學校國語教授法》、《公學校教務必攜》、《小學校教務必攜》及《學事法規》等。[80]

　　此外，臺灣教育會在社會教育雜誌的刊行方面亦多有貢獻，如昭和7年（1932）年6月，曾同時刊行三種青年雜誌，即《國光》、《黎明》及《薰風》。其中《國光》是國語講習所用的教材，也適合小、公學校初學年之用，發行至昭和15年（1940）3月；《黎明》則適用於公學校五、六年級生及畢業生，至少發行至昭和11年（1936）12月；《薰風》則以青年團員為對象，故最受歡迎，一直發行到昭和17年（1942）1月改名為《青年之友》，之後又發行至12號。[81]

　　另值得一提的是，為提供臺灣各地圖書館、小公學校兒童文庫及青年團購買圖書之參考諮詢，臺灣教育會在昭和7年（1932）還特別組成「圖書調查委員會」，收集調查並編成各種圖書目錄，除在機關刊物《臺灣教育》上刊載推薦優良圖書外，也發送給臺灣各級學校及圖書館，以為購書之參考。[82]

---

[80] 室屋麻梨子，〈臺灣教育會雜誌漢文報（1903-1927）之研究〉，頁40。

[81] 許佩賢，〈戰爭時期的臺灣教育會與殖民地統治（1937-1945年）〉，收於戴浩一、顏尚文主編，《臺灣史三百年面面觀》（嘉義：國立中正大學臺灣人文研究中心，2008年4月），頁337。

[82] 臺灣總督府，《臺灣總督府學事第31年報》（1934年5月），頁75。

（六）臺灣美術展覽會之舉辦

　　臺灣教育會除出版相關國語教育類之圖書與雜誌外，對臺灣美術教育的推廣與介紹亦多有貢獻，如大正13年（1924）4月24日，臺灣教育會即聘請日本美術家山本鼎（1882-1946）[83]赴臺中女子公學校進行美術專題演講，講題包括：「圖畫の教育的立場」、「產業美術と手工教育」、「家庭手藝と圖案」、「有望なる臺灣の工藝的產業」、「本島に於ける產業美術を興すに就て」等，使民眾對藝術能更為親近與理解。[84]此外，為使民眾實際觀賞到海內外的優秀藝術作品，在大正15年（1926）7月，臺灣教育會還主辦過兩場東、西洋畫及雕刻展。[85]

　　自昭和2年（1927）起，臺灣教育會為因應臺灣開始興起之美術振興風氣，在每年秋天固定舉辦為期十天之臺灣美術展覽會（簡稱臺展）。[86]展覽會的作品分成東洋畫及西洋畫二類，主要是讓藝術家相互鑑賞作品，並涵養民眾藝術的興趣。[87]為使民眾能對藝術作品更為瞭解，臺灣教育會更編輯各年度臺展之美術作品圖錄，以利參觀者對照與蒐藏之用。[88]初始由於臺灣教育會無固定展覽空間，常需租借其他場地以因應，如昭和2年至4年

---

[83] 山本鼎為愛知縣人，東京美術學校畢業，曾至法國留學，為日本著名農民美術家、教育家。見人事興信所編，《人事興信錄》（東京：人事興信所，1943年），第14版下，頁138。

[84] 〈臺中／講演會〉，《臺灣日日新報》，第8597號（1924年4月23日），版4。

[85] 〈臺灣教育會主催　美術展覽會　會場假博物館〉，《臺灣日日新報》，第9398號（1926年7月3日），版4。

[86] 有關美術展覽會活動的討論與臺灣教育會之關聯，可參閱方瓊華，〈「美術」概念的形成—以日治時期臺灣美術展覽活動為中心〉，國立臺北藝術大學美術史研究所碩士論文，2002年6月，尤其是第四章的部分。

[87] 邱奕松，〈日本帝國主義下之臺灣社會教育（下）〉，《臺南文化》，第27期（1988年12月），頁149。

[88] 「南國美術殿堂：臺灣美術展覽會（1927-1943）作品資料庫」，http://ndweb.iis.sinica.edu.tw/twart/System/index.htm，點閱日期：2020年10月10日。

（1927-1929）的前三回臺展均商借臺北樺山小學校（今內政部警政署）舉行，但由於空間狹隘，第四屆又改換到臺灣總督府舊廳舍（今臺北市植物園內之欽差行臺）舉辦，但展場空間仍嫌不足。[89]及至昭和6年（1931）4月，佔地2,500平方公尺之新教育會館（今國立二二八紀念館）落成後，不但成為爾後臺展之主要場地，也成為其他文藝教育展覽租借之所。[90]

為使臺灣各地民眾都能親近臺展，臺灣教育會也藉由各地教育會之協助，至臺北以外各地舉辦美術展覽，如昭和4年（1929）12月4日至8日，臺灣教育會臺中分部即展出部份第三屆臺展作品於臺中公會堂。此外，對於各回臺展之優秀作品，臺灣教育會也會編列預算加以蒐藏，如昭和3年（1928）的第二回臺展，臺灣教育會就以300餘日圓購藏水彩畫家藍蔭鼎（1903-1979）的〈練光亭〉入選作品。[91]

至昭和13年（1938），由於民眾對藝術漸感興趣，加以蘆溝橋事變爆發不久，為求臺灣美術展覽會的順利發展，臺展乃改由臺灣總督府所主辦，並設置「臺灣總督府美術審查委員會」，總務長官為委員長，委員為文教局長及其他藝術家。該委員會除審查美術作品外，並審議有關展覽事項，期使美術展覽與戰時體制結合。[92]臺灣教育會雖卸下承辦臺展之業務，但由於教育會的重

---

89 〈臺展の準備進む　會場が多少狹いので　出品畫を嚴選して少くする〉，《臺灣日日新報》，第9824號（1927年9月2日），版2；〈臺灣の秋を飾る　臺展の新陣容　役員その他決る　長官邸の茶話會〉，《臺灣日日新報》，第10193號（1928年9月5日），版2；〈發表された　臺展の會期　今年は新しい試みとして　ポスターを懸賞募集〉，《臺灣日日新報》，第10428號（1929年5月1日），版7；〈臺灣教育會で　記者團招待　臺展につき〉，《臺灣日日新報》，第10941號（1930年9月30日），版7。

90 如第五屆臺展東洋畫展場即在臺灣教育會會館舉辦，見〈臺灣美術展今年の會場　東洋畫は教育會館　西洋畫は舊廳舍〉，《臺灣日日新報》，第11203號（1931年6月21日），版2。

91 〈羅東　畫家受賞〉，《臺灣日日新報》，第10255號（1928年11月7日），版4。

92 臺灣總督府，《臺灣の社會教育》（臺北：臺灣總督府，1938年12月），頁98-99。

圖4-3 臺灣教育會所主辦的第二回臺灣美術覽會

資料來源：〈臺灣美術展覽會＝愈よけふから公開＝〉，《臺灣日日新報》（1928年
10月27日），版7。

要幹部仍是總督府的高階官僚，是以臺灣教育會仍需協助總督府
處理其他展覽事宜。

（七）影像宣傳活動之舉辦

臺灣總督府學務部認為社會教化工作若單純舉辦演習會，
效果恐怕不佳，聽眾不但印象不夠深刻且較無趣味，為此，臺
灣教育會乃於大正2年（1913）新設「通俗教育部」，利用影像

播放，並於全島各地巡迴放映，藉此呈現社會教化成果。[93]大正
3年（1914），臺灣教育會先行向日本國內添購播放影像所需之
放映機及底片，[94]同年底，所購之機器設備抵臺，臺灣教育會通
俗教育部隨即與總督府學務部合作，於是年12月5日與12日，分
別在總督府國語學校附屬小學校（今臺北市立大學附設實驗國
小）及臺北第一小學校（今臺北市萬華區福興國小），播放影片
給學生、家長及各界人士觀賞，效果甚佳。[95]此一放映展於翌年
（1915）2月，移地至新竹各地小、公學校舉辦時，也同樣受到
師生與地方人士的熱烈歡迎。[96]

　　由於影像宣傳活動十分成功，臺灣各地教育單位也紛紛邀
請臺灣教育會舉辦以此種幻燈活動寫真為主的通俗教育會。為順
應局勢，臺灣教育會通俗教育部乃分赴各地小公學校、公園及寺
廟，舉辦電影放映活動及演講會。[97]此外，自大正11年（1922）
5月起，臺灣教育會為推廣社會教育還特地招募放映員，教導放
映技術，並舉辦相關講習會及電影活動內容檢討之研究會。此
外，並斥資購買新式放映機分送給各州廳使用，且持續拍攝、購
買相關教育性質影片，期使各地社會教育事業能更為落實。[98]據
統計，至大正13年（1924）時，臺灣教育會所拍攝的影片共有84
種101卷，當中約半數為臺灣各地之景觀及設施。[99]

　　臺灣教育會除在臺灣各地播放相關教育影片外，也派遣活動

93　〈會報〉，《臺灣教育》，第300期（1927年6月），頁150。
94　〈通俗教育の普及 活動寫真の利用〉，《臺灣日日新報》，第5129號（1914年9
　　月24日），版7。
95　〈學務の活動寫真　國語學校に常設す〉，《臺灣日日新報》，第5199號（1914
　　年12月8日），版3；〈會報〉，《臺灣教育》，第159期（1915年7月），頁129。
96　草方，〈地方教育一瞥（六）　新竹通俗教育會〉，《臺灣日日新報》，第8206號
　　（1915年2月9日），版1。
97　〈通俗講演會 希望者續出〉，《臺灣日日新報》，第5540號（1915年11月28日），
　　版7。
98　邱奕松，〈日本帝國主義下之臺灣社會教育（下）〉，頁149-150。
99　〈宣傳影片に關する〉，《臺灣教育》，第261期（1924年3月），頁68-77。

寫真班人員分赴海外放映，如大正7年（1918）3月赴廈門舉辦活動寫真會，有16,000多名觀看，成效不差；[100]大正9年（1920）至日本九州、東京等地放映，介紹臺灣各地事物，也引起日本國內民眾對臺灣的重視。[101]至大正13年（1924），臺灣教育會更擴大至海外放映次數，計日本京都5回、東京12回、九州熊本2回、對岸廣東汕頭2回、福建廈門3回，總計觀賞人數高達755,000人，成效亦佳。[102]由此觀之，臺灣教育會的影像宣傳事業，不僅在臺灣島內推廣，也宣傳至對岸中國大陸與日本國內各地，藉此使外地人士能更為知悉總督府統治下的臺灣樣貌。[103]

在臺灣教育會各主要事業中，活動寫真可謂最受重視且預算金額最高的項目，自大正6年（1917）8月起，時任民政長官也是臺灣教育會會長的下村宏（1875-1957），即在臺灣教育會通俗教育部內設置「映畫班」，以製作與發行相關教育影片為主要業務，並任命原總督府屬戶田清三為映畫班主任。此外，還特地從日本國內招聘萩屋間藏為該映畫班之攝影師。[104]由於電影不只是通俗教育之方法，可利用的範圍更廣，因此，臺灣教育會在昭和6年（1931）更將「通俗教育部寫真班」獨立升格為「寫真部」，電影也成為日人在臺施行社會通俗教育中的重要一環，因而有「映畫（電影）教育」之稱。[105]

---

[100] 〈廈門に於ける活動寫真狀況〉，《臺灣教育》，第191號（1918年5月），頁62-63。

[101] 臺灣總督府，《臺灣總督府學事第19年報》（1922年7月），頁36。

[102] 〈臺灣教育會第二十回總會〉，《臺灣教育》，第300號（1927年6月），頁150。

[103] 三澤真美惠，〈臺灣教育會的電影宣傳策略1914-1942年〉，收於若林正丈、吳密察主編，《臺灣重層近代化論文集》（臺北：播種者文化有限公司，2007年9月），頁419。

[104] 許雪姬主編，《臺灣歷史辭典》，「臺灣教育會寫真部」條（臺北：遠流出版文化事業公司，2004年5月），頁1143。

[105] 三澤真美惠，〈臺灣教育會的電影宣傳策略1914-1942年〉，頁439-440。

五、結語

　　臺灣教育會乃日治時期臺灣最大的教育團體，初始為總督府國語學校教師基於日語教學需求，而於明治31年（1898）設立之「國語教授研究會」，此後因會務擴大而改為「國語研究會」；至明治34年（1901），鑑於臺灣教育發展的需求，側重學校與社會雙軌教育，並期能吸收更多會員，遂再改組為「臺灣教育會」。由於臺灣總督及民政長官（後為總務長官）、文教局長等高階官員皆為該會之主事者，且會議也多選在總督府內舉辦，加上該會業務活動多配合總督府教育政策而發，如舉辦芝山巖祭典、臺灣美術展覽會、各項講習會、電影宣傳活動，推廣日語普及運動，編輯出版圖書雜誌等，是以臺灣教育會的角色可說是完全根據總督府的教育方針，協助其所不足之處。

　　隨臺灣教育會的規模與業務漸為擴大，該會人數也不斷增加，從創會初始的216人，因地方會員的加入與昭和6年（1931）允許團體會員入會，至昭和17年（1942）時，臺灣教育會的會員已高達15,639人，人數成長72倍，形成最大規模的教育團體。另從該會的經費來源視之，除會費外，主要收入為財團法人學租財團、恩賜財團臺灣濟美會、恩賜財團臺灣獎學會、久彌宮殿下下賜教育獎勵資金、恩賜財團臺灣教化事業獎勵會與伊澤財團之補助，其中又以總督府的學租財團所佔比例最高。雖然臺灣教育會擁有多項經費來源補助，但卻無法自行決定辦理何種教育事業，需依臺灣總督府與各教化團體的限定，致學事諮詢機構的監督功能未能有效發揮。

　　整體而言，日治時期臺灣教育會的發展雖多依循總督府教育政策方針，致未能得出重要的教育意見與主張，但因綜理日治

時期各重要教育業務，尤其是社會教育，故就教育團體的功能發揮而言，可謂仍具有一定成效。此外，臺灣教育會所承辦之各項業務，如學用品的供應、教育書刊的配發、教育書籍的編審、教育雜誌之發行、教學研究會之舉辦、教育貢獻者之表揚、地方教育事項的改進等，仍是戰後臺灣省教育會的主要業務內容。[106]再則，該會定期刊行之機關刊物—《臺灣教育會雜誌》與《臺灣教育》，共498期的龐大內容，不但是日治時期各界表達教育意見，協助國語教育普及之重要推手，更是研究近代臺灣教育史不可或缺之重要史料，是以臺灣教育會的重要性已不言而喻。

---

[106] 〈第十三回總會　内田嘉吉閣下訓示の要領〉，《臺灣教育會雜誌》，第159號（1915年7月），頁28。

戰爭與教育

第五章 | 日治時期臺灣男子中等學校的軍事訓練

一、前言

日本殖民政府有鑑於領臺之初，臺人武裝抗日之猛烈，深怕武器彈藥一旦交付臺人手中則亂事難平，故臺人子弟一直到二次大戰末期方有服兵役之規定，是以在中等學校學科中雖有強化體能與類似新兵基本教練之「體操」課，卻始終無單獨軍事課程之規劃。然自大正14年（1925）起，由於「宇垣軍縮」的改革，日本政府為避免職業軍人遭裁軍後變成浮浪者，打擊到日本帝國軍人的士氣與形象，遂發佈「陸軍現役將校學校配屬令」，將資遣的現役軍人分配到日本國內及殖民地中等以上學校服務，教授學生軍事課程，[1]是以臺灣各中等學校內「校園軍事化」的特質乃逐漸形成。

為配合將校配屬令的頒佈，日本文部省也旋即在中等以上學校增設「教練科」，藉此呼應，另原屬社團或應為體育課程性質之「武道」（含劍道、柔道、相撲等）一科，亦被日人強化成軍事操練科目。是以基本教練、空砲彈軍事操練（包含演習、模擬戰、持槍戰鬥教練）、軍隊參觀活動、行軍與武裝賽跑等，已

---

[1] 有關陸軍現役將校學校配屬令的規定與施行沿革，可參閱森川滉編，〈陸軍現役將校學校配屬令公布十五年沿革史〉，《御親閱拜受記念寫真帖》（東京：京都教育會，1939年），頁1-40。

在中日戰爭前成為中等以上學生的重要學習活動。進入到戰時體制，舉凡參觀軍事基地、舉行軍事防空演習、參加軍隊軍旗祭、舉辦日軍在華軍事行動成果專題演講、實施實彈射擊比賽等活動，更是不勝枚舉。此外，還有志願兵與學生兵的徵募、訓練與動員等，是以此時的軍事訓練與軍事動員可謂已全面開展。

從日治時期各中等以上學校之老照片、成績單、校友會會誌、畢業紀念冊中，可發現軍事課程與訓練已是學生在校園生活的重要學習項目；而從校友回憶性的自傳、小說及口述訪談中，亦發現不少校友對求學時之回憶，除描繪自身求學情景、學校發展概況、臺灣風土民情外，最令其印象深刻者亦多是「教練」、「武道」二科中的身體訓練、軍事訓練與戰時動員，顯然身體規訓與戰爭情境仍是許多校友記憶中最難抹滅者。

日人在臺究竟如何透過此等軍事化課程強化國家對個人的身體控制？裁軍後的除役軍人配屬至中等以上校園後，在軍事教育上扮演何種角色？與正規教育又有何種折衝？而除各種軍事與身體訓練的實踐外，此等活動與訓練對中等學校男生又產生何種影響？為此，本章乃利用各男子中等學校內部刊行物，兼及小說、校友回憶及口述資料，另閱覽當時教育制度法規、報紙與總督府檔案及職員錄等，並參酌時人論述與相關研究，藉此解析上述課題。

二、中學軍事訓練課程的緣起

日人據臺後，由於臺日雙方的語言差異，加以「殖產興業」所需之初級技術人員的養成，因此在初等教育部份設公學校（原住民部分另設有蕃童教育所），強調臺人子弟對日語的學習，以達同化之目的。至於男子中等教育則以職業教育為主，初期設修業一至三年不等之農、林、糖、工業講習所，供青年男子就讀，

至大正8年（1919）「臺灣教育令」頒佈後，方設立修業三至四年不等的農業、農林與商業學校數所，供公學校六年級以上學生就讀。[2]至昭和12年（1937），隨中日戰爭爆發，為儘速補給戰力，擴充戰備基礎，在「工業臺灣」的政策下，總督府又在各大城市內增設工業學校。終日治時期，臺灣實業學校共有27所，其創立時間與校名可參閱下表5-1所示：

表5-1　日治時期臺灣實業學校一覽

創校時間	校名	創校時間	校名
1917	臺北商業學校	1939	臺南農業學校
			彰化商業學校
1919	臺北工業學校	1940	花蓮港工業學校
	嘉義農林學校		新竹商業學校
	臺中商業學校	1941	花蓮港農林學校
1926	宜蘭農林學校		臺南工業學校
1928	屏東農業學校		
1936	臺北第二商業學校	1942	高雄工業學校
1937	臺中農業學校	1943	員林農業學校
	高雄商業學校		基隆水產學校
	開南工業學校（私立）		
	開南商業學校（私立）	1944	彰化工業學校
1938	桃園農業學校		新竹工業學校
	臺中工業學校		新竹農業學校
	嘉義商業學校		嘉義工業學校

資料來源：臺灣教育會編，《臺灣教育沿革誌》（下）（臺北：古亭書屋複刻本，1973年），頁911-912；黃玉齋主編，《臺灣年鑑（4）》（臺北：海峽學術出版社，2001年3月），頁1011-1013；蘇曉倩，〈身體與教育——以日治時期臺灣實業學校的身體規訓為例（1919-1945）〉，國立暨南國際大學歷史學研究所碩士論文，2004年5月，頁160。

---

[2]　有關日治時期臺灣教育發展狀況，可參閱吳文星，《日治時期臺灣社會領導階層之研究》（臺北：五南圖書公司，2008年5月）；許佩賢，〈日治中期的公學校畢業生與臺灣社會〉，《國史館館刊》，第41期（2014年9月），頁133-156。

而為強化農林產業發展所需人員，總督府除設立各農、林、工業學校外，在公學校內亦設有修業一至二年的「實業科」，供公學校畢業生就讀。至大正8年（1919）臺灣教育令頒佈後，原在公學校所設立之實業科被改稱為「簡易實業學校」；大正11年（1922）新臺灣教育令頒佈後，總督府除比照日本國內在臺灣設立各類實業（職業）學校外，亦將原簡易實業學校改稱為實業補習學校，並不斷增校，是以迄昭和19年（1944）為止，臺灣各地已設立90所以招收臺人子弟為主之實業補習學校。[3]

另屬於男子中等教育系統者還有中學校（女學生則為高等女學校），但因差別待遇所限，日人不喜臺人子弟接受高等教育，是以普通中學並非日人在臺的主要教育施策，[4]然隨來臺日人漸增，其子弟就學與升學多成問題，為此，總督府乃於明治31年（1898）以府令第8號頒佈「國語學校第四附屬學校規程中改正」，在該校內增設「尋常中學科」，自此開啟臺灣的普通中學教育。[5]此後，因總督府國語學校改制與日本國內法規的修訂，原為國語學校第四附屬學校的「尋常中學科」又被改編成國語學校中學部，[6]雖然該校以招收日人子弟為主，但仍有部分臺人子弟享有入學許可。

尋常中學科自獨立為中學部後，由於課程、學制與日本國內相同，故吸引不少日人子弟就讀。[7]然因國語學校主要為教育臺

---

[3] 吳文星，〈日治時期臺灣的教育與社會流動〉，《臺灣文獻》，第51卷第2期（2000年6月），頁165。

[4] 向山寬夫編，《臺灣臺北州立臺北第一中學校の沿革（年表）》（東京：八光印刷株式會社發行，1991年7月），頁2；臺灣教育會編，《臺灣教育沿革誌》（下）（臺北：古亭書屋複刻本，1973年），頁728。

[5] 臺灣教育會編，《臺灣教育沿革誌》（下），頁727-728。

[6] 文部省，《學制八十年史》（東京：大藏省印刷局，1954年3月），頁822-823；臺灣教育會編，《臺灣教育沿革誌》（下），頁728；蔡平里，〈紅樓殘夢之十三—女大十八變〉，《建中校友》，第25期（1997年12月），版5。

[7] 臺灣教育會編，《臺灣教育沿革誌》（下），頁729-730。

人子弟之師資養成機構，考量到臺日人的「差異性」問題，總督府遂於明治40年（1907）5月，以「管理及訓練上不便」為名，依勅令第206號制訂臺灣總督府中學校官制。至此，國語學校中學部乃正式單獨成為總督府中學校（今臺北市立建國中學）。[8] 原本全臺僅此一所的中學校，後考量到南臺灣日人子弟的就學需求，是以至大正3年（1914）5月，總督府又於臺南新設中學校（今臺南第二高級中學），[9] 不過，仍是以招收日人子弟為主。

隨公學校畢業的臺人子弟日增，全島仍無一所供臺人子弟升學就讀之中學校，是以臺中地區在霧峰林家林獻堂（1881-1956）等人的奔走下，終於在大正4年（1915）成立第一所專供臺人子弟就讀之臺中中學校（今臺中第一高級中學）；[10] 至於臺北也在北部臺籍士紳的努力下，在大正11年（1922）4月設立一所專供臺人子弟就讀的臺北第二中學校（今臺北市立成功高中）。[11] 至大正9年（1920）由於地方制度改正，全島區分五州二廳，中學校也於大正10年（1921）4月新學期開始改由各州管理，[12] 翌年，又因新臺灣教育令之頒佈，全島中學以上學校實施日臺共學。此後臺灣各大都市陸續增設中學校，另私立中學校如淡水中學校（今淡江中學）與臺北中學校等也相繼設立。終日治時期，臺灣各地共設有23所公私立中學校（見下表5-2），雖然中學校已陸續增設，但僧多粥少，入學競爭仍十分激烈。

---

8 佐藤源治，《臺灣教育の進展》（臺北：臺灣出版文化株式會社，1943年7月），頁91。
9 吉野秀公，《臺灣教育史》（臺北：臺灣日日新報社，1927年10月），頁335。
10 有關臺中中學校的研究可參閱朱佩琪，《臺籍菁英搖籃——臺中一中》（臺北：向日葵文化，2005年5月）。另臺中一中校友會編纂刊行的《臺中一中八十年史》（臺中：臺中一中校友會，1995年5月）也很值得參閱。
11 張豐隆、周志宇、黃春木，〈建中簡史〉，收於趙臺生主編，《建中世紀》（臺北：臺北市立建國中學，1997年12月），頁27。
12 向山寬夫編，《臺灣臺北州立臺北第一中學校の沿革（年表）》，頁24；臺灣教育會編，《臺灣教育沿革誌》（下），頁767。

表5-2　日治時期臺灣中學校一覽

校名	創校時間	班級數（1943.4）	學生人數（1943.4）
臺北第一中學校	1907.5.20	20	1,038
私立淡水中學校	1914.4.4	14	815
臺南第一中學校	1914.5.1	15	768
臺中第一中學校	1915.4.1	15	776
臺北第二中學校	1922.4.1	17	838
新竹中學校	1922.4.1	15	756
臺中第二中學校	1922.4.1	14	684
臺南第二中學校	1922.4.1	15	752
高雄第一中學校	1922.4.1	20	988
嘉義中學校	1924.4.1	15	745
基隆中學校	1927.4.1	12	609
私立臺北國民中學	1935.4.20	---	---
花蓮港中學校	1936.6.5	10	502
臺北第三中學校	1937.4.1	16	814
屏東中學校	1938.4.1	11	556
私立臺北中學校	1938.9.21	17	1,072
私立長榮中學校	1939.6.21	15	884
臺北第四中學校	1941.4.1	10	516
臺東中學校	1941.4.1	3	173
私立苗栗中學院	1941.5	---	---
宜蘭中學校	1942.4.1	4	226
彰化中學校	1942.4.27	4	223
高雄第二中學校	1944.4	---	---

資料來源：臺灣教育會編，《臺灣教育沿革誌》（下），頁809-810；臺灣總督府文
　　　　　教局，《臺灣學事一覽》，昭和18年度（臺北：臺灣總督府文教局，1944
　　　　　年3月），頁32-34；黃玉齋主編，《臺灣年鑑（4）》，頁1006-1007；各
　　　　　中學網站校史沿革資料。

　　雖然中學校與實業學校性質不同，但皆屬男子就讀之中等教
育機構，且在富國強民與「體位向上」（增強體能）的政策下，

軍事課程也在此等學校中被特別強化。舉大正11年（1922）4月1日頒佈的「臺灣總督府中學校規則」為例，總督府仿日本文部省於明治34年（1901）3月5日頒佈之「中學校令施行規則」，將中學校學科訂為修身、國語及漢文、外國語、歷史、地理、數學、博物、物理及化學、法制及經濟、圖畫、唱歌及體操科，[13]另可因應臺灣實際狀況增設「實業科」，至於「臺灣語」則被設定為隨意科（選修科）。[14]在此等科目中，若要論及與軍事教育較有關連者，則僅有「體操」一科。據同年度（1901）3月5日文部省令第3號的「中學校令施行規則」所示，中學體操科「以均衡身體各部發展、培養強健身體、四肢動作敏捷、快活剛毅精神，並養成守規律、尚協同之習慣為要旨。體操教授普通體操及兵式體操，普通體操教授矯正術、徒手體操、啞鈴體操、球竿體操及棍棒體操。兵式體操則教授柔軟體操、器械體操、各種小隊教練及中隊教練」[15]至大正11年（1922）新臺灣教育令頒布後，依「臺灣公立中學校規則」所示，中學體操科又可視情況教授運動生理學、擊劍及柔術。[16]由於體操科含有以國家教育力量行學生身體規訓之實，舉凡立正、敬禮、各種行進、轉法等項目與要求，均與軍人的基本教練相似，而新增的擊劍及柔術也是部隊訓練的一環，是以誠如謝仕淵所言，日人在臺教育機構所實施的體操其實是從「普通體操」轉換至「兵式體操」。[17]

其實早在明治18年（1885）日本「兵士體操及輕體操教員

---

[13] 文部省，《學制八十年史》，頁827-828。
[14] 臺灣教育會編，《臺灣教育沿革誌》（下），頁774。
[15] 〈中學校令施行規則〉，收於靜岡縣立濱松中學校，《靜岡縣立濱松中學校一覽》（靜岡：濱松中學校，1902年1月），頁8、12；臺灣教育會編，《臺灣教育沿革誌》（下），頁777。
[16] 臺灣總督府，《臺灣總督府府報》，「號外」（1922年4月1日），頁21。
[17] 謝仕淵，〈殖民主義與體育─日治前期（1895-1922）臺灣公學校體操科之研究〉，國立中央大學歷史研究所碩士論文，2002年6月，頁15、48-49、176-177。

養成要領」中即明確指出，所謂「兵式體操」是指未經訓練的士兵至中隊進行演習、器械體操及活用槍術等，[18]這其中也包含整頓、行進與步調等活動。[19]更何況中學體操科在大正14年（1925）後另增教練部分，而所謂「教練」亦是兵式體操的改稱。由於此等課程的強化，是以畢業於臺北第一中學校（以下簡稱臺北一中）的日籍校友，多稱其母校校規十分嚴格，無論在服裝、姿勢、規律、禮儀、學習、訓育與鍛鍊上均有所本，故可稱得上是迷你版的陸軍士官學校。[20]無獨有偶，畢業於宜蘭中學校的林平泉也回憶道：「進（宜蘭）中學後實在很辛苦，上課的種種方式和訓練，就跟軍校沒兩樣。」[21]大正12年（1923）入學的臺中一中校友陳錫卿，也曾在大正14年（1925）的日記中記下體操課的實際上課內容，如整理保養槍枝，進行持槍分列式的隊形編組，至校外參觀軍隊演練，肩槍至臺中神社參拜等。[22]雖然中等學校的體操科已有軍事課程的雛形，但真正將軍事教育置入到課程中還是要等到大正14年（1925）的「陸軍現役將校學校配屬令」頒佈後，方有較大變化。

關於校園配屬「將校」（戰鬥科軍官）政策的頒佈乃因是年宇垣一成（1868-1956）大將擔任日本陸軍大臣，實施大規模裁軍改革所致。日本政府怕此「宇垣軍縮」讓遭裁軍後的職業軍人

---

18 能勢修一，《明治時期學校體育史の研究─學校體操確立の過程》（東京：不昧堂，1995年2月），頁121-122。
19 遠藤芳信，《近代日本軍隊教育史研究》（東京：青木書店，1994年12月），頁99-100。
20 臺北州立臺北第一中學校卒業五十周年記念文集編輯委員會，《濃綠匂ふ常夏の》（橫濱：三麗會，1987年），「前言」。
21 林惠玉編，《宜蘭耆老談日治下的軍事與教育》（宜蘭：宜蘭縣立文化中心，1996年2月），頁317。
22 陳錫卿作，陳金成譯，《重現一九二五：臺中一中先輩日記（上）》（臺中：臺中一中教育基金會，2013年6月），頁18、228、328、340；《重現一九二五：臺中一中先輩日記（下）》（臺中：臺中一中教育基金會，2013年6月），頁12、182、306。

變成攤販或流浪漢，打擊到帝國軍人的士氣與形象，因而頒佈該法。依該配屬令之規定，中等學校以上校園開始配屬現役將校，教授學生軍事課程，稱之為「軍事教練」。就配置而言，基本上大學配屬將校，高等學校與專門學校則配屬大佐或中佐，至於中學則配置少佐或大尉。[23]不過至昭和5年（1930），隨日本強化軍備，將校資格降低，中等學校實際配屬經常只是准尉級而已。雖然降階配置，然每年陸軍省仍會派遣高級將校為校閱官，對各校教練科訓練成果實施校閱。[24]

隨該政策的頒佈，中等學校體操科除陸續增加相撲、柔道、游泳等項目外，在舊有教練一項更增加具有高度軍事教育性質的「野外演習」，而為實施該項科目，體操科在每週教學時數外又依訓令所示，增加數小時以利施展。[25]由於校方配合總督府政策作為，是以在大正15年（1926）5月1日時，總督府即以訓令第35號頒佈中等學校以上之「教練教授要目」，其中有關中等學校各學年度應施行之軍事教練內容，可參閱下表5-3所示：

表5-3　大正15年（1926）中等學校教練教授要目

教材＼學年	第一學年	第二學年	第三學年	第四學年	第五學年
個別教練	徒手基本教練	同左	同左	持槍基本教練	同左
部隊教練	徒手分隊教練 徒手小隊教練	徒手分隊教練 徒手小隊教練 徒手中隊教練	同左	持槍分隊教練 持槍小隊教練 持槍中隊教練	同左

---

23 寺田近雄著、廖為智譯，《日本軍隊用語集》（臺北：麥田出版社，1999年6月），頁160-161。畢業於臺中一中第17期，在日治時期曾任宜蘭郡守，戰後也曾擔任過臺灣土地銀行董事長、華南銀行董事長的楊基銓（1918-2004），也曾述說他在就學時，學校配置的軍事教官就是一位名叫本繁九的大尉現役軍人。見楊基銓，〈懷念臺中一中——點點滴滴〉，收於臺中一中校友會編，《臺中一中八十年史》，頁205。

24 向山寬夫編，《臺灣臺北州立臺北第一中學校の沿革（年表）》，頁30。

25 臺灣教育會編，《臺灣教育沿革誌》（下），頁787、798。

教材＼學年	第一學年	第二學年	第三學年	第四學年	第五學年
射擊	---	---	預備演習	預備演習 狹窄射擊（註）	預備演習 狹窄射擊 實彈射擊
指揮法	---	助教、助手之動作 分隊長之動作 小隊長之動作	同左	助教、助手之動作 分隊長之動作 小隊長之動作 中隊長之動作	同左
陣中勤務	搜索警戒（特別是步哨斥候等單兵） 傳令聯絡兵之通信傳遞法 宿營給養（特別是露營、幕營、架營、野外炊事等）	同左	同左	搜索警戒（特別是步哨斥候與部隊） 宿營給養（特別是露營、幕營、架營、野外炊事等）	同左
旗信號	手旗信號	手旗信號 單旗信號	單旗信號	---	---
距離測量	步測、目測	同左	同左	音響測量 器械測量	同左
測圖	地形地物表示 地圖判讀	同左	寫景圖 要圖 剖面圖 路上測圖	寫景圖 要圖 剖面圖 路上測圖 略測圖	略測圖
軍事講話	各兵種職能及一般戰鬥要領、軍隊生活、軍隊教育、各兵器機能概要、築城與軍事交通概念、國防、帝國軍制、各國軍事趨勢、兵器軍用器械趨勢概要等				
其他	武器取用及保存、衛生急救、結繩、手榴彈投擲				

註：所謂「狹窄射擊」即是將彈藥減量，藉此練習射擊動作與要領。見大日本兵書刊行會，《學校用教練操典》（東京：國立國會圖書館藏，1913年），頁102。

資料來源：《臺灣總督府公文類纂》，「教練教授要目改正ノ件」，文號14，第7392冊（1930年1月1日）；臺灣總督府，臺灣總督府府報（1926年5月1日）。

據上表5-3所示，中等學校的教練科目內容有各個（單兵）教練、部隊（小、中、大隊）教練、射擊、指揮法、陣中勤務、旗信號、距離測量、測圖、軍事講話、戰史及其他等，低年級學生主要施行基本教練，但漸至高年級，課程內容不但加深加廣，亦有持槍教練課程與實彈射擊。另由於教練科已增列野外演習部分，是以中等學校每週教練科上課時數，一至三年級為每週二小時，四、五年級則增至三小時，至於野外演習時間，一、二年級每年需有四天，三至五年級則增至五天。[26]而據嘉義農林學校（今國立嘉義大學）日籍校友北村嘉一的回憶，謂當時除校內外之軍事操練外，每年暑假都還會有一個星期的時間到臺南白河陸軍演習場接受軍事訓練。[27]昭和10年（1935）畢業於臺北工業學校（今國立臺北科技大學）建築科的陳榮周也說，學校重視軍事訓練，每年一次到湖口參加軍事演習二、三天，四、五年級的學生還分紅白兩軍對抗。[28]由此可知，隨將校配屬政策與總督府對體操科中教練科目的強化，軍事教育在臺灣中等學校可謂已積極展開。

　　另方面，由於軍人開始入駐校園，學校該如何作為？各中學校校長們亦有一番討論，據《臺灣時報》的記載，在將校配屬政策頒佈後翌年底，即大正15年（1926）11月22日，在臺北醫學專門學校（今國立臺灣大學醫學院）講堂曾召開全國中學校長會議，共包含臺灣島內9位及日本國內147位之全國中學校長參加，該次會議有兩大議案，其中第二案即是由臺灣的中學校長所提如何使學校教練更為有效之方案，經過各委員提出不同陳述與意見

26 　〈教練教授要目改正ノ件〉，《臺灣總督府公文類纂》，文號14，第7392冊（1930年1月1日）。

27 　〈北村嘉一口述歷史〉，收於李明仁主編，《嘉大口述歷史—日治時代》（嘉義：國立嘉義大學臺灣文化研究中心，2008年8月），頁70。

28 　鄭麗玲、楊麗祝，〈陳榮周先生訪問紀錄〉，收於鄭麗玲、楊麗祝著，《臺北工業生的回憶（一）》（臺北：國立臺北科技大學，2011年7月），頁13。

圖5-1 ▌大正15年（1926）臺北師範學校夏季新竹湖口中隊軍事教練
資料來源：臺灣總督府臺北師範學校，《臺北師範學校創立三十周年紀念寫真帖》
（臺北：臺北師範學校，1926年10月），無頁碼。

交換後，該會共做出四項決議，即（一）一校配屬將校的比例應
配合學級數而定，若僅有配屬將校一人者，則建議配置所需之附
屬下士人數。（二）中等學校的教練教材需更簡單，且應儘速公
布教授細目。（三）加速處理現用槍枝（一人一挺）及附屬品之
配給等事。（四）彈藥需由官方供給，且需補助演習費及其他費
用。[29]

　　要之，隨大正14年（1925）校園軍事教官的配置，中等學
校的學生們開始接受嚴格的軍事訓練課程，昭和15年（1940）入
學臺中第一中學校，之後成為藝術家的施翠峰（1925-2018）就
說：「在當時軍國主義之下的教育，『教練』（軍訓）是很重要

---

[29] 〈全國中學校長會議〉，《臺灣時報》（1926年12月），頁37。

的課目，因此所有的教官們都是窮凶惡極，如虎似狼，對學生們採取斯巴達式的軍訓，不管你體力受得了與否」。[30]無獨有偶，日治時期曾就讀基隆中學校，被後人尊稱為臺灣史懷哲（Albert Schweitzer, 1875-1965）的陳五福（1918-1998）醫師也指出，日治時期臺灣的中等教育是採取斯巴達的教育方式，透過嚴格設計的管理制度，進行人格與思想上的改造，藉以符合國家統治需要。[31]而軍事教育的灌輸，除鍛鍊學生身心，涵養團體的觀念，使其成為國民中堅之資質並增進國防能力外，[32]無疑地，也是一種符合國家統治需要的人格、思想與身體的改造方式。

三、太平洋戰爭前的軍事訓練

日人對中等教育機構採取嚴密的控管制度，其目的就是要讓學生習慣如軍隊般的生活，藉此培養樸實之生活態度與刻苦耐勞之精神。[33]對日籍學生而言，由於有服兵役之義務，故在中等教育階段的軍事訓練也有預備軍人養成之目的，至於臺籍生，雖然全面徵兵制在昭和20年（1945）才實施，但隨中日戰爭的爆發，無論是皇國民的養成、國防能力的增進，乃至於兵員的補充，也成為校園內需強化學生軍事訓練之要因。

在中等學校的軍事教育中，無論是靜態的參觀或是動態的演練皆俱，舉最早成立的臺北一中為例，雖然該校主要招收日籍子弟，但據臺籍校友柯德三的統計，臺北一中每年度招收四

---

[30] 施翠峰，〈從濃霧中回憶往事〉，收於臺中一中校友會編，《臺中一中八十年史》，頁228。

[31] 張文義，《回首來時路─陳五福醫師回憶錄》（臺北：財團法人吳三連臺灣史料基金會，1996年8月），頁58。

[32] 《臺北州立臺中第一中學校要覽》（臺中：臺北州立臺中第一中學校，1938年），頁27-29。

[33] 朱佩琪，《臺籍菁英搖籃─臺中一中》，頁97。

班，一班有50名，共200名新生，唯其中仍有臺人5名。[34]顯見雖有招生名額的差別待遇，但也看出日臺共學的情況。在大正14年（1925）將校配屬令頒佈前，該校學生已有軍事訓練，如明治40年（1907）10月9日，臺北一中四、五年級的學生便至臺北郊外六張犁地區舉行空砲彈軍事操練（包含演習、模擬戰、持槍戰鬥教練等）。當時即便在日本國內的中等學校，體操課仍多以實施兵式體操為主，所以在殖民地臺灣的中學校還能舉行持槍戰鬥教練可說絕無僅有。此外，校外打靶也不虞，如同年11月23日，該校高年級學生也至臺北近郊和尚州（今新北市蘆洲區）附近舉行射擊演習。[35]至於靜態的軍事祭典或歡迎活動，該校學生也多有參與，如明治40年（1907）12月14日，參加臺灣守備步兵第一聯隊於臺北三板橋[36]舉行之軍旗授與式；[37]明治42年（1909）5月6日，參加在臺北武德會[38]廣場為戰死與殉難日軍所舉行之招魂祭；[39]明治43年（1910）11月14日，至臺北火車站迎接對抗原住民歸還之日本軍隊等。[40]

---

[34] 柯德三，《母國は日本、祖國は臺灣》（東京：星雲社，2005年8月），頁128。
[35] 向山寬夫編，《臺灣臺北州立臺北第一中學校の沿革（年表）》，頁6。
[36] 三板橋所在約為今臺北市中山區西南及中正區東北處，即今晶華酒店、大倉久和飯店附近，介於林森北路、南京東路一段之交的林森公園與康樂公園。該區在清領時期原屬臺北城外的兵舍，日本治臺後在此處設置日人公墓及火葬、公祭之用的葬儀堂，並隔著數條街坊與被拆除城牆與「臺北城內」銜接。原被臺灣人稱為「三板橋」的日人墓園區域，後來被改為「三橋町」，隸屬臺北北警察署所管轄。見蔡錦堂，〈從三板橋日人墓園到林森康樂公園〉，《臺灣學通訊》，第103期（2018年1月），頁26。
[37] 向山寬夫編，《臺灣臺北州立臺北第一中學校の沿革（年表）》，頁6。
[38] 臺北武德會為日治時期大日本武德會在臺最大分會，位於臺北南門町6丁目1番（號），並設有規模最大的武德殿。戰後初期曾用作為「行政長官公署宣傳委員會電影攝製廠」，之後不幸失火，現已不存。其位置所在約為今南海路臺北國語實小附設幼稚園之東北側。見陳信安，〈臺灣日治時期武德殿建築之研究〉，國立成功大學建築研究所碩士論文，1997年6月，附錄8；聚珍臺灣，〈1923年裕仁皇太子參訪臺北武德殿〉，https://www.gjtaiwan.com/new/?p=66524，點閱日期：2021年4月25日。
[39] 向山寬夫編，《臺灣臺北州立臺北第一中學校の沿革（年表）》，頁10。
[40] 向山寬夫編，《臺灣臺北州立臺北第一中學校の沿革（年表）》，頁12。

在將校配屬制度實施後，中等學校的軍事訓練規模與範圍擴大，幾乎已進入到「準軍人」的操演模式。據昭和20年（1945）3月畢業於臺北工業學校機械科廣畑猛的回憶，謂該校的教練課與入伍時的訓練一樣，一、二年級是徒手訓練，三年級則進行實槍訓練，由部隊分派來的將校或後備軍役的將校、士官等擔任教練，訓練非常嚴格。[41]大廣畑猛二屆的學長細川義政也說，軍事訓練時大家要綁上護腿，手持三八式步槍來作訓練。高年級學生則會參加每年舉辦一次的臺北市男子中等以上學校聯合演習。[42]

由於日籍子弟負有兵役義務，在中等學校課程中強化軍事訓練可謂名實相符，然對於未有兵役義務的臺籍生又是如何？據大正11年（1922）就讀專收臺籍子弟的臺南師範學校講習科黃清舜（1909-1987）的回憶，謂其在第五年級（1927）時，[43]學校非常重視軍事訓練，軍部亦派遣陸軍中尉級的軍官來校訓練，而增設「教練」一課，讓軍官教導學生各種軍事基本動作。在教練時間，學生必須全副武裝，穿卡其色教練服、紮腳絆、束連刀腰帶、拿步槍。而為了體驗軍人生活與動作，教官也會帶他們到臺南軍營駐營七天，實施團體訓練。在此期間不但要嚴守紀律，還

---

[41] 鄭麗玲、楊麗祝，〈廣畑猛先生訪問紀錄〉，收於鄭麗玲、楊麗祝著，《臺北工業生的回憶（二）》（臺北：國立臺北科技大學，2011年8月），頁81。

[42] 鄭麗玲、楊麗祝，〈細川義政先生訪問紀錄〉，收於鄭麗玲、楊麗祝著，《臺北工業生的回憶（二）》，頁34。

[43] 臺南師範學校創建於1899年，原為四年制的學制，專收臺籍子弟以擔任公學校教師，後因招生情況不理想，所以在1904年被併入到臺灣總督府國語學校。至1919年獨立設校後，學制改為預科一年、本科四年，合計五年的學制，與中等學校系統相同。黃清舜在1922年就學時，因新臺灣教育令的頒布，強調日臺共學，故開始有日人子弟入學，學制也改為普通科五年及演習科一年，共六年的學制。雖然學制稍有不同，但教練科仍是重要的課程。黃清舜在1927年時原應為演習科一年級學生，但因講習科三年級時成績不佳遭留級而重讀一次，故於1927年時仍為講習科五年級的學生。見拙著，《南臺灣的師培搖籃——殖民地時期臺南師範學校研究（1919-1945）》（臺北：博揚文化事業公司，2001年12月），頁27-37；黃清舜，《一生的回憶》（澎湖：澎湖縣政府文化局，2019年11月），頁65-77。

圖5-2▌宜蘭農林學校的軍事訓練課。
資料來源：宜蘭縣立文化中心，《宜蘭耆老談日治下的軍事與教育》（宜蘭：宜蘭
　　　　　縣立文化中心，1996年2月），頁276。

要行動敏捷。行軍之時除武裝配備外，還攜帶乾糧、水果等必需品，所以全身裝備甚重，來回行軍的路程也很長。此外，學校還設有機納庫保管手槍，窗門都用鐵條固定，學生每周還要清槍保養一次。[44]由此可知軍事訓練對日、臺籍學生而言，並無太大的差別待遇。

　　進入到1930年代，隨日軍對中國各地展開軍事侵略，中日衝突日益升高，日本軍國主義氣焰更增，中等學校學生參與校內外軍事活動更趨頻繁，如參加奉獻軍機儀式、祭祀日本軍功將領、追悼參戰陣亡校友、參觀軍事基地、舉行防空演習、參加軍隊軍旗祭、舉辦日軍在華軍事行動成果專題演講、實施實彈射擊比賽

---

[44] 黃清舜，《一生的回憶》，頁90。

等，可謂對敵情教育與愛國教育的加強。[45]而臺灣各中等學校的軍事課程也在此等氛圍下年年增強，據昭和8年（1933）入學臺中一中的校友林寶樹回憶，謂當時有一年一度擴大規模的軍事演習，想起來真是精神緊張，不勝負荷。[46]昭和13年（1938）畢業於臺北工業學校機械科的李廷河也說，從一年級至五年級每週皆有二小時的軍訓，四、五年級時還要到湖口陸軍演習場練習，因值二次世界大戰期間，還要舉行三天兩夜的仿戰演習。至於重要節日時，也要參加在總督府前舉行的閱兵典禮。[47]嘉義農林學校校友陳金定也回憶，謂在中日戰爭爆發前幾年，日本政府即開始推動軍事訓練，首先由軍隊指派軍事教官入駐校園，此後每年都會舉辦閱兵典禮，由臺南步兵第二聯隊負責校閱，操兵時間長達一個月。[48]在長達一個月的軍事校閱中，校閱項目想必十分繁瑣，在上述大正15年（1926）中學校教練教授要目中，已清楚得知中學生的軍事教練包含單兵徒手基本教練、持槍基本教練、刺槍術、手榴彈投擲、射擊、搜索、警戒、打旗號等，顯然這些內容都是當時臺籍學生時常操練的部分。

　　戰時體制下的中學校園確如上述林寶樹所言，除各種動態的軍事操演與訓練外，屬靜態性質的戰情演講活動也時常上演，如昭和12年（1937）七七事變爆發後，臺北一中應屆畢業生原計畫至中國東北畢業旅行者不但取消，還需在暑假期間至建功神社祭拜，並聆聽由駐校教官步兵少佐上條保廣以「日支事變的現況」

---

45 張豐隆、周志宇、黃春木，〈建中簡史〉，收於趙臺生主編，《建中世紀》，頁28。

46 林寶樹，〈二十期生之回憶〉，《臺中一中第三十期畢業四十週年紀念冊》（臺中：臺中一中校友會，1989年），頁212。

47 鄭麗玲、楊麗祝，〈李廷河先生訪問紀錄〉，收於鄭麗玲、楊麗祝著，《臺北工業生的回憶（一）》，頁24。

48 中華嘉義大學校友會編，《嘉農口述歷史（二）》（嘉義：中華嘉義大學校友會，2002年），頁19。

為題之專題演講。同年9月1日，第二學期始業式時，該校校長渡邊節治（1888-?）[49]還特別說明中日戰爭事變之經過，並勉勵全校師生「振作校風，勵行尊師，以自主自律的國士氣魄涵養促進學生的自覺」。自此，該校生活更深受軍事影響，每天朝會後均需進行閱兵及分列式，軍事訓練比以往更加落實。[50]

據臺北一中臺籍校友李玉虎的回憶，也說自昭和12年（1937）9月的第二學期開始，校內氣氛大變，除軍事教練正課外，如有風吹草動學生就需全副武裝荷槍、吹小喇叭，行軍前往臺灣神社參拜。凡經過之處，道路兩旁居民與路人皆駐足觀看他們整齊劃一，步伐響亮之英姿。此外，還有夜間行軍，畢業前也曾至湖口軍事營地訓練一星期等。[51]總之，有數不完的訓練。

臺籍學生面對如此頻繁的軍事訓練卻未負擔兵役義務，日人如此作為到底所圖為何？據黃金麟的研究，謂如此戰鬥體的構化可讓學校變成軍國民的製造場所，學校變成有效的訓練基地，以配合要塞化作戰的需要。[52]無獨有偶，蘇曉倩依桃園農業學校校友邱創基的口述也指出，進入到昭和時期的1930年代後半，軍事課程的目的就是要儲備未來對外侵略的軍力，文曰：

> 戰爭開始時，大家都準備要到海外去發展，因為這是日本國家政策……。因為日本人的政策是發動大東亞戰爭，一切要先有準備，要先訓練好學生，等學生進入部隊才不用

---

[49] 渡邊節治，日本新潟縣人，生於1888年，1913年3月東京高等師範學校畢業，1916年4月來臺擔任總督府國語學校助教授，後歷任臺北師範學校附屬主任、同校小學校主事、臺北第二師範學校、嘉義中學校校長、臺南一中校長、臺北一中校長，以迄臺中師範學校校長等。見興南新聞社編，《臺灣人士鑑（昭和18年版）》（臺北：興南新聞社，1943年3月），頁472。

[50] 向山寬夫編，《臺灣臺北州立臺北第一中學校的沿革（年表）》，頁50。

[51] 李玉虎，〈回憶‧遭遇‧命運〉，收於趙臺生主編，《建中世紀》，頁301-302。

[52] 黃金麟，《戰爭、身體、現代性：近代臺灣的軍事治理與身體1895-2005》（臺北：聯經出版公司，2009年1月），頁102。

再訓練，所以開始學校軍事化工作，在學校進行軍事教育，實行精神鍛鍊和團體精神的養成。[53]

為求軍力的塑造與齊一精神，外在表現即是軍國民教育制服之規定。昭和11年（1936）3月14日，臺灣總督府下令將中等學校制服改為國防色（即卡其色），同年4月1日起入學新生便開始穿著，當時官方報紙《臺灣日日新報》還曾特別報導：

> 鑑於國內外非常時局，統制國民被服以圖國防之完璧，之前由臺灣軍及總督府所提倡之國民服裝統制運動，由臺北市開始而實施於全島中學校。臺北市方面由臺北一中先開始，先由一年級新生200名在28日一起著國防色制服，新制服為帶有黑味色，青褐色折襟，類同軍服衣帽式樣相同顏色，而為求保留一中傳統，仍置放紅色三條線居中，由學校當局委託陸軍製衣廠內的被服協會處理，來年將全部更換。其他如臺北商業、工業學校目前也正在製作中。[54]

臺北一中畢業校友李玉虎對此也曾有回憶，謂當時學校以培養文武人才為教育目的，強調生活要樸實剛強，所以實施軍事訓練以鍛鍊之，學生必須依規定穿戴學生帽、制服、黑皮鞋及捲腳絆（打綁腿）。[55]此後隨戰局的逆勢發展，自昭和18年（1943）起，臺灣總督府更規定各中等學校以上學生需穿著繫有鞋帶的鞋子，並綁上綁腿的戰鬥服裝。學生被要求穿制服，打綁腿此種景

---

[53] 蘇曉倩，〈身體與教育—以日治時期臺灣實業學校的身體規訓為例（1919-1945）〉，國立暨南國際大學歷史學研究所碩士論文，2004年5月，頁112。
[54] 〈制服を國防色に臺北一中が制定 先づ一年生たげ、來年は全部 國防色時代來る〉，《臺灣日日新報》，12941號（1936年4月8日），版11。
[55] 李玉虎，〈回憶‧遭遇‧命運〉，收於趙臺生主編，《建中世紀》，頁301。

象，即使強調自由學風的臺北帝國大學（今國立臺灣大學）預科或臺北高等學校（今國立臺灣師範大學）也不可倖免。[56]

有了國防卡其色的制服與綁腿後，接下來的各種軍事操練便隨之上場，其中如教練查閱、行軍、國防體育競賽、軍事對抗等，也充分展現中等學校學生所需接受的軍事訓練與身體磨練。首就教練查閱而言，由於此舉不僅是軍事教育成果的檢驗，也是軍方企圖展現日本帝國完成大東亞共榮圈實力的展示場，是以日方相當重視。舉昭和13年（1938）11月宜蘭農林學校教練查閱為例，活動一開始即為閱兵分列式，接著進行各年級的各類教練演示，像五年級的學生就有陣地攻擊、戰鬥教練等，演練過程彷彿實戰景況，所以連列席觀賞的地方首長都稱讚不已。[57]昭和16年（1941）3月畢業於臺北工業學校電氣科的黃永德也說，「當時中等學校每校排定一天的軍事查閱，從學校門口武裝背負8公斤的裝備，有防毒面具、60發子彈，從學校八德路門口行軍到基隆路，再跑到馬場町練兵場（今青年公園），完全沒有休息，進行模擬戰鬥，攻到植物園。」[58]臺灣文學作家鍾肇政（1925-2020）以自身求學經歷所寫下的長篇小說《八角塔下》，也曾提到為推行軍國主義，中等學校所實施的教練課，每年都舉辦軍訓總檢閱，以考核教練課成果。而在檢閱完畢後會由軍方派來的高級官員直接公布成績，分為「優秀」、「優良」、「良好」、「可」等四個等級，即使多屬臺人就讀的教會學校私立淡水中學校亦不可倖免。在該小說中，鍾肇政如此述說：

---

[56] 鄭麗玲，〈帝國大學在殖民地的建立與發展—以臺北帝國大學為中心〉，國立臺灣師範大學歷史研究所博士論文，2002年6月，頁184。

[57] 〈宜蘭農林查閱〉，《臺灣日日新報》，第13901號（1938年11月29日），版5。

[58] 鄭麗玲、楊麗祝，〈黃永德先生訪問紀錄〉，收於鄭麗玲、楊麗祝著，《臺北工業生的回憶（一）》，頁123。

配屬將校來後，我們也要接受一年一次的「查閱」了，那就是教練成績的一種檢閱。為了那一天，我們足足準備了整整三個月，全校上下都為這而奔忙。我們的項目是戰鬥教練，每週三堂的教練課時，祇要不是下雨，我們便被驅遣到高爾夫球場去操練。因時局緊張起來，高爾夫球已經沒有人打了，草也長長了，那麼寬敞的草原，處處又有起伏的斜坡，正是最恰當的操練場地，於是我們就苦了，匍匐前進，奔跑、衝刺，每堂課都要都要使大家弄得筋疲力竭，喘不過氣來。[59]

前述臺中一中第26期校友的施翠峰也回憶說：

每年一度舉行軍訓總檢閱，以資考核教練效果，由軍方派來的高級官員評分公布其成績，分為優秀、優良、良好、可等幾個等級。……當年總檢閱前一個月，除了全校加強教練課以外，每天還要空出一小時左右時間，作全體檢閱的模擬表演。…當然學生也大吃苦頭。[60]

讓學生喘不過氣、大吃苦頭的不僅只是軍訓總校閱，長行軍也是一大考驗，如臺北一中臺籍校友林彥卿的自傳就提到，當時該校訂有往返臺北淡水間的行軍活動，三年級以上的學生要荷三八式步槍前進，若途中有體弱同學倒下需代為荷槍。之前另有行軍往返臺北至新店烏來山區者，五年級學生所攜帶的步槍內更需裝填實彈。[61]而為強調國民精神之重要性，非僅白天行軍，夜間

---

[59] 鍾肇政，《八角塔下》（臺北：草根出版事業公司，1998年4月），頁349。
[60] 施翠峰，〈從濃霧中回憶往事〉，收於臺中一中校友會編，《臺中一中八十年史》，頁228。
[61] 林彥卿，《無情的山地》（臺北：作者出版，2003年2月），頁110。

行軍亦是中等學校男學生的軍事訓練項目，據《臺灣日日新報》所載，昭和12年（1937）11月5日晚間11時，臺北一中校長渡邊節治與千名學生，從學校出發前往八堵車站實施夜間強行軍，雖然從八堵到貢寮車站間乘坐火車，但從貢寮車站到澳底的北白川宮能久親王（1847-1895）登陸紀念碑間，則又實施步行。[62]

關於行軍一事，嘉義農林學校第23屆畢業校友劉新科也曾回憶，謂某回「野外演習要到中埔附近的溪埔地，有一次天色很晚了，為了趕路日本籍教官就叫大家由吊橋通過，吊橋可以同時通行人數是有限定的，橋只是利用繩子綁在兩邊樹上而已，當時有五、六十個人要一起通過，後來橋斷了，相當驚險。」[63]同屆校友曾水池則回憶說：「在某次行軍訓練時，從嘉農走到大林糖廠，只給一罐米酒頭容量的水而已，途中不能補給水，中間僅休息吃便當，到目的地後再折回嘉農，肩上還多加兩塊磚頭，那種訓練真得很辛苦。」[64]

中等學校的軍事教練除各校自行演練外，總督府為了檢視各校學生戰鬥力的精進與否與發揮競爭精神，也時常舉辦國防體育競賽，如自昭和9年（1934）起，臺北州就持續舉辦州內中等學校學生聯合射擊大會，每年1月中旬在臺北三張犂陸軍射擊場舉行，參加者為臺北州各中等學校，包括臺北一中、臺北高等學校、臺北工業學校、第二師範學校（今國立臺北教育大學）等11所學校，每校共有30名射手。[65]射手為各校教練科教官選出射擊

---

[62] 〈臺北一中の夜間行軍〉，《臺灣日日新報》，第13516號（1937年11月7日），版2。

[63] 〈劉新科、吳坤榕先生口述歷史〉，收於李明仁主編，《嘉大口述歷史─日治時代》，頁148。

[64] 〈曾水池、陳明賢先生口述歷史〉，收於李明仁主編，《嘉大口述歷史─日治時代》，頁138-139。

[65] 臺北工業學校校友會雜誌部編，《會誌》，16號（1937年3月），頁60；17號（1938年3月），頁91。

成績最優秀的同學，並對其進行指導與訓練。比賽採臥姿進行，標靶距離200公尺，在兩分鐘內射擊五發後，採計成績。[66]

除射擊外還有武裝競技，如昭和13年（1938）9月26日《臺灣日日新報》報導，臺北市內各中等學校武裝競技，其中手榴彈投擲團體組第一名為積分439分之臺北第二師範學校，第二名為臺北一中，第三名為臺北第一師範學校（今臺北市立大學）。另外，在1600公尺武裝賽跑團體組競賽中，也依然由臺北第二師範學校以63分奪魁，第一師範與臺北二中則分居第二、三名。[67]

為使民眾知悉中等學校軍事教練的成果，有時也會開放讓民眾參觀，如在昭和14年（1939）臺北一中的畢業紀念冊中就發現，該校在學校操場內舉行實兵演習，還有噴著煙霧的裝甲車在進行爆破演練。[68]而據《臺灣日日新報》報導，謂當天（10月29日）是臺北一中的第27屆運動會，其中由五年級學生進行軍事模擬戰，有仿飛機丟擲炸彈，學生投擲手榴彈，最後還出現坦克，這讓在場觀眾如同親臨實戰般感到興奮。[69]

至於教練課程的最終曲，則是類同「師對抗」的軍事演習，臺灣各中等學校多由校內教官帶領學生進行為期數天的軍事對抗，通常以高年級的四、五年級生為主。隨中日戰爭更加白熱化，這種演習也更趨頻繁與逼真，如昭和13年（1938）12月，臺南州各中等學校即舉辦聯合演習，在嘉南平原上展開南、北二軍

---

[66] 鄭麗玲，〈現代武士？─日治末期中等學校的教練科與武道科〉，「皇民化與臺灣（1937-1945）」臺日學術研討會宣讀論文（臺南：長榮大學臺灣研究所主辦，2006年5月13日），頁4。

[67] 〈臺北市內中等學校武裝競技〉，《臺灣日日新報》，第13837號（1938年9月26日），版8。

[68] 張豐隆、周志宇、黃春木，〈建中簡史〉，收於趙臺生主編，《建中世紀》，頁29-30。

[69] 〈臺北一中運動會〉，《臺灣日日新報》，第14233號（1939年10月30日），版3。

嘉南大平野で
學生の大演習
廿三、四兩日開戰

【台南發】戰時下に於ける學校生徒の士氣を鼓舞すると共に前線に將兵の勞苦を忍ぶ台南州下中等學校聯合演習は愈よ來る二十三、四の兩日に亙り嘉南大平野に於て勇しく開始される

國防獻金

（新聞記事內文）

圖5-3 昭和13年（1938）臺南州各中等學校聯合軍事演習報導
資料來源：〈嘉南大平野で 學生の大演習 廿三、四兩日開戰〉，
《臺灣日日新報》，第13908號（1938年12月6日），
版5。

的軍事對壘。據報導，此回跨校性軍事聯合演習的目的在鼓舞戰時體制下學生的士氣，並體會前線戰士的辛勞，所以將六所學校分成南北兩軍進行對抗，舉凡正面交鋒、拂曉戰、追擊、轉進之演習，皆類同實戰進行。而為求逼真與實效，在聯合演習前半個月，各校配屬將校與教師都被要求參加關於該回演習的說明會。[70]翌年（1939）12月，臺灣總督府更以紀念配屬將校制度

---

[70] 〈嘉南大平野で 學生の大演習 廿三、四兩日開戰〉，《臺灣日日新報》，第13908號（1938年12月6日），版5。

即將實施15週年為由，擴大舉辦為期三天的全島學生聯合軍事演習，北部學生也南下到臺中平原參與該次擴大演習。[71]

四、戰時期的軍事訓練與動員

昭和16年（1941）12月因太平洋戰爭爆發，戰局更為緊張，日本一方面為補充兵員，另方面也為防止盟軍的轟炸攻擊，臺灣總督府遂於翌年（1942）1月3日以訓令第1號發佈「學徒奉公隊規程」，將中等以上學校未受兵役徵集的教職員與學生編入「學徒奉公隊」，參與國防訓練、糧食增產以及其他各種勞務工作。[72]為配合戰爭動員，中等學校的學制也開始大幅調整，首先，總督府在同年1月21日依勒令第36號制訂中等學校令，強調「八紘一宇」的軍國民精神，將中學校修業年限由五年縮減為四年，並於當年4月1日實施。至於課程部分也有大幅更動，為配合戰時狀況，強化糧食增產、戰技及國防防空訓練，規定一年內需有三分之一的時間從事上述活動，學生忙於軍事訓練與生產勞動，學習時間大受影響。而其中在軍事教練上最顯著的改變即是將原有學習科目「體操科」更名為「體鍊科」，更可見軍事規訓的急迫與重要性。

據昭和17年（1942）5月「中等學校教練教授要目規則修正」所示，體鍊科以增進學生軍事基礎教練，培養至誠盡忠之精神，進行身心一體之實踐鍛鍊，藉此增進國防之能力，並恪遵下列內容：（一）為透徹國體本意，遵照國民皆兵的真義，應該陶冶重視禮節、服從之習性，並培養節操、廉恥之精神，孕育樸質剛健氣度，規律節制、責任觀念、堅忍持久，闊達敢為和協同團

---

[71] 臺北工業學校校友會雜誌部編，《會誌》，第19號（1940年3月），頁68。

[72] 佐藤源治，《臺灣教育の進展》，頁182-186。

結等德行；（二）鍛鍊精力十足、鞏固意志、強健身體；（三）培養身為皇國臣民應具有之軍事基礎能力。[73]至於原教練科的教材內容也進行修訂，共區分八項，計有單兵教練、部隊教練、射擊、敬禮儀式、指揮法及教育法、陣中勤務、輔助教材、軍事演講等，相關內容可參閱下表5-4所列：

表5-4　昭和17年（1942）中等學校教練科教材分配及進度表

教材	要項	細目	內容
單兵教練	基本戰鬥	徒手	立姿；稍息；左（右）轉；半面左（右）轉；向後轉；行進間各種動作
		步槍	立姿；左（右）轉、半面左（右）轉、向後轉；肩槍、持槍；行進、停止；上（下）刺刀；（子彈）裝填、退出；射擊（跪射、臥射）
		輕機槍	立姿；左（右）轉、半面左（右）轉、向後轉；肩槍、持槍；行進、停止；上（下）刺刀；（子彈）裝填、退匣；射擊（跪射、臥射）
		榴彈砲	立姿；射擊；跪射、臥射
		步槍	射擊；運動、運動和射擊之連繫；手榴彈投擲；突擊
		輕機槍	射擊；運動、運動和射擊之連繫
		榴彈砲	射擊；運動、運動和射擊之連繫
部隊教練	密集戰鬥	分（小、中）隊	編成及隊形；集合、解散；整頓；行進、停止；方向變換；隊形變換；架槍、取槍
		分隊（一般及榴彈砲）	散開；運動；射擊；突擊；陣內攻擊
		小（中）隊	戰鬥前進；展開；運動及射擊；突擊；陣內攻擊
射擊			射擊預習；狹窄射擊；基本射擊
敬禮儀式			個別敬禮；部隊敬禮；閱兵、分列式

---

[73] 臺灣總督府，《臺灣總督府官報》，第31號（1942年5月9日），頁37。

教材	要項	細目	內容
	指揮法及教育法		分隊長；小隊長；助教、助手
陣中勤務		聯絡	傳令；傳令兵
		搜索	偵察
		警戒	行軍間的警戒；駐軍間的警戒
		行軍	行軍實施要領；行軍力的養成
		其他	炊事；帳篷使用法；宿營；輸送
輔助教材		戰場運動	跑步與快走；快跑；跳高、跳遠；打擊、搬運；手榴彈投擲；穿越障礙
		刺槍術	基本動作；應用教育
		方位判定、地圖利用	步量法；目測；方位判定；地圖利用；略圖製成
		防毒與急救法	防毒法；止血法；繃帶法；人工呼吸法
		兵器使用保存及維修	三八式步兵槍及附屬槍械；三零式槍劍；三零式步兵槍；刺刀；其他兵器器材
講演		軍事	教練目的與訓練要綱；各課目的與訓練要旨；實施教練演習之必要事項
		軍事常識	國防意義；皇國軍制；學校教練及青年學校教練；軍隊生活；各部隊職能及戰鬥一般要領；國土防衛；主要兵器概要；築城與軍事交通概要；主要戰役；靖國神社等

資料來源：臺灣總督府，《臺灣總督府官報》，第31號（1942年5月9日），頁38-45。

面對因太平洋戰爭而起的校園軍訓化，在昭和16年（1941）入學臺中一中的校友李有仁也有深刻回憶，謂：

　　　　入學第一年（民國三十年）不久，於十二月八日早晨五點半，學校令全體師生集合並由舍監主任五十川先生宣布日本飛機偷襲美國珍珠港天下一大事！
　　　　從此我們的學生生活都完全改變，緊張起來採取學校軍隊化教育，除上課以外對於軍事教練及體能方面特別注

重，每天都餓著肚子在操場上猛訓練。也可以說在「軍事
教練為主，學課為副」制度下，無形中提高了軍事教官的
地位。[74]

而在翌年（1942）就讀私立臺北國民中學校（今臺北市立大
同高中）的林振永（1928-）也記得自中學二年級開始就得接受
嚴格的軍事訓練，加強夜間演習，也有現役軍官來學校指導，放
學後全校學生還要留下來接受軍事訓練和聆聽精神訓話，每天放
學前要從學校跑步至臺灣神社再折返。整個學校的生活越來越緊
張，有如軍隊生活一般，學校功課都擺在一邊，只有軍事訓練要
緊。[75]

相較於中日戰爭時教練課程較具彈性，進入到與英美為敵的
太平洋戰爭時期，各中等學校的軍事操練不但更趨緊湊與嚴格，
且更加注重軍人威儀，如行軍時校旗為前鋒，學生須帶槍，校長
也要帶著指揮刀跟著校旗走，[76]學生上下學遇到老師時則需齊步
走，並以向左、右看等動作向老師敬禮。有時學校校長還會體察
上意，自立規範，要求學生實踐制度法規所未有者，如新竹商業
學校校長今井壽男（1896-?），就規定該校學生在下課期間，需
肩扛七尺長的木槍以當作軍事練習。[77]而在昭和19年（1944）4月
於戰爭烽火下成立的新竹工業學校，學生在學時的記憶更僅是軍
事訓練、躲空襲、義務勞動、打造番刀和開墾農園。據該校第一
屆畢業生楊熾浩的回憶，謂學校屬行軍事化教育時，第一次行軍

---

[74] 李有仁，〈在校求學時之生活回憶〉，收於臺中一中校友會編，《臺中一中八十
年史》，頁231。

[75] 林振永，《我的一生—人生紀行》（臺北：作者出版，1999年6月），頁85。

[76] 莊水旺，〈六十年的回憶〉，收於彰化高級商業職業學校編，《彰商六十週年校
慶特刊》（彰化：臺灣省立彰化高級商業職業學校，1995年），頁101。

[77] 潘國正，《天皇陛下の赤子—新竹人‧日本兵‧戰爭經驗》（新竹：新竹市立文
化中心，1997年3月），頁80。

到新埔時還可邊走邊完戰鬥遊戲，但第二次行軍到苗栗頭份時，就需個個全副武裝，穿軍服、帶軍帽、打綁腿，還背著裝有飯盒、毯子等物的背包。這群十四、五歲的青少年被分成南、北二軍，南軍是通勤生搭火車到竹南站會合；北軍是住在新竹市區的學生所組成，從學校出發，經寶山、頭份到珊珠湖，兩軍在珊珠湖展開廝殺大會戰。隔天二軍還有模有樣的參加閱兵典禮。[78]

面對各種軍訓內容的強化及對其他科目學習的限縮，嘉義農林學校校友邱創基也曾細說分明，謂：

> 每週部隊會派現役軍人來巡視教官是否有徹底訓練學生，看老師對於學生的團體生活是否有教好，以及教練課有沒有訓練步兵小隊作戰、打靶。四年級時就停掉英文科，主要是為配合戰爭需要建機場，將原本英文科的時間拿來上軍事訓練。每天在學校裡的靶場打靶，三、四、五年級還要到新竹、臺北參加聯合演習。[79]

關於聯合演習之情況，臺中商業學校校友林榮華亦曾細緻回憶：

> 聯合演習是臺中中等學校要到臺中附近，一邊從豐原前進，一邊從彰化前進，各自以不同顏色代表不同的軍隊，模擬戰爭實際狀況。有飛機丟炸彈，好像身處真的戰場，告訴每個人在站崗哨時，要注意的事項，目標在甚麼地方，不在什麼地方，兩個目標一定要有重疊處，不可有空隙。也就是每個人站的地方不能有漏空，可以重疊，但不

---

[78] 潘國正，《天皇陛下の赤子—新竹人・日本兵・戰爭經驗》，頁192-193。
[79] 蘇曉倩訪問，〈邱創基口述訪問記錄〉，2003年10月22日。轉引自蘇曉倩，〈身體與教育—以日治時期臺灣實業學校的身體規訓為例（1919-1945）〉，頁112。

可以有死角之處。有實際的作戰經驗，以後就可以直接上
戰場，像學弟們當學生兵時，遇到聯軍的大型飛機，並不
會感到驚恐害怕，大型飛機高高的，要轟炸什麼地方，他
們離開就可以。…戰場上的狀況在學生時代，就已經經歷
過、訓練過，到了戰場上砲彈打過來，沒有被打死，你就
停留在那邊，因為敵軍不會再打第二顆砲彈（於同落點
上），學校都有這樣仔細訓練過我們，要如何求生的原
則。[80]

　　從上述防空訓練的教導上，可知學生對空防能力當有一定
程度的瞭解，另方面，透過如此擬真的軍事訓練方式，面對戰爭
急迫的兵員補充，無疑也大大縮短新訓時程。至於在規訓、灌輸
學生軍事訓練中扮演最重要角色的軍訓教官，其功能與地位如
何？似也值得一提。前述臺灣文學作家鍾肇政在類同描繪其中學
時代生活的小說《八角塔下》中即曾描繪過配屬將校，謂一般公
立學校是早就有配屬將校的，至於他所就讀的私立淡水中學校，
由於多是臺籍子弟就讀，故配置較晚。配屬將校有權頒發教練合
格證，憑這紙證明，將來學生被徵集入營服役時，可以申請「幹
部候補生」資格，若「幹部候補生」及格便是一名現役將校（軍
官）。[81]從鍾肇政的記述中，可知軍訓教官對學生未來的部隊生
涯影響甚大，但因戰爭影響，面對各種嚴苛的軍事教練，學生對
教官恐怕難有好感，是以鍾肇政會在另部小說作品《插天山之
歌》中說道：

---

[80] 蘇曉倩訪問，〈林榮華口述訪問記錄〉，2003年9月17日。轉引自蘇曉倩，〈身
　　體與教育—以日治時期臺灣實業學校的身體規訓為例（1919-1945）〉，頁123。
[81] 鍾肇政，《八角塔下》，頁346。

日人接管後，校長派來了。首先第一個改革是遣走原有教師，聘來新教官，實施軍事教練與武道教育。那教練的教官，有如凶神惡煞，用拳頭鞋尖來管教這些大孩子們，武道教官則用竹刀來猛揍。自由的空氣，一下子就消失無蹤。[82]

　　曾就讀基隆中學校的陳五福醫生也曾提到，學校最凶悍可怕的就是軍事訓練教官，他的命令絕對要服從，否則就有苦頭吃了。回想起這種比入伍訓練更無理的鍛鍊，還一直讓他心有餘悸。[83]畢業於宜蘭農林學校的楊東漢也說，當時有一位安川教官[84]，常罵學生「清國奴」，會有歧視臺灣人的心態出現。[85]嘉義農林學校第22屆畢業校友陳寶德則回憶說，在他四年級時，某日教練課被留置在學校整理槍械，但因延誤搭車返家時間，沒想到背地裡罵教官幾句卻被聽見，除當場遭痛罵責罰外，並被解除級長（班長）職務，導師也無法挽救。[86]可見軍訓教官在校園影響力之大。

　　隨戰爭愈趨白熱，學校更是以軍事為主，從此軍事教練為主，課業為輔，因而造成軍人主導校園，軍事教官地位大大提升。學校老師間也以軍階來劃分等級，即使資深老師，若軍階不高，還是得服從軍階較高的資淺老師。[87]此外，非僅是退役軍人擔任學校教官，現役軍人也直接分配到學校教導戰鬥任務，是以鍾肇政回想看到校內軍事教官米村中尉，在校長宣布新任教官的

---

[82] 鍾肇政，《插天山之歌》（臺北：遠景出版事業公司，2005年2月），頁33。

[83] 曹永洋，《陳五福傳》（臺北：前衛出版社，2001年1月），頁24。

[84] 經查《臺灣總督府職員錄》，宜蘭農林學校並無姓安川之教官，最有可能為1944在該校擔任配屬將校陸軍少尉安田實。見臺灣總督府編，《臺灣總督府及所屬官署職員錄》（昭和19年），頁43。

[85] 潘國正，《天皇陛下の赤子—新竹人・日本兵・戰爭經驗》，頁273。

[86] 嘉義農業專科學校校友會編，《嘉農口述歷史》（嘉義：嘉義農業專科學校，1993年11月），頁167-168。

[87] 朱佩琪，《臺籍菁英搖籃—臺中一中》，頁131-132。

佈達典禮時，竟鄭重其事親自指揮學生向新任的羽矢少尉敬禮，當時還心生莫名，為何高階者向低階者敬禮，事後才知現役軍人的地位在當時僅次於校長，且可在校園差遣退役的配屬將校，[88]權力之大由此可見。

因戰事逆轉與日軍部隊的大量損耗，原本無兵役義務的臺籍男子也開始遭軍事動員，且對象漸及於青年學生。臺北一中校友林彥卿曾回憶自己在中學三年級時（1943），某日老師率領全校臺籍學生到臺北公會堂（今中山堂）聆聽演講，演講內容為臺人和日人一樣可以成為優秀的皇軍，希望他們立刻棄筆執槍從軍，演講之後還放映有關聖戰的新聞紀錄片。[89]透過學校的宣傳與教育力量，確實有不少中等學校學生志願從軍，[90]至於未從軍者，前述臺灣總督府已於昭和17年（1942）1月3日頒佈「學徒奉公隊規程」，學生多被編組為防衛召集待命，參與戰技及防空訓練、糧食增產、陣地構築、軍事服務、神社清掃、探視病患及其他各種勞務，以達盡忠報國之目的。[91]時為臺北一中日籍學生的城後祐二事後曾追憶，謂從昭和19年（1944）第二學期開始，臺北一中的課程約有一半為體鍊科，之後在6月時約有三週時間進入到高雄海兵團，接受海軍體操、手旗信號與摩司電報密碼等訓練。至7月，與一年級生同至蘇澳接受海洋訓練。在動員部分，除在宜蘭進行飛機廠整修外，二年級生的主要工作則為市內的警備工作。[92]

關於學徒奉公的實景，昭和18年（1943）為臺南師範學校預

---

[88] 鍾肇政，《八角塔下》，頁348。
[89] 林彥卿，《無情的山地》，頁101。
[90] 關於日治末期戰爭動員學界已有不少論述，在此不贅。可參閱周婉窈，《海行兮的年代─日本殖民統治末期臺灣史論集》（臺北；允晨文化公司，2003年2月）內各專文。
[91] 佐藤源治，《臺灣教育の進展》（東京：大空社，1998年9月），頁182-186。
[92] 城後祐二，〈思出〉，收於臺北一中三十九期卒業生五十周年記念誌編輯委員會編，《蒼榕》（東京：八光印刷株式會社，1994年10月），頁10。

圖5-4┃臺南師範學校的軍事校閱
資料來源：國立臺南大學，「數位校史館網頁－校史照片簿 第一冊（自創立至光
　　　　復）」，http://history.nutn.edu.tw/Page/Photo/366/495。

科二年級生的山田尚夫也曾回憶說，是年5月份在進行軍事講習
後，他們隨即被編到鳳山第四部隊接受短期嚴格訓練，期間適逢
日本首相東條英機（1884-1948）預計前往爪哇途中，座機暫降
落於屏東機場。為此，他們還被動員協助進行機場整備，忙做掩
體壕與排水溝等。翌年（1944）春天，該部隊移防至屏東市，他
們也隨之在該地進行防空壕挖掘與警備勤務工作，是以讀書時
間相對減少。[93]為躲避盟軍空襲所可能引發的戰亂，而於昭和19
年（1944）4月底自日本國內來臺就讀臺南師範學校本科的渡邊
清隆也回憶說，隨戰局日益緊迫，他們在暑假也被勤勞動員，曾
在臺南航空隊、仁德機場等地進行掩體構築；而為阻止美軍戰
車登陸，也曾在臺南喜樹至灣裡海岸進行陣地構築工事，作業

---

[93] 山田尚夫，〈南師の思い出：臺南─屏東─臺南〉，收於臺灣總督府臺南師範學
校同窗會，《南師同窓會會報》，第37號（1989年6月），頁8。

時間甚長，有時在往返途中忽遇大雨，被雨淋濕也只能高唱軍歌解悶。[94]畢業於臺北工業學校建築科的郭逢時也說，在升上四年級的昭和18年（1943）6月，他們先被學徒動員至宜蘭蓋機場，之後還派去基隆社寮島愛國造船所造船，甚至還幫忙製作棺木等。工作從早上6點多起床就開始直到下午5點，由於勞動量大，飯菜不夠吃，所以對他們正在成長發育的青年而言，實在是很辛苦。[95]

要之，日人對中等學校男學生所實施的軍事訓練，其目的除培養忠良臣民與灌輸愛國思想外，最重要者即是使其成為日本母國對外發動戰爭的協力者，並共同擔負起戰爭責任。由於此時學校教育在極端國家主義政策的主導下，並透過嚴格軍事管理，是以在精神上多能培養學生愛國精神及報國意念，在體能上則加強鍛鍊學生身體，期使學生增進體能。宜蘭中學校校友李英茂曾表示，日本精神教育非常成功，當時同學在嚴苛軍事訓練中昏倒，醒來第一件事就是唱日本國歌。[96]另一校友林清池也表示，雖然在戰時無法讀很多書，但日治時期的教育所塑造的模已經打好，因此大家在日後皆努力充實自我並成為臺灣菁英。[97]

五、結語

日治時期臺人原無服兵役之義務，除日人之疑慮外，「好男

---

94 渡邊清隆，〈戰爭末期の南師生活〉，收於臺南師範同窗校史會編輯委員會，《ああわが母校臺南師範（下）》，頁490；渡邊清隆，〈本科3期會が發足〉，收入臺灣總督府臺南師範學校同窗會，《南師同窓會會報》，第51號（1996年6月），頁5。

95 鄭麗玲，〈郭逢時先生訪問紀錄〉，收於鄭麗玲、楊麗祝著，《臺北工業生的回憶（一）》，頁191-192。

96 林惠玉編，《宜蘭耆老談日治下的軍事與教育》，頁323。

97 林惠玉編，《宜蘭耆老談日治下的軍事與教育》，頁325。

不當兵，好鐵不打釘」的民間俗諺或也有一定的影響，唯從日治時期各中等學校校史、校刊、校友會誌、畢業紀念冊、口述訪談等材料中發現，日人早已在中等學校強化臺人子弟的軍事訓練，尤其自大正14年（1925）後，由於日本政府頒佈「陸軍現役將校學校配屬令」，校園軍事化的情況愈趨明顯，被資遣的現役軍人到中等以上學校擔任教官，教授學生軍事訓練課程，是以臺灣的中等學校學生也開始接受到正規軍事教育。

中等學校學生在軍國主義的教育政策下，除被灌輸忠君愛國的思想外，還被迫接受嚴格的軍事訓練，舉凡基本教練、部隊教練、射擊、指揮法、陣中勤務、旗信號、距離測量、測圖、軍事講話、戰史等校內學科，或行軍、戰鬥教練、實彈射擊、師對抗等野外訓練，甚至一年一度的軍事總檢閱，均讓學生留下深刻的印象與影響。此後隨中日戰爭與太平洋戰爭爆發，尤其至昭和18年（1943），隨盟軍空襲轟炸臺灣本島日增，戰事日益吃緊，在戰爭動員體制下，學生經常處在軍事訓練與勤勞奉公的狀態中，學校多遭停課，學生學習也幾乎完全中斷。

要之，日人透過各種軍事活動的舉辦、操練與課程鋪排，加上現役軍人至各中等學校內主導，可謂大大增強國家機器對中等學校學生個人的身體控制。中日戰爭爆發後，原本無兵役義務的臺灣學生更急遽地被迫接受嚴格的軍事訓練，在各種接近或類同於新兵訓練的軍事教育中，除讓這些中等學校學生習得軍事作戰和軍事防衛的技藝而成為日常的知識與動作外，在完全複製軍隊操練的情況下，無疑也可縮短日本戰時急迫新血兵員的訓練時間。另方面，也由於學校對這些「準軍人」要求紀律、整齊與嚴肅性，因此學生對於國家軍人形象的認定，也從此與「整齊儀容」與「秩序井然」劃上等號。

第六章｜日治時期臺南師範學校 校友與學生的二戰徵調 與追憶

一、前言

自昭和12年（1937）中日戰爭爆發後，由於日軍初期的節節勝利加以戰場遙遠，多數臺灣學生對於戰爭並未有太大感受，誠如宜蘭眼科名醫陳五福在其回憶錄所言：「學校依然照常上課，街坊仍舊播放著日本流行歌曲，社會呈現一片祥和、浪漫的景象。意氣風發的學生，於酒館飲酒、狂歡如故。」[1]話雖如此，由於日本政府為強化學生的「同仇敵愾」，不但頒佈「臺灣國民防衛本部規程」[2]、「國民精神總動員本部規程」[3]等規定，將臺灣置放在準戰時體制下，更將已屆役齡的日籍學生送入軍營或戰場，未達役齡者也透過法令持續下修服役年齡與緩徵年齡，甚或修改學制，縮短學生修業年限，使其早日進入軍營，形成總體戰。

[1] 張文義，《回首來時路—陳五福醫師回憶錄》（臺北：財團法人吳三連臺灣史料基金會，1996年8月），頁86。

[2] 「臺灣國民防衛本部規程」主要在臺灣總督府內設臺灣國民防衛本部，處理國民防衛之計畫、統制及相關連絡事宜。見《臺灣總督府府報》，第3061號（1937年8月21日），頁41。

[3] 「國民精神總動員本部規程」主要在臺灣總督府內設國民精神總動員本部，以振作國民精神為目標。見《臺灣總督府府報》，第3080號（1937年9月12日），頁32。

雖然中日戰爭初始，臺灣本島攸關軍事戰鬥防衛的戰爭動員密度與急迫性不高，且臺籍男子此時亦無兵役義務，唯各種政治性與教育性的皇民奉公活動仍十分頻繁，如慰問皇軍、勤行報國、學藝表演、精神講習等，可謂不一而足。而自昭和16年（1941）底太平洋戰爭爆發後，日本政府為強化聖戰意志，更積極推行皇國教育、防空防護演習、神社參拜、軍功將領祭祀、追悼參戰陣亡校友、捧讀天皇勅語詔書，甚或志願兵的招募直至最後中等學校以上的學生全體兵役徵集等，可見戰時氛圍已壟罩各個校園，學校已非既往的寧靜黌舍。

　　隨戰時體制的開展，臺灣各級學校的校園生活也開始呈現「強虜」的軍事色彩，不但學生課業學習多受耽擱影響，各種戰時動員與訓練更被推向極致，尤其是中、高等教育機構的學生，因符合或接近役齡，戰爭動員更是迫切。至於臺籍的男學生，因日本在各戰場陷入困局，隨後也以軍夫、軍屬、志願兵甚或兵役徵集方式，成為徵召前往戰場或各軍事駐地的對象。無論被分派到中國大陸、日本國內、東南亞抑或臺灣本島防守，面對惡劣的環境只能聽天由命，倖存者透過事後追想回憶，描繪在戰場或駐地景象，成為學校教育外的另種學習場域。

　　為瞭解日治末期臺日籍青年男子學生的戰爭動員，並析論其在東亞戰場或駐地的所見所聞，本章以日治時期臺南師範學校（今國立臺南大學，以下簡稱南師）為例，利用該校舊藏資料，如《臺灣總督府臺南師範學校史》、《南師同窓會會報》、《昭和20年卒業同期生史》、《臺南師範付屬校：二十五年のあゆみ》等，論述該校的軍事訓練與戰爭動員，就南師畢業生與在校生在第二次大戰時期的戰爭動員實況，描繪他們在戰場或駐地的認知與追憶，並爬梳其對戰爭、教育與生命的反思。

二、南師學生的兵役徵集

　　依大正15年（1926）日本法律第47號「兵役法」及勅令330號「兵役法施行令」的規定，日本帝國男子有服兵役之義務（兵役法第1條）；兵役分常備兵役、後備兵役、補充兵役及國民兵役四類（兵役法第2條）；現役陸軍服役兩年，海軍則為三年（兵役法第5條）。年齡在25歲以下之小學教師，若為師範畢業生且修過軍事教練課程者僅需服役五個月，未修習者也僅需服役七個月（兵役法第10條）；[4]具師範學歷者還可延期入營至25歲（兵役法施行令第101條）。[5]

　　鑑於臺人可能造成的抗日問題與非日本國民身分，臺籍青年初始並無服兵役之義務，故「兵役法」及「兵役法施行令」僅對日籍學生有所影響，唯自昭和12年（1937）中日戰爭爆發後，隨日本軍國主義的氣焰高漲，臺灣軍司令部也宣布臺灣進入到戰時體制。[6]因人力資源需求迫切，日本政府一方面修訂兵役法，刪除原師範畢業生可享有五個月或七個月的役期，恢復為原兵役法中規定的陸軍兩年、海軍三年的役期，[7]並將師範畢業生延期入營的年齡下修至22歲或23歲（以出生日在4月1日前後為依據）。[8]另方面，日本政府也開始以各種名目徵募臺籍青年男子

4　〈兵役法施行令ヲ定ム〉，《公文類聚》，第51編第27卷，國立公文書館，網址：https://www.digital.archives.go.jp/DAS/meta/listPhoto?LANG=defaul t&BID=F000000000000006789&ID=M0000000000001759273&TYPE=&NO=，點閱日期：2021年5月3日。
5　〈兵役法施行令〉，《臺灣總督府官報》，第264號（1927年12月14日），頁43。
6　古野直也，《臺灣軍司令部（1895-1945）》（東京：國書刊行會，1991 年），頁 265-266。
7　〈兵役法中改正〉，《臺灣總督府府報》，第3536號（1939年03月23日），頁59；臺南師範同窓校史會編輯委員會，《ああわが母校臺南師範（上）：臺灣總督府臺南師範學校史》（日本：臺南師範同窓會，1980年9月），頁289。
8　〈兵役法施行令中改正〉，《臺灣總督府府報》，第3558號（1939年4月18

圖6-1 ▌ 昭和15年（1940）南師學生在軍事檢閱後的分列式
資料來源：臺南師範同窓校史會編輯委員會，《ああわが母校臺南師範（上）》（出
　　　　　版地不詳：臺南師範同窓會，1980年9月），附圖。

擔任軍夫、軍屬，甚或昭和17年（1942）起的陸軍特別志願兵、
昭和18年（1943）起的海軍特別志願兵，及至昭和20年（1945）
的全面徵兵等。[9]是以南師的臺日籍男學生在多重軍事動員的浪
潮下，也開始擔任各項軍事任務。

　　隨昭和16年（1941）底太平洋戰爭的爆發，日本因遭受同盟
國的加入對抗，戰事更為吃緊，為尋求更多兵源，遂在昭和17
年（1942）12月21日修訂陸軍省及文部省令第2號，對就讀中等
學校以上超過修業年限之學生停止緩徵。[10]二天後，更依勅令第

　　日），頁54。
[9]　有關日治時期的臺灣戰爭動員研究，可參閱近藤正己，《總力戰と日本》（東
　　京：刀水書房，1996年2月），頁351-404；周婉窈，〈日本在臺軍事動員與臺灣
　　人的海外參戰經驗〉，收於氏著，《海行兮的年代：日本殖民統治末期臺灣史論
　　集》（臺北：允晨文化公司，2003年2月），頁127-183；李國生，〈戰爭與臺灣
　　人：殖民政府對臺灣的軍事人力動員（1937-1945）〉，國立臺灣大學歷史研究
　　所碩士論文，1997年6月。
[10]〈昭和十六年陸軍文部省令第二號中改正〉，《臺灣總督府官報》，第231號
　　（1943年10月14日），頁26。

939號公布「徵兵適齡臨時特例」，將役男徵調年齡從20歲調降為19歲。[11]為因應日本戰況惡化與徵兵年齡下修，師範學校的修業年限也有所調整，在昭和18年（1943）3月時，臺灣總督府即依「師範教育令」附則第4條規定，將南師原「普通科」五年與「演習科」二年合計七年的學制，更改為「預科」二年與「本科」三年，合計五年的修業年限，並於當年4月1日實施。[12]

另值得提出的是，為使殖民地民眾站在同一陣線，為日本殖民母國投身戰事，與臺灣同為日本殖民地的朝鮮，自昭和13年（1938）起即依陸軍省令第11號「陸軍特別志願兵令施行規則」，[13]讓適齡男子加入中日戰爭的行列，而臺灣的適齡男子也從昭和17年（1942）3月起，隨此一規則的修訂而開始投身軍事活動。[14]另自昭和18年（1943）8月1日起，隨勒令第608號「海軍特別志願兵令」的頒布，同為日本殖民地的臺灣與朝鮮，更同時出現海軍特別志願兵的召募。[15]

為因應戰時環境下可行的教育狀況與戰鬥人員的快速補充，同年（1943）10月1日，日本政府又依「兵役法」第41條：「在戰時或事變發生之際，在必要的情況下，得以勒令停止延期徵

---

[11] 大藏省印刷局編，〈徵兵適齡臨時特例ヲ裁可シ茲ニ之ヲ公布セシム〉，《官報》，第5086號（1943年12月24日），頁465；〈徵兵適齡臨時特例〉，《臺灣總督府官報》，第535號（1944年1月16日），頁43；〈徵兵適齡一年引下げ滿十九歲壯丁の檢查を明年實行〉，《朝日新聞》（1943年12月24日），版1。

[12] 臺南師範同窓校史會編輯委員會，《ああわが母校臺南師範（上）：臺灣總督府臺南師範學校史》，頁312。有關南師課程與修業年限的變動，可參閱拙著，《南臺灣的師培搖籃：殖民地時期的臺南師範學校研究（1919-1945）》（臺北：博揚文化事業公司，2010年12月）第一章。

[13] 〈陸軍特別志願兵令施行規則〉，《臺灣總督府府報》，號外（1938年4月29日），頁30-31。

[14] 〈陸軍特別志願兵令施行規則中改正〉，《臺灣總督府官報》，號外（1942年3月10日），頁6-8。

[15] 〈海軍特別志願兵令〉（1943年7月27日），《臺灣總督府官報》，號外（1943年7月28日），頁1-2。有關海軍特別志願兵的研究可參閱陳柏棕，《軍艦旗下：臺灣海軍特別志願兵（1943-1945）》（臺北：國史館，2013年7月）。

集」[16]之精神，以勅令第755號頒布「在學徵集延期臨時特例」，對中等以上學校之在學學生，除理、工、農、醫科系及教員養成之師範學校外，一律停止緩徵。[17]隨此特例的公布與施行，日本政府又同時頒布陸軍省令第40號「昭和十八年臨時徵兵檢查規則」，於同年度10、11月實施徵兵檢查，除丙種體位之開放性結核病患者外，役男需悉數於12月1日一起入伍。自此，全日本含臺灣與朝鮮殖民地乃出現首批的「學徒出陣」，無論其志願或非志願，學生開始出現於戰場，正式成為日本軍事戰力的一環。[18]

　　昭和18年（1943）10月21日，日本東京都及周圍神奈川縣、埼玉縣及千葉縣所在之77所專門學校以上約二、三萬名學生，集結在明治神宮外苑，浩浩蕩蕩舉辦出陣學徒壯行會。緊接著下來，包括仙台、名古屋、關西、北海道、神戶、京都、札幌等地，也陸續舉辦出陣學徒壯行會，[19]揭開戰爭末期日本（含殖民地）青年學生入營的序曲。至於在臺灣方面，同年11月22日，由皇民奉公會所主辦的出陣學徒壯行會也在臺北新公園展開，據《臺灣日日新報》所載，當天計有臺北帝大預科、臺北高等學校、臺北高等商業學校及臺北各中等學校學生參加，該報雖未詳載確實的學徒出陣人數，但光送行的學校已有29所之多，參與的學生也高達兩萬餘名，陣容可謂十分龐大。[20]日本東京《讀賣新

16　宮原誠一，《教育史》（東京：東洋經濟新報社，1963年），頁320；李國生，〈戰爭與臺灣人：殖民政府對臺灣的軍事人力動員（1937-1945）〉，頁166。
17　〈御署名原本‧昭和十八年‧勅令第七五五号‧在学徵収延期臨時特例〉，東京：國立公文書館，アジア歷史資料センター，Ref.A03022864800，點閱日期：2020年4月11日；〈徵集延期臨時特例〉，《臺灣總督府官報》，第472號（1943年10月28日），頁117。
18　高橋英男，《臺灣における「學徒兵」召集の實態とその法的背景》（相模原川：著者自印，1998年11月），頁4；蜷川壽惠，《學徒出陣：戰爭と青春》（東京：吉川弘文館，1998年7月），頁21。
19　蜷川壽惠，《學徒出陣：戰爭と青春》，頁6-16。
20　〈ただ一途敵米英擊滅 若人勇躍國難に起つ 出陣學徒壯行會舉行さる〉，《臺灣日日新報》（1943年11月22日），夕刊版1。

圖6-2 ▎昭和18年（1943）臺北新公園內出陣學徒行會

資料來源：《臺灣日日新報》，第15707號（1943年11月22日），夕刊，版1。

聞》在同一天晚報也刊載此則消息，並特別詳列此回學徒出陣壯行會中的儀式活動，包括宮城遙拜、捧讀宣戰詔書、學徒代表致詞、合唱海行兮軍歌與最後的武裝分列式等。[21]

　　據徐聖凱對臺北高等學校（今國立臺灣師範大學前身）的研究，謂在昭和18年（1943）10月以前，此種歡送壯行的對象都是教師、配屬將校或已經畢業的學生，至於未畢業的學生開始奉召入伍應在此時間點之後。而這些即將徵召的學生為提昇自己位階，通常會以報考陸海軍預備學生或甲、乙種幹部候補生方式，積極爭取成為預備士官，若測驗成績不合格，就只能以一、二等兵的低階士兵身分留在臺灣，成為防衛臺灣的底層士兵。[22]

---

[21] 〈臺灣の學徒出陣式〉，《讀賣新聞》（1943年11月22日），版5。

[22] 徐聖凱，《日治時期臺北高等學校與菁英養成》（臺北：國立臺灣師範大學出版

隨戰況惡化與徵兵年齡的調降，臺灣總督府也依師範教育令附則第4條規定之非常措施，再度修訂師範生之修業年限，將昭和19年度（1944-1945）原本需修畢三年本科課程之學生，提前半年結束課業讓其入伍。[23]為此，南師本科三年級的學生乃分別於9月1日（126名）、9月23日（17名），9月25日（83名），共226名分三梯次提前畢業到軍營或戰場報到。[24]昭和20年（1945）南師本科畢業的渡邊兵一也回憶說，由於戰時校門通營門的政策，致其修業年限縮短，上一屆的學長也提前半年畢業，以海軍預備學生、特別甲種幹部候補生及現役兵等各種名義，陸續被徵調入營。[25]

　　由於日本戰事吃緊，急需各種軍事人員，昭和19年（1944）10月18日，日本政府又依陸軍省令第45號修訂「兵役法施行規則」，將徵兵年齡再調降一歲為18歲，並於11月1日實施。[26]同年12月1日，又發布陸軍省令第59號「陸軍召集規則中改正」，將含殖民地臺灣在內年滿17歲以上之男性學生編入到第二國民兵。[27]此後，年滿17歲的臺日籍男學生也需隨時接受日本政府的軍事徵召。

　　昭和20年（1945）2月，日本政府又頒布陸軍省令第6號，減少緩徵對象，除依大學令設置的研究所（科）、大學、醫學部醫

中心，2012年10月），頁214、227。

23　臺南師範同窓校史會編輯委員會，《ああわが母校臺南師範（上）：臺灣總督府臺南師範學校史》，頁312。

24　〈兵役法施行規則中改正〉，《臺灣總督府官報》，第809號（1944年11月5日），頁14-15；臺南師範同窓校史會編輯委員會，《ああわが母校臺南師範（上）：臺灣總督府臺南師範學校史》，頁312。

25　渡邊兵一，〈台灣追想：入隊～軍隊生活・自活生活～引き揚げ〉，《南師同窓會會報》，第39號（1990年6月），頁8。

26　臺南師範同窓校史會編輯委員會，《ああわが母校臺南師範（上）：臺灣總督府臺南師範學校史》，頁311。

27　〈陸軍召集規則中改正〉，《臺灣總督府官報》，第865號（1945年1月9日），頁14。

學科、醫學專門學校與高等師範學校理科學生外，原在緩徵之林的大學預科、高等學校高等科、專門學校、高等師範學校文科生、師範學校、臨時教員養成所及青年師範學校的學生緩徵均告廢除。[28]至同年（1945）3月，日本內閣會議更通過「決戰教育措置要綱」，除國民學校初等科外，其他學校自是年4月起至翌年（1946）3月31日完全停止上課。[29]換言之，南師學生原可因師範身份而享有緩徵與役期縮短之權利，卻因戰時各種法規的修訂或頒布，而提早將其送入軍營。隨戰局的緊迫，至二戰結束是年（1945）年初，南師校園內僅剩本科二年級生200餘名，同年3月10日，滿19歲的學生也因兵役徵集而離開學校投入軍營，至此，南師校園內僅剩低年級的臺、日籍男學生約70名及身體不符徵兵條件需要休養之三年級學生20餘名而已。[30]

隨昭和16年（1941）底太平洋戰爭的爆發，日本的作戰場域也從中國擴及到環太平洋各地，對於盟軍的空襲臺灣與極有可能的登島作戰，日本除增援部隊協防臺灣，如將原駐守中國東北滿州的第十二師團移駐臺南，歸臺灣防衛之第十方面軍所轄外，[31]也針對中等以上學校的低年級男生或無法奉召入營者，以警備召集方式編入駐守臺灣本島的部隊，令其從事第二線防衛陣地、軍事基地及海岸地帶之警備防衛工作，即所謂的「學徒兵」。至日本敗戰前的三個月，即昭和20年（1945）5月22日，日本政府又依勅令320號頒布「戰時教育令」，宣布進入最後決戰階段，徹

28　〈昭和十八年陸軍省令第五十四號中改正〉，《臺灣總督府官報》，第912號（1945年3月1日），頁6；高橋英男，《臺灣における「學徒兵」召集の實態とその法的背景》，頁93-94。

29　宮原誠一等編，《資料日本現代教育史》（東京：三省堂，1974年3月），頁338-339；文部省，《學制八十年史》，頁401。

30　臺南師範同窓校史會編輯委員會，《ああわが母校臺南師範（上）：臺灣總督府臺南師範學校史》，頁313。

31　臺南師範同窓校史會編輯委員會，《ああわが母校臺南師範（上）：臺灣總督府臺南師範學校史》，頁314。

表6-1 太平洋戰爭時臺灣防衛（含西南諸島）兵力配備一覽

第十方面軍（代號：灣，駐地：臺北）。軍司令官：陸軍大將安藤利吉						
師團				旅團		
番號	代號	駐地	備註	番號	代號	駐地
第9師團	武	新竹	編成地金澤，含步兵7、19、35連隊	61	鎧	巴布亞島
第12師團	劍	臺南關廟	編成地久留米，含步兵24、46、48連隊	75	興	新竹
第50師團	蓬	屏東潮州	編成地臺北，含步兵301、302、303連隊	76	律	基隆
第66師團	敢	花蓮港	編成地臺灣，含步兵249、304、305連隊	100	盤石	高雄
第71師團	命	嘉義斗六	編成地旭川，含步兵87、88、140連隊	102	八幡	花蓮港南方
第8飛行師團	誠	臺中		103	破竹	淡水
				112	雷神	蘇澳
總兵力：169,000人。海軍：63,000人。						

資料來源：臺南師範同窓校史會編輯委員會，《ああわが母校臺南師範（上）：臺灣總督府臺南師範學校史》，頁317。

底動員所有學生從事軍事服務、空中防衛、軍需品生產與勞動等工作，[32]至此，南師校園內的教學活動也隨之停擺。

綜上所述，為求戰時軍事人力的動員與補充，日本政府相繼頒布各項法規施用於臺灣，南師學生非僅修業年限縮短，也遭廢除既有緩徵與役期較短之權利。男性學生面對畢業即將入伍的命運，對未來多抱不安，而各種軍事訓練的規範與制約，雖引起部分學生怨懟，但礙於軍國主義的復甦與橫行，並無法暢所欲言，入伍者各隨其天命，或倖存，或身殘，或戰死沙場。

---

[32] 文部省，《學制百年史資料編》（東京：帝國地方行政學會，1972年10月），頁42；李園會總編，《國立臺中師範學院校史初編》（臺北：五南圖書出版公司，1993年12月），頁68。

三、畢業生的戰場與駐地追憶

　　隨兵員擴充所需的增調，南師畢業生與已屆徵兵年齡的學生也開始分赴中國與東南亞各地進行軍事任務，或至日本國內進行防禦工事的整備等。透過他們的回憶性作品，無論是對自己過往的述說亦或是對已逝同學的緬懷，都可看出戰爭遺留的歷史記憶甚或傷害。

（一）中國大陸

　　自昭和12年（1937）7月中日戰爭爆發後，南師畢業生即有派赴中國戰場之舉，如畢業於上年度演習科的坂場猛己就回憶，謂當中日戰爭初起之翌年（1938）夏天奉命出征時，即便他已畢業且已在高雄市役所工作，但時任南師歷史科教諭的梶原龍老師仍親自送行，且相贈日之丸國旗，並書寫「武運長久」布條，令其終身難忘。坂場在下部隊後，曾至中國長江流域之江西省九江一地進行登陸作戰，之後被編入到臺南步兵第二聯隊，又曾參加過武漢三鎮攻略、廣東作戰、海南島搶灘作戰等，至昭和16年（1941）8月方解除召集，回到高雄市役所復職。[33]

　　至於昭和9年（1934）進入南師普通科就讀的塩川屋三郎則是灣生，小學就讀高雄市第二小學校（今鹽埕國小），經歷南師完整的普通科五年及演習科二年的專業訓練後，於昭和16年（1941）畢業就職，其回憶南師同窗好友津曲幸男，謂其在鳳山郡某公學校任職不到半年後，即因戰局惡化而志願投身軍戎，擔任陸軍航空士官。至於他自己本人，則是在昭和17年（1942）1

---

[33] 坂場猛己，〈臺灣の思い出〉，收錄於臺灣總督府臺南師範學校同窓會，《南師同窓會會報》，第37號（1989年6月），頁13-14。

月被分派到中國華北戰場，在同年3月左右，他在狂沙飛舞的沙丘挖壕溝，趁空檔閱讀臺灣來的報紙時，赫然發現其同窗好友津曲幸男已是少尉，但他卻還是一個二等兵，[34]頗有無奈之感。

赴中國大陸戰場者，尚有昭和13年（1938）演習科畢業的西田又男，謂昭和16年（1941）3月從臺灣被調往滿州國安東省虎林町，加入關東軍最精銳的第11師團，在零下40度的低溫下，接受血汗與淚水齊下的新兵訓練。[35]由於關東軍被稱為連哭泣的孩子都會默然的鬼部隊，嚴苛的訓練幾乎可稱之為虐待，士官與上等兵多採私裁法，新兵暗自哭泣與在廁所自殺者所在多有，幸賴同梯兄弟安慰幫忙方能度過。某日讓全軍震動的是兩位新兵越烏蘇里江邊境投奔蘇聯，在遍尋不著後，該部隊自部隊長以下之軍官、士官、上兵皆受嚴厲懲處，數日後師團長發布「嚴禁對新兵私裁，違反者嚴懲」的命令，西田與同袍終於慶幸從地獄活了下來。過了二年，西田通過幹部候補生試驗，並被任命為少尉，擔任國境警備與新兵訓練勤務，因為擔任新兵時所受的痛苦折磨，所以對新兵訓練反倒溫柔。某日師團長召集三百餘名軍官於師令部大講堂，參謀詳細說明兩年前叛逃的兩名新兵為日本某大學法學部畢業的好友，因受不了新兵訓練時遭受的暴力制裁以至牙齒掉落、血便等，因而利用江水結冰之時於暗夜突破警戒線與地雷封鎖線向蘇聯投降。之後二人受蘇聯禮遇策反成為間諜，命其返回滿州調查國境的車站與虎林地區的物資輸送狀況並回報，但因為關東軍在滿州對蘇聯極力進行防諜工作，對當地民眾進行身家檢查，且對於提供情報者給予高額獎金，是以這兩位新兵最後遭逮，且因陣前逃亡、反逆與間諜等罪，在關東軍軍法會議中被判

---

[34] 塩川屋三郎，〈追悼　故津曲幸男君〉，《南師同窓會會報》，第35號（1988年6月），頁9-10。

[35] 西田又男，〈ソ満国境戦線秘話（スパイ物語）老日本人スパイの生涯〉，《南師同窓會會報》，第44號（1992年12月），頁10。

處死刑。對於此事，當時也同為新兵的西田情緒可謂十分複雜，心中也默默向此二位戰友祈福。[36]

因為新兵訓練過於嚴苛而喪失兩位法學院畢業的高材生，可謂突顯戰爭的荒謬與無情，但通過嚴格軍事訓練而安然度過戰爭者亦非全無，如昭和15年（1940）演習科畢業的岩崎一夫，謂昭和18年（1943）初，他與數十名同學進入預備士官學校學習，後以北支派遣軍身分被派往中國華北，當時大陸已積雪甚深，他以見習士官身分參加設於河北保定的教育隊，在經過艱苦嚴格的訓練後，其他同袍轉派至關東軍服役，而他自己則回到所屬營隊，在歸途中還飽覽南京、上海的景色。[37]

至於昭和16年（1941）演習科畢業的詫摩治一，則謂昭和19年（1944）秋天曾參加廣西桂林的攻略戰，在攻陷的桂林市內進行搜索掃蕩歸營時，戰友都興奮莫名，之後突然來到桂林大學校園內，驚訝該校圖書館竟然典藏眾多排列整齊的日文書，而且還有很多《文藝春秋》，酷愛日本文學的他，恨不得全部飽覽一頓，而回憶起半世紀前的此番情景都還覺得感動。[38]顯見南師校友的戰場追憶仍是五味雜陳。

（二）南太平洋

除中國戰場外，在太平洋戰爭爆發後，日本也在南太平洋佔領不少地區，為防止盟軍登陸對抗，南師畢業生也開始奉命前往各戰地，如演習科二年級的學生五島光藏於昭和16年（1941）

---

[36] 西田又男，〈死刑となったインテリ初年兵の最後 ソ滿国境戰線秘話（スバイ物語）その2〉，《南師同窓會會報》，第45號（1993年6月），頁13-14。

[37] 岩崎一夫，〈鳳山丸─この船との奇遇に寄せて─〉，《桶盤淺》（熊本：熊本縣臺南師範學校同窗會，1998年10月），頁33-34。

[38] 詫摩治一，〈中国旅行必攜の書〉，《南師同窓會會報》，第47號（1994年6月），頁17。

10月接到兵役召集，先進入臺南第四部隊訓練，而後於同年12月1日從基隆港搭船前往戰場，曾駐守過菲律賓巴丹半島（Batan Peninsula）、科雷希多島（Corregidor Island）等地，整整三年在菲律賓戰場渡過，之後在雷伊泰灣（Leyte Gulf）作戰前被美軍俘虜，幸運擔任後送要員，協助美軍處理日本戰俘返國，至昭和20年（1945）2月再度回到基隆，在宜蘭羅東新編成的雷神部隊服役直到同年8月日本戰敗。[39]

除日籍學生外，南師的臺籍學生也有奉命前往南洋者，如昭和20年（1945）本科畢業的木原清明特別回憶臺籍同學蔡崑鴻，謂其因為父親在日本留學而在東京出生，之後返臺在雲林北港小學校就讀，昭和13年（1938）入南師普通科時閩南語全不會，自我介紹時還會結巴口吃。木原說蔡崑鴻性格豪放磊落，擅長足球與撞球，但因交友複雜常違反校規，所以在昭和18年（1943）自願退學。在二次大戰方酣某日，南師校園集結一群要前往南洋的軍夫團，木原看到團長就是穿軍服、配軍刀，威風凜凜的過往同學蔡崑鴻，在向南師同學們說我比大家先走一步之後，就率領五、六百名的軍夫前往新幾內亞戰地。多年後見面時，蔡崑鴻曾向木原述說當時在南洋惡戰苦鬥的情景，謂在塔穆寧島（Chamoru）時看到友軍吃人肉的修羅地獄，他們這些軍夫差一點也成為飢餓日軍的搶食對象，為戰爭而沾滿終結部下生命的血污為蔡崑鴻所憤慨，所以很想找出當時命令殺食部下的日本軍官將其送交軍法會議審理。之後蔡崑鴻在澳洲被俘，因為臺籍軍夫們多遭虐待而成為抗爭的領導要角，日日與澳洲當局抗衡。最後蔡崑鴻苦笑說，其半生皆為日本軍夫，但日本敗戰後他卻沒有得

---

[39] 五島光藏，〈たった一日だけの台南師範〉，《ああわが母校臺南師範（下）：臺灣總督府臺南師範學校史》（日本：臺南師範同窓會，1980年9月），頁494。

到任何補償，只得到一枚金雉勳章，[40]內心可謂有無限感慨。

值得一提的是，昭和16年（1941）畢業於臺北工業學校採礦科的林群英回憶，謂二戰當時他以志願兵名義，在昭和18年（1943）受訓完前往戰地時，當時在高雄集結60多艘船一起出發，經澎湖、越南、新加坡、印尼，差不多半年時間才到印尼的帝汶島，其主要任務為支援日本對澳洲軍的戰爭，沒想到臺南步兵第二聯隊在登陸搶灘作戰時被炸，犧牲不少士兵。[41]由於南師畢業生多被編入到臺南步兵第二聯隊，想必在此場戰役中也多有損傷。

（三）日本國內

除了中國與南洋戰場，發動戰爭的日本，其本土境內雖非戰場，但面對戰爭後期盟軍的空襲與可能的登陸作戰，日軍在國內的備戰還是不敢鬆懈，是以南師的畢業生或學生也被派往日本國內，尤其是日籍學生。如昭和17年（1942）3月演習科畢業的田島久生就曾自述在畢業後僅擔任過短暫教師就被徵調，之後搭安平輪前往日本國內某工兵部隊服役，也曾駐守過四國、江田島等地，之後當上特攻艇的艇長，最後在九州北岸備戰中獲悉日本戰敗。[42]

至於昭和20年（1945）被派往長崎縣駐守的本科畢業生斉藤元夫，也曾述說南師學生如何被徵召動員成為現役軍人及在日本國內的備戰情形，他說：

---

[40] 木原清明，〈快男子・蔡崑鴻君逝く〉，《南師同窓會會報》，第45號（1993年6月），頁10。

[41] 鄭麗玲，〈林群英先生訪問紀錄〉，收於鄭麗玲、楊麗祝著，《臺北工業生的回憶（一）》，頁138。

[42] 田島久生，〈昭和十六年十二月八日〉，《ああわが母校臺南師範（下）：臺灣總督府臺南師範學校史》，頁486。

第六章　日治時期臺南師範學校校友與學生的二戰徵調與追憶　199

由於戰局日益嚴苛，即使年輕學子也不被允許讀書，廢止緩徵，早一期的學長被編入預備生成為特別甲種幹部生或現役兵，半途捨筆棄學，日日夜夜從宿舍進入部隊。學校各宿舍前都擺放著書寫「祝入營○○○○君」、「祈武運長久○○○○君」之白色大旗，全體唱著歌至臺南火車站送行。徵兵令不到一年後又輪到我們，昭和20年3月10日，滿19歲的學生一起入伍從軍，我也被編入軍隊，一週前即以航空信告知在山梨縣家鄉的雙親，因為全體當兵之故無送行者。在夜未明之凌晨帶盥洗用具至學校後方集合，之後被編入關東軍所屬之長崎縣大村四六聯隊大峰隊。部隊內不准使用電燈也沒有床，僅能在小麥粉摻土做成的土堆間活動，並接收山上的國民學校校舍作為兵營。在位於千餘公尺的山腰上，一鏟一鏟挖出隧道。該隧道內貯藏有武器、彈藥與糧食。怕美軍深夜登陸偷襲，所以還特別教授斬殺技法。因為兵營缺水，所以只能用髒抹布水清洗飯盒，當然也無法洗臉洗澡。由於無法洗澡，在酷暑中僅著丁字褲生活，因長期穿著所以出現一大堆虱子，但從準備早餐開始持續到夜間工作不間斷，新兵根本謂連抓虱子的時間都沒有，僅有的時間也需睡眠以補充體力。[43]

　　斉藤元夫的回憶說詞，可謂詳實描繪日本軍事駐地的情景，除了挖隧道進行防禦工事與斬殺技法的訓練外，無電力、無床、缺水、酷暑、抓虱子與缺乏睡眠時間，或許才更是其備戰下的真實生活寫照。

---

[43] 斉藤元夫，〈入學から、引き揚げまで〉，《南師同窓會會報》，第36號（1988年12月），頁9-10。

（四）臺灣本島

南師已屆役齡徵調的畢業生或在校生，其服役地區除日本國內、中國大陸與南太平洋各地外，自昭和16年（1941）底太平洋戰爭爆發後，東亞局勢更趨緊張，盟軍也開始轟炸做為日本南進基地的臺灣本島，原本如上述陳五福所言：「社會呈現一片祥和、浪漫的景象。意氣風發的學生，於酒館飲酒、狂歡如故」的基調大變。據是時就讀南師普通科二年級的山田尚夫所言，謂在校舍中看到戰機飛過，由於看到機身旁的炸彈與黑色發亮的機槍，加以戰機飛過時的轟隆聲響，感覺戰爭已真實上演。[44]演習科一年級的學生田島久生也說在上課時，聽見高頻激昂的戰機爆音在南師上空作響，同學們紛紛跑出教室，看見有如猛鷲襲取獵物般飛揚的數十架戰機，以大聲呼叫、揮手、揮舞上衣方式相送，當時有莫以名狀之感動，至今情景也仍鮮明浮現眼前。[45]

隨戰爭的擴大，為防止臺灣本島受到盟軍攻擊，日本一方面將原駐守中國滿州的第十二師團移駐臺南，歸臺灣防衛之第十方面軍所轄；另方面也開始分派南師畢業學生或已達役齡的學生到臺灣各陣地服役。據昭和20年（1945）本科畢業生三宅川真秀的回憶，謂是年3月畢業後被徵召進入磐石第4522部隊高雄要塞重砲隊服役，主要駐守在高雄壽山，每日操演與搬運明治與大正時期生產的砲彈，直到終戰。[46]無獨有偶，三宅的同學金子善雄初始也在高雄要塞駐守，據其回憶，謂畢業後被徵召，先編入到臺灣4450部隊，在高雄壽山一地構築防禦工事，主要任務為防守港

---

[44] 山田尚夫，〈南師の思い出：臺南-屏東-臺南〉，《南師同窓會會報》，第37號（1989年6月），頁7。
[45] 田島久生，〈昭和十六年十二月八日〉，頁486。
[46] 三宅川真秀，〈卒業後の狀況〉，收入中村健樹編，《昭和20年卒業同期生史》（臺南：臺南師範學校，1987年10月），頁14-15。

灣設施以免遭敵軍破壞。但5月初又移防到位於臺中的4587部隊（高射砲部隊）所特設的幹部候補生養成隊，印象最深刻者乃某日該部隊以高射炮擊落一架B-24轟炸機，不料五天後，盟軍大批B-24轟炸機對其陣地進行大規模轟炸報復，致不少同袍戰死。[47]關於此事，不少同學多有回想，其中木原清明有較清楚的追憶，謂是年6月16日，他與南師同學藤井茂等人被編入到臺中市西郊高射炮162連隊，臺灣第4587部隊第二中隊，駐守乾溝子（仔）陣地。某日部隊擊落一架B-25，大家歡欣鼓舞，甚至把敵機尾翼拆下當戰利品，沒想到兩、三天後，盟軍進行報復，集結四、五十架B-25轟炸機對其陣地進行大規模轟炸，他的同學，鹿兒島縣大崎町出身，酷愛音樂的藤井茂連一句遺言都沒有，就不幸被炸死。[48]

田端二郎則回憶畢業後被徵召進入到劍第805部隊服役，擔任特別甲種幹部候補生，後因不符條件，遂降為陸軍一等兵，從原駐守的高雄岡山郡田寮庄移駐至燕巢庄金山仔，每天都在山地挖掘壕溝等防禦工事。日本敗戰後，隨該部隊在田寮庄自營集團農工生活，之後升任為步兵陸軍上等兵，負責駐守旗山第一彈藥糧秣倉庫，至戰爭結束後翌年（1946）初，方從高雄港搭美國貨輪回到日本橫濱。[49]

除金子善雄、木原清明與田端二郎外，同年度畢業的同學，在臺灣各駐地從事的防衛任務也多有雷同，如挖壕溝與戰車攻擊演練等，也成為他們難忘的從軍記憶。試舉幾例，如在劍第8707

---

[47] 金子善雄，〈卒業後の狀況〉，收入中村健樹編，《昭和20年卒業同期生史》，頁14-15。
[48] 木原清明，〈戰陣に散った同期五君の最期〉，《南師同窓會會報》，第42號（1991年12月），頁14。雖然金子善雄與木原清明對B-24或B-25的轟炸機機型說法稍有出入，大轟炸日期也不盡相同，但結果均是造成數位同學慘遭炸死的悲劇。
[49] 田端二郎，〈卒業後の狀況〉，收入中村健樹編，《昭和20年卒業同期生史》，頁2-3。

部隊（機關槍中隊）服役的澤井昇說每日至機場從事防空壕的挖掘工作；[50]在劍第8703部隊（又名西川隊，為機關槍中隊）服役的村岡祐喜也說陣地構築作戰與戰車攻擊演習為其主要訓練項目；[51]在劍第1705部隊（步兵第46連隊）服役的中村久雄也說在高雄州岡山郡燕巢駐地所從事者大多是防空壕的挖掘工作。[52]

　　危險環境與重複單調的工作，或許想讓時枝高義離開此種情境，他回憶當年（1945）2月1日以現役兵身分被派遣至輜重兵第18連隊，5月成為特別甲種幹部候補生，以伍長身分派駐至第50野戰輸送司令部，每天都在強化夜間教練與決死隊的訓練等。當時服兵役的感想就是，每天在汐見之丘眺望晚霞時深感鄉愁，在早餐前聽見賣納豆的聲音與鈴聲印象深刻，很想嚐飲農戶水井中的水，為催熟偷摘香蕉而挖土埋入並覆蓋枯葉。[53]顯見部隊的生活多是枯燥單調，所以時枝高義才想要更親近農村生活。

　　當然也有入部隊不久即因疾病而住院診療者，無須擔負駐地的防禦任務，如末廣谷積畢業後被編入到劍第8703部隊，原被分配到非常嚴格的內務班，因罹患瘧疾、A型流感而進入野戰醫院治療，後來再度感染瘧疾入院，所以入軍隊半年皆在醫院度過。[54]另一同學田端幸男也說他在4月的時候跟留在校園內的學生，一同被編入到臺南第四部隊。隔月，他與同學草場保德一同加入高雄海兵團，開始接受嚴格的訓練，但因為駐守的山區連日大雨導致瘧疾大為流行，海兵團成員中有八成以上都感染，草場

---

50 澤井昇，〈卒業後の狀況〉，收入中村健樹編，《昭和20年卒業同期生史》，頁48。
51 村岡祐喜，〈松本庸一君の靈を弔う〉，收入中村健樹編，《昭和20年卒業同期生史》，頁67。
52 中村久雄，〈思い出〉，收入中村健樹編，《昭和20年卒業同期生史》，頁38。
53 時枝高義，〈卒業後の狀況〉，收入中村健樹編，《昭和20年卒業同期生史》，頁12。
54 末廣谷積，〈卒業後の狀況〉，收入中村健樹編，《昭和20年卒業同期生史》，頁25。

保德甚至因而喪命，田端他自己也罹患瘧疾，等到休養好接受完教育訓練後，距離日本敗戰也僅剩五天而已。[55]

　　有關臺灣本島駐地經驗的回憶與實況，渡邊兵一的述說也可供參考，他回憶在昭和20年（1945）3月20日東京大空襲當日，被編入到從滿州移防至臺灣的劍第8705部隊重機關槍中隊，駐守在高雄岡山郡燕巢國民學校，床鋪是在泥土上鋪藁，藁上再鋪毛巾而成，部隊不但沒有電燈，晚上還要受冷風與蚊子的襲擊。因為是新兵，所以第一年從白天起床到晚上就寢幾乎沒有休息時間，很多軍隊用語都不懂，也讓他頗為苦惱，尤其是軍隊中嚴格的階級制度更讓他體會到軍隊的實態。之後他們的部隊移駐山上，每天就在山腰挖防禦工事，終日赤裸半身工作，看到樹上的毒蛇還直冒冷汗，因為飲水不足只能少講話，每周一次用小桶裝河水洗澡，最令其舒適欣慰。4月10日，因錄取陸軍特別甲種幹部候補生，熊本預備士官學校通知入學，但無輪船返日，所以改進入位於臺南白河的臺灣軍教育隊，此時已升任伍長。8月15日，日本雖已宣告戰敗，但因為不知道敗戰消息，所以陸軍士官學校出身的年輕區隊長仍對他們嚴加訓練，如夜間訓練、重機槍的戰鬥訓練、軍歌演習及俘虜收容所的處理等事。之後因為廣島、長崎核爆死傷慘重，區隊長雖知消息仍不願告知大家。某夜因某小槍隊候補生不假離營，往阿里山方面逃亡，區隊長仍命大家一早搜尋至正午時分，最後至8月27日該中隊接到命令歸隊，渡邊兵一改擔任衛兵勤務及處理國軍交接事宜，至9月29日終於解除兵役召集。[56]渡邊兵一的例子除可看出年輕新兵的臺灣駐地經驗外，也看出不少頑固的日本青壯軍官仍不願意接受日本敗戰的事實。

---

[55] 田端幸男，〈卒業後の狀況〉，收入中村健樹編，《昭和20年卒業同期生史》，頁73。

[56] 渡邊兵一，〈台灣追想：入隊~軍隊生活・自活生活~引き揚げ〉，《南師同窓會會報》，第39號（1990年6月），頁8。

四、在校生的學徒兵編成

　　雖然日軍在二戰末期已呈敗退之勢，但為防備盟軍可能登陸臺灣，還是得在臺灣本島尋求可能的兵源補充。由於中等學校高年級以上的男學生多受徵召入伍，是以較低年級的學生或無法受徵召者，遂成為日本政府的選錄對象。由於日本政府已在昭和20年（1945）3月頒布「決戰教育措置要綱」，除國民學校初等科外，自是年4月1日起至翌年3月31日，原則上停止學校教學。另方面，日本政府自昭和19年（1944）起，亦陸續透過「兵役法施行規則」、「陸軍召集規則」與「陸軍特別志願兵令」的修訂，將年滿14至18歲者，以第二國民兵之名義編入本籍所在連隊區之兵籍，並歸該連隊區司令官管轄。[57]至昭和20年（1945）5月22日，日本政府又依勅令第320號頒布「戰時教育令」，宣布戰爭已進入最後決戰階段，澈底動員所有學生從事戰時需要的空中防衛、軍需品生產與勞動工作；同時為便於從事戰時各項軍事工作，也規定每所學校的教職員及學生需組織「學徒隊」。[58]

　　學徒隊非僅在日本國內施行，臺灣總督府也依文部省令第9號頒布府令第100號「戰時教育令施行規則」，將臺灣中等以上學校學生納入「學徒隊」。依該規則所示，學徒隊以學部、學科、學年、學級為單位，必要時可組成特別聯合組織，學徒隊分設大隊、中隊、小隊、班等單位，以各校校長為學徒隊長，其餘各分隊隊長則由教職員或學生擔任。[59]為此，南師在校生也與其

57　高橋英男，《臺灣における「學徒兵」召集の實態とその法的背景》，頁54、68、76。有關國內學徒兵的研究，可參閱徐紹綱，〈臺北高等學校學徒兵的徵召與實態〉，國立臺灣師範大學臺灣史研究所碩士論文，2017年7月。
58　〈勅令：戰時教育令〉，《臺灣總督府官報》，第986號（1945年6月25日），頁6；文部省，《學制八十年史》，頁753。
59　〈府令：戰時教育令施行規則〉，《臺灣總督府官報》，第986號（1945年6月25

他中等以上學校學生一般，以警備召集方式被編入部隊，成為第二國民兵，開始從事第二線防衛陣地、軍事基地及海岸地帶之警備防衛工作。

　　據時為南師本科一年級生小浜潔的回憶，謂昭和20年（1945）3月隨戰局惡化，他們全體本科一年級預定生旋即放棄學生身份，開始服「學徒兵」役。[60]對此，南師末代配屬將校綱島竹治中尉有較佳的回憶，謂是年3月20日，進入到最後決戰體制，日本在臺南地區編成特設警備隊第508大隊（通稱臺灣第13872部隊），下設四中隊，第一中隊由臺南工業專門學校所組成，第二中隊則由南師師生所組成，第三中隊由臺南一中及臺南二中師生所組成，第四中隊則由臺南工業學校、農業學校及長老教中學所組成。南師所屬的第二中隊也被稱為「綱島隊」，取中隊長綱島竹治姓氏之故。綱島隊的成員以本科一年級生為主（含預科二、三年級生修畢者），另有少數本科二、三年級因體弱未被徵召之學生及其他中學校五年畢業者及四年修畢者。[61]不過，據日本學者小野純子在國立公文書館所找到的特設警備隊第508大隊《留守名簿》資料，發現該大隊其實應該有九個中隊而非四個中隊，人數約2,000名，除是年3月20日編入者之外，也有不少是4月1日追加召集者。[62]有關第508大隊的各分隊組成、名稱與學校分配，可參閱下表6-2所示：

　　　日），頁6-7；文部省，《學制百年史資料編》，頁42-43。
[60] 小浜潔，〈希望という名の虛實〉，《南師同窓會會報》，第37號（1989年6月），頁16。
[61] 臺南師範同窓校史會編輯委員會，《ああわが母校臺南師範（上）：臺灣總督府臺南師範學校史》，頁314-316。
[62] 小野純子，〈公開された台灣關係「留守名簿」調查──特設警備隊第505大隊及び第508大隊の例〉，《人間文化研究》，第30號（名古屋市立大學大學院人間文化研究科，2018年7月），頁14。

表6-2　特設警備隊第508大隊各分隊組成、名稱與學校表

中隊	部隊名	組成學校
第一中隊	行李隊、末永隊	臺南工業專門學校（註）
第二中隊	綱島隊	臺南師範學校
第三中隊	江馬隊	臺南一中
第四中隊		臺南二中
第五中隊		
第六中隊	野口隊、機關槍隊	臺南第一青年學校
第七中隊	學徒隊、學徒大村隊、學徒患者輸送隊	臺南農業學校
第八中隊		臺南高等工業學校
第九中隊	福嶋隊	臺南工業學校

註：臺南高等工業學校於1944年4月改稱為臺南工業專門學校。
資料來源：小野純子，〈公開された台灣關係「留守名簿」調查──特設警備隊第505大隊及び第508大隊の例〉，頁16。

　　就南師所編組的中隊綱島隊而言，據中隊長綱島竹治的回憶，謂3月20日是日起，所有南師男同學離開校長之手而歸其管轄，就部隊而言，由於中隊即是戰鬥單位，所以學生成為士兵，自然成為與其生死相共的戰友。而在大隊編成時，第十二師團長人見秀三（1888-1946）中將還特地前來檢閱，並以「各位需勵精軍務，以成為昭和的白虎隊」話語訓勉。[63]

　　綱島隊的主要任務一為構築陣地，二為街道戰的戰備設防。在構築陣地方面，隊員除擔負本部與指揮班之各種補給、看護之勤務外，每天上午八時還需至忠靈塔、賽馬場與位於潮見之丘的

---

[63] 綱島竹治，〈學校と軍隊生活に　明れ暮けた台灣時代〉，《南師同窓會會報》，第31號（1986年5月），頁4。所謂白虎隊乃幕末日本明治維新之際，由舊有幕府會津藩所組成與明治新政府相抗爭的反對勢力。白虎隊主要由16、17歲武家男子所組成，當中甚至有15歲志願者參加，幼年組更有13歲的少年。除白虎隊外，幕末會津藩所組成的反政府部隊尚有採用中國傳統四大神獸之名的玄武隊、朱雀隊、青龍隊等。見星亮一，《會津戰爭全史》（東京：講談社，2005年10月），頁43-44。

聯隊本部構築防禦工事，夜以繼日。由於時值盛暑且在南臺灣，所以這些學徒兵在烈陽下被曬得汗流浹背，異常辛苦。至於街道戰的防備工作，主要是在臺南市內各重要道路據點，挖掘壕溝阻止盟軍戰車前進。此外，也依各種戰略需求，在重要處所或民宅磚牆上挖鑿銃眼槍孔以利攻擊。[64]

據當時就讀本科一年級的山田尚夫所言，謂太平洋戰爭爆發後，學校緊張度升高，急於挖掘防空壕，由於適逢戰時，所以宿舍變成內務班，鐘聲也改換成喇叭聲，外出亦需穿戴防空帽等。而隨日軍戰事由盛轉衰，他們這些學徒兵不僅要開始唱著「死在三途之川」（按：三途川為日本民間傳說中的冥河）與「邀鬼相撲」等歌曲，宿舍內還發給人手一冊《莎勇之鐘》，[65]好讓其致力學習報國之精神。同年畢業於南師本科的村上博保也說，當上學徒兵後，記憶最深刻者就是忠靈塔廣場前的軍事檢閱，連軍馬班所養的20匹軍馬也需好好照顧以受檢。而除學校的壕溝挖掘工作外，也曾到安平海岸從事戰車壕挖掘與仁德機場建造零式戰鬥機之掩體壕工程等，在當時各項器材極端不足的情況下，南師學生仍設法克服萬難達成使命，[66]

昭和18年（1943）入學南師本科的中村久雄也回憶在二年級時，謂學校已進入到非常體制，軍事化情況更加明顯，學生宿舍早已成為南師學徒隊的中隊內務班。他們每天在安平海岸挖戰車

---

[64] 臺南師範同窓校史會編輯委員會，《ああわが母校臺南師範（上）：臺灣總督府臺南師範學校史》，頁319。

[65] 山田尚夫，〈南師の思い出：臺南—屏東—臺南〉，《南師同窓會會報》，37號（1989年6月），頁7。「莎勇之鐘」的故事主要記述臺灣原住民少女莎勇為出征日本老師背行李，不幸掉落溪流隕命而受時任臺灣總督長谷川清贈鐘表揚的故事。相關研究可參閱周婉窈，〈「莎勇之鐘」的故事及其周邊波瀾〉，收於該氏著，《海行兮的年代—日本殖民統治末期臺灣史論集》（臺北：允晨文化實業公司，2003年2月），頁13-31。

[66] 村上博保，〈同窓會と台湾の數數の思い出〉，《南師同窓會會報》，第56號（1999年2月），頁11。

壕，也在來回四公里的路上挖掘防止敵人進攻的壕溝，而為防止敵軍戰車登陸，他自己還報名參加攜地雷炸坦克的敢死隊。[67]翌年（1944）入學的學弟國友一治也回憶說，當時學徒隊都到航空隊及安平海邊進行防禦工事，而為抒解繁重任務，另方面也為強化綱島隊的精神與認同，當時由南師訓導松下史生提案，以賞金五圓向隊員募集隊歌，後經萩原賤臣訓導修飾，再加上音樂科教諭清野健作曲，一首代表綱島隊的「臺南師範學徒隊歌」終於產生，在軍歌演習時也以此曲呈現，歌詞如下：

> 乾坤一擲來決戰（乾坤一擲決戰に）
> 打敗敵軍心所望（鬼畜の野望いや增せば）
> 離開學校盡忠去（學窓去りて盡忠の）
> 盡忠路上熱血昂（道に生きんと紅顏に）
> 奔騰決死意氣高（たぎる決死の意氣高し）
> 雄魄南臺白虎隊（雄々し南臺白虎隊）[68]

除南師本科學生（含附屬國民學校教師）所成立的綱島隊之外，原為屏東師範學校的南師預科，[69]也在全國性的「學徒出陣」政策下成立學徒兵組織。所謂南師預科乃臺灣總督府原預計在昭和16年（1941）於全臺實施義務教育，遂於前一年，即昭和15年（1940）分別設立新竹與屏東師範二所學校以因應，之後卻因戰時體制與地緣位置，致二所學校經營多有困難，為此，臺

---

[67] 川島久雄，〈我が心を支えた、ふるさと南師〉，《南師同窓會會報》，第38號（1989年12月），頁13。
[68] 臺南師範同窓校史會編輯委員會，《ああわが母校臺南師範（下）：臺灣總督府臺南師範學校史》，頁383-384。
[69] 臺南師範同窗校史會編輯委員會，《ああわが母校臺南師範（上）》，頁302、309-310。

灣總督府遂於昭和18年（1943）4月1日將屏東師範學校併入到南師，專收南師預科生，是以南師低年級學生遂南進屏東就讀；而原屏東師範學校高年級學生則北上進入南師就讀本科，二所學校即因預科與本科分設而多有連結。據昭和18年（1943）起擔任南師預科體操科教諭生崎利雄的回憶，謂當時為防備美軍登陸，所以在屏東分校的南師預科與講習科學生悉數被編入到臺灣第19700部隊，學徒特設警備隊第537大隊之第五中隊。大隊長為原花蓮港中學教諭，後為南師預科配屬將校之加藤謙一中尉，[70]中隊長則為廣島縣吳市出身的浜崎中尉，至於班長則為生崎本人。駐守地為高雄州潮州郡盛產香蕉的頓物潭部落（今屏東縣竹田鄉），學徒兵在旱田上自搭營房、開伙，白天挖壕溝，並以戰車爆破訓練為主要工作，至於晚間則主要為夜間警備工作。[71]

據當時就讀南師預科的臺籍學生陳天河回憶，謂開學後的學校生活並不輕鬆，當時屏東蚊子多，同學多人因而得到瘧疾。而白天除了上課之外，還要抽空去挖防空壕，夜裡還要躲空襲。屋漏偏逢連夜雨，美軍B-29轟炸機轟炸學校宿舍，燒夷彈猛下，爆發一陣又一陣的火焰與巨響。至同年6月中旬，全班40名學生奉命當學徒兵，他因為瘧疾生病晚十天才報到，結果成為二等新兵，除了要服侍老兵外，見面都還要敬禮。此外，舉凡隊上清掃、燒洗澡水、提飯桶等粗重工作都落在他身上，讓他感到十分辛勞，而最難挨的就是飯不夠吃。[72]擔任學徒兵的苦楚，父母親

---

[70] 加藤謙一，愛知縣人，自1928年即起在臺北第二師範學校擔任教諭，1930-1931年曾兼任臺灣總督府殖產局東部農產試驗場技手，1937年起改擔任花蓮港中學教諭，時為陸軍步兵少尉，至1944年兼任臺南師範學校預科配屬將校。見臺灣總督府，《臺灣總督府及所屬官署職員錄》，昭和3年至昭和19年（1928-1944）。

[71] 生崎利雄，〈予科、講習科學徒出陣〉，收於臺南師範同窓校史會編輯委員會，《ああわが母校臺南師範（下）：臺灣總督府臺南師範學校史》，頁514。

[72] 陳天河，〈往事歷歷如繪〉，收於省立臺南師範學院九十年院慶特刊編輯委員會，《南師九十年》（臺南：省立臺南師範學院，1988年12月），頁90。時就讀花蓮農林學校三年級的阿美族學生吳水雲也說在他當學徒兵的時候，「糧食非

其實也看在眼裡，所以南師臺語科助教授陳保宗見其公子陳師熙亦擔任學徒兵，無法與家人團聚，甚有感懷，遂賦詩一首，曰：「熙兒也入學徒兵，停課掘壕校作營，深夜順機來會晤，匆匆幾句問家情」[73]，可謂道出戰時軍事體制下父親對擔任學徒兵孩兒的不捨。

無獨有偶，其他師範學校被動員為學徒兵者亦有為文記述者，如就讀臺中師範學校的臺籍前輩畫家張建墻（1911-1992），謂當時有嚴格的軍事訓練，還有軍事演習，包括夜間熟睡時的緊急軍事集合等。此外，如6月10日的陣亡將士追悼紀念日，也要實施實彈射擊，而在軍營的活動需接受嚴格管制，且採取學長學弟制，體罰甚為嚴厲。[74]此外，歷史學者王世慶（1928-2011）也回憶昭和20年（1945）3月入學臺北師範學校的情景，謂開學上課才兩週，所有學生便被召集為學徒兵，學校頓時成為軍營。[75]召集後每日從事軍事訓練，背誦軍人勅諭、戰陣訓及步兵操典等，由於物資缺乏，每人僅分配到內衫及長內褲，並沒有正式軍服可穿。每天的任務就是在山腰挖掘壕洞或在路旁挖3、4尺深的章魚洞（蛸壺，たこつぼ），這種章魚洞既可充作防空洞，亦可當作埋伏之處，可舉取火藥與敵軍戰車作肉搏戰。[76]

常缺乏，尤其是少年成長時食量更是龐大，糧食十分不夠，我們幾乎都是吃米跟地瓜混起來吃，湯的話被我們稱做『太平洋湯』，『太平洋湯』是原住民吃的草，當中滴上幾滴油，沒有肉來表示肉。」見黃彥傑訪問、紀錄，〈吳水雲先生訪談錄〉，收於臺灣口述歷史學會編，《紀錄聲音的歷史：臺灣口述歷史學會會刊》，第9期（2018年12月），頁132。

[73] 陳保宗，〈（十二）師熙（2）〉，《南師同窓會會報》，第30號（1985年10月），頁11。

[74] 張建墻，《福爾摩沙之夜——一位臺灣八十歲老人的回顧》（臺南：國立臺灣文學館，2008 年7月），頁343。

[75] 周婉窈，《臺灣史開拓者：王世慶先生的人生之路》（新北市：新北市政府文化局，2011 年12月），頁48。

[76] 許雪姬等訪問，《王世慶先生訪問記錄》（臺北：中央研究院近代史研究所，2003年2月），頁 61-62。

除師範學校外，在中等學校與高等學校部分亦有臺籍學生述及學徒兵的過往，如當時就讀臺中一中的陳大勳就回憶，在昭和20年（1945）3月中，他們跟提早一年畢業的學長被編入到學徒兵，與臺中商業學校的學徒隊同時駐守在清水國民學校，也在清水後山墓地附近建造陣地，佈陣在西海岸一帶。[77]同校校友林榮渠與陳逸雄也都分別提到，他們幾乎每天都清水後山挖塹壕，準備與可能登陸之美軍決一死戰。[78]

　　至於北部的臺北一中亦有記載，如昭和20年（1945）3月僅修完四年級課業即與上一屆學長同時畢業之林彥卿就在自傳中說道，由於戰事逆轉，動員漸及於青年學生，畢業後原本想繼續攻讀醫學校，但可惜還未上過一次課，就在3月底被徵召為學徒兵，屯駐於臺北州八里觀音山，被編入的部隊是對抗戰車的特設警備部隊，名為「荒川隊」，[79]但整個部隊卻只有兩座明治時代出產的戰車砲，學徒兵所使用者也是每扣一次扳機即需填發一次子彈之三八式步槍。[80]

　　與臺北一中同屬13862特設警備部隊的臺北高等學校，也有學生上井良夫回憶擔任學徒兵時的情景，謂自昭和20年（1945）4月1日起，該部隊即開始屯駐八里庄（今新北市八里區）以阻止美軍登陸，學生日以繼夜在海岸挖掘蛸壺與戰車壕，唯作戰所需裝備僅有不能擊發的三八式步槍及短劍而已。至5月初，部隊渡過淡水河，從新北投穿過硫磺谷，分別屯駐陽明山、七星山與大屯山等地，行徒手與持槍教練，特別是美軍登陸時的爆破練習，每位同

---

[77] 陳大勳，〈第二十八期生之回憶〉，收於臺中一中校友會編，《臺中一中八十年史》，頁233。

[78] 林榮渠，〈希望〉，收於臺中一中校友會編，《臺中一中校友通訊》，第11期（1996年5月），頁16；陳逸雄，〈八十年來的世界 八十年來的臺灣與一中〉，收於臺中一中校友會編，《臺中一中校友通訊》，第10期（1995年5月），頁60。

[79] 林彥卿，《無情的山地》（臺北：作者自印，2003年2月），頁119。

[80] 林彥卿，《無情的山地》，頁429。

學於竹竿尖端掛著圓錐形炸彈，躲在蛸壺裡等待美軍戰車經過時加以破壞，唯多數學生均待在駐地直到日本戰敗。[81]面對終日學徒動員的疲倦與苦悶，加上在求學時對日本老師嚴格管教的厭惡，所以有些學生在擔任學徒兵時也會故意作弄日人一番，如畢業於宜蘭中學校的范裔川就回憶，在四年級當學徒兵時，曾看到值日同學將內褲放到湯裡頭洗，然後再端給指揮團的日本團長喝。[82]

雖然在昭和20年（1945）初全面徵兵制度實施前，臺籍學生並不適用於兵役法，但為因應戰時人員的快速補充及表達對日本皇國的忠誠，日本陸軍省仍以「志願兵」的形式向中等學校以上的男學生進行兵役徵集，在是時國家總動員的政策與氛圍下，幾乎很少人敢拒絕，[83]也因為中等學校學生從小即受日本殖民教育的洗禮，故志願者並不在少數。[84]至於未受徵調的學生，則以學校為單位，將其編組成學徒兵，編成特設警備團，負責空襲、防空與美軍可能登陸時的肉搏戰，藉此加強臺灣本島的防禦能力。然無論是派駐各地抑或是在學校或市區進行防禦工事的學徒兵，由於此時日軍已是桑榆晚景，雖然日本政府明知這些學徒兵無法與美軍正規部隊對抗，武器亦不如美國，但挖壕溝、佈海防之各種防禦工事，仍在日人強力規訓下被澈底要求執行。

昭和18年（1943）畢業於南師演習科的中田博久曾說，在昭和20年（1945）3月的大動員令之下，全校學生變成軍人，市內

---

81 上井良夫，《七星ガ嶺に霧まよふ（補遺）：わが残照の二等兵生活》（東京：作者自印，2003年），頁12-14。
82 林惠玉編，《宜蘭耆老談日治下的軍事與教育》，頁328。
83 如當時於臺北帝大醫學部就讀的陳五福就指出，若當時社會上有人顯露出反戰思想，就會被批評為「非國民」，造成心理上的嚴重壓力。見張文義，《回首來時路——陳五福醫師回憶錄》，頁100。
84 據周婉窈的研究，有關臺灣青年是否從軍問題，大抵有抽調、徵庸和志願（自願申請）三類，其中抽調比較具有強迫性質，至於徵庸和志願則大抵是志願，雖然三者比例無法詳查，但志願的人數似乎不在少數。見周婉窈，《海行兮的年代——日本殖民統治末期臺灣史論集》，頁149-150。

所有中等以上學校的高年級生亦同樣成為軍人。在硫磺島（Iwo Jima）陷落後，美軍原開始急於進攻臺灣與沖繩島，但最後因塞班島（Saipan）的陷落，致美軍決定以沖繩島為目標，而在臺灣本島進行防備的南師綱島隊也才倖免於難。[85]時就讀於臺北工業學校應用化學科四年級的林書鴻也說，當時他們整班被動員到臺北八里砍木頭，協助老兵們做防空洞，而當時日軍為防止美軍裝甲車登陸所應對的方式，就是用人體抱著1公斤半的黃色炸彈去爆破，稱做槌雷攻擊裝甲車，幸好最後美軍跳過臺灣，否則臺灣可能要死幾萬人。[86]

五、結語

自昭和12年（1937）中日戰爭爆發後，為求兵員的快速補充，日本政府除極力徵兵外，也修訂法規逐步廢除緩徵與調降徵兵年齡，甚或修改學制，縮短學生修業年限等，南師學生在此等政策的限縮下，非但無法如以往辦理緩徵，且役期增長，兵役年齡還不斷下修，符合資格者旋即進入軍營服役；至於未符資格者也被編入到屬警備性質的「學徒兵」，參與臺灣現地的戰技防空訓練與陣地構築等工作，以達盡忠報國之目的。

---

[85] 中田博久，〈会報31号讀〉，收於臺灣總督府臺南師範學校同窓會，《南師同窓會會報》，第32號（1986年12月），頁5。1941年就讀臺中一中的陳大勳也回憶說：「幸好麥帥主張跳島戰略，登陸作戰由菲律賓跳到沖繩，臺灣避開戰亂之這一大劫，否則我們這批學徒兵到底能生存幾個人？」見陳大勳，〈第二十八期生之回憶〉，收於臺中一中校友會編，《臺中一中八十年史》，頁233。
[86] 鄭麗玲，〈林書鴻先生訪問紀錄〉，收於鄭麗玲、楊麗祝著，《臺北工業生的回憶（二）》，頁92。關於美軍未登陸臺灣之說，1943年畢業於臺北工業學校機械科的蘇明義曾說，美軍因為考量臺灣有40多萬名日本兵，且又有中央山脈的阻隔，若日軍躲入山中反抗，則美軍死傷可能高過日本，故選擇不登陸臺灣。見鄭麗玲，〈蘇明義先生訪問紀錄〉，收於鄭麗玲、楊麗祝著，《臺北工業生的回憶（一）》，頁162。

透過南師校友與在校生對二戰徵調與現地服役的追憶與書寫，除總結出南師畢（肄）業生與在校生們的戰爭經驗與共同記憶外，也可稍事歸納出幾項特色：一是南師畢（肄）業生的軍事派駐地點涵蓋日本國內，中國東北、華北、華南各地及菲律賓、澳洲與臺灣，顯見隨日軍戰場的擴大，南師畢（肄）業生亦分赴各地服役。二是無論戰地或駐守地，地理條件環境皆頗為嚴苛，無論是南師從軍校友抑或是南師在校學生，每日所進行者如挖壕溝、戰車壕、佈海防等防禦工事，皆令其感到痛苦，甚或感染瘧疾，因而想暫時拋卻軍事生活回歸自己。三是無論臺灣本島、日本國內抑或中國與東南亞各戰地，因軍隊的階級制度嚴格，對新兵訓練尤其嚴苛，尤其是關東軍，致有法學院畢業的高材生叛逃，然最終仍不免遭到死刑判決。四是為防止敵軍進攻，有南師學生報名拿地雷炸盟軍坦克的敢死隊，突顯為國犧牲性命的愚忠與赤誠。五是臺灣軍夫的境遇尤其悲慘，南師肄業生蔡崑鴻校友向日籍同學的追述，竟有食人肉之舉，且日本戰敗後如戰勝國澳洲對臺灣軍夫施予虐待，也看出臺灣人在戰時與戰後的悲慘境遇。最後是多數南師男學生的學徒兵經驗，警備防禦工作十分嚴苛辛苦，唯慶幸盟軍並未進行登島作戰，否則將有更多南師學生傷亡。

　　要之，本文透過日治時期臺南師範學校舊藏資料的分析與解讀，還原南師畢（肄）業生與在校生們在中日戰爭與太平洋戰爭時期的戰爭動員實況，透過這些校友或在校生的回溯書寫，不但看出這些學生在戰場或駐地的認知與追憶，也可看出他們對戰爭、教育與生命的反思。

殖民教育的觀察

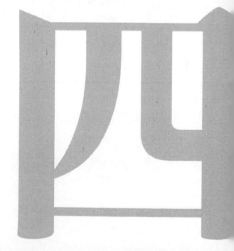

第七章｜二二八事件前大陸報刊 雜誌中的臺灣教育現場

一、前言

　　臺灣歷經五十年的日本殖民統治，各項施設仍影響至今，其中「教育」一項，出於殖產興業與日語傳布所需，日人最終採差別待遇形式，迫使臺人接受其所灌輸之國家教育體制。民國34年（1945）中日戰爭結束後，由於政權更替，原為日本敵對國的中華民國政府（以下簡稱國民政府）成為臺灣地區的實際掌權者，其對日治時期的教育評價幾乎全面以民族主義觀點，將其視之為奴化教育，一方面要求臺人儘速拋棄日本事物、廢除日文，另方面為改造臺人國家觀念，也積極灌輸臺人學習國語、國文與國史等以「再中國化」為主的黨國教育型態。

　　雖然國民政府以「去日本化」為原則，強調日本佔領時期教育的偏頗性，臺灣民眾在戰後初期確實也多心向祖國，寧可忍受各種不便，積極學習國語，卻因接收的各種問題而導致國語學習熱潮的消退。另方面，透過當時中國大陸來臺知識份子筆下的所見所聞與報導，雖然立論也多與國民政府去日本化的政策相同，但值得注意的是，當這些「境外者」在觀看此時教育現場的「實景」或「遺緒」時，常比對同時期中國大陸的教育現況，因而得出不同於國民政府一面倒式的批判立論，甚或讚揚日治時期教育

施設中，有關人力資源養成優秀、教育普及、教學設施與環境多優於同時期中國大陸之說。

　　另方面，歷來有關二二八事件發生之背景分析，除軍紀敗壞、官吏貪殘、臺人在政治上的差別待遇、通貨膨脹、社會流動管道受阻等各種因素外，臺灣在殖民地時期受日本國家體制約束而被教育規訓出的進步、整齊、秩序觀，卻與同時因受軍閥割據、中日戰爭與國共內戰不休之害的中國大陸，形成在現代知識生活習慣中的嚴重落差，此亦為要因之一。[1]

　　由於歷來研究戰後初期的臺灣教育議題，多圍繞在國語學習運動，如許雪姬〈臺灣光復初期的語文問題〉[2]、夏金英〈臺灣光復後之國語運動（1945-1987）〉[3]、李西勳〈臺灣光復初期推行國語運動情形〉[4]、陳美如〈臺灣光復後語文教育之研究〉[5]、黃英哲〈魏建功與戰後臺灣「國語」運動（1946-1948）〉[6]及蔡盛琦的〈戰後初期學國語熱潮與國語讀本〉[7]等。彼等之研究雖分就戰後國語學習運動的主導者、組織、內容、材料、問題與影響等進行討論，然就日治時期教育制度的延續、設施的留存、教育水準的表現等，卻少有研究者進行討論。或許另闢蹊徑，就戰後初期日語的使用、日語與國語學習間的折衝，甚

---

[1] 相關二二八事件發生之背景分析，可參閱行政院二二八研究小組，《二二八事件研究報告》（臺北：時報文化出版公司，1996年1月），頁3-27。

[2] 許雪姬，〈臺灣光復初期的語文問題〉，《思與言》，第29卷第4期（1991年12月），頁155-184。

[3] 夏金英，〈臺灣光復後之國語運動（1945-1987）〉，國立臺灣師範大學歷史研究所碩士論文，1995年6月。

[4] 李西勳，〈臺灣光復初期推行國語運動情形〉，《臺灣文獻》，第46卷第3期（1995年9月），頁173-208。

[5] 陳美如，〈臺灣光復後語文教育之研究〉，國立臺灣師範大學教育研究所碩士論文，1996年6月。

[6] 黃英哲，〈魏建功與戰後臺灣「國語」運動（1946-1948）〉，《臺灣文學研究學報》，第1期（2005年10月），頁79-107。

[7] 蔡盛琦，〈戰後初期學國語熱潮與國語讀本〉，《國家圖書館館刊》，第100年第2期（2011年12月），頁60-98

或日本教育制度遺緒與影響的討論，更能呈現戰後初期臺灣教育現場的實景面貌。此外，上述先行研究所使用的材料多為戰後臺灣發行的《民報》、《臺灣新生報》或商務印書館出版之《臺灣地區國語運動史料》[8]、臺灣省教育廳出版之國語推行資料彙編[9]等，較缺乏同時期中國大陸報刊雜誌報導與介紹的觀照。

為看出二二八事件前臺灣教育現場的「另種」狀況，本章主要利用中國大陸所出版的幾種報刊雜誌彙編，如福建省檔案館與廈門市檔案館合編的《閩臺關係檔案資料》，[10]洪卜仁主編的《臺灣光復前後（1943-1946）》，[11]陳銘鐘、陳興唐主編的《臺灣光復和光復後五年省情》，[12]李祖基編的《「二·二八事件」報刊資料彙編》[13]等。由於此等資料彙編多收入1944至1947年間，如《大公報》、《僑聲報》、《北方雜誌》等報刊雜誌對臺灣教育現場的實際報導內容，對解讀當時教育環境、設施與日治教育制度遺緒等議題，應有不小的幫助。此外，本章也運用國立臺灣大學總圖書館所典藏，在戰後中國大陸地區所出版的《旅行雜誌》、《改造雜誌》、《正論月刊》等，旁及於相關檔案、報刊資料與時人研究等。[14]相信透過此等材料與先行研究，分析中

---

8 張博宇編，《臺灣地區國語運動史料》（臺北：商務印書館，1974年11月）。
9 張博宇主編，《慶祝臺灣光復四十週年臺灣地區國語推行資料彙編》（臺中：臺灣省教育廳，1987年）。
10 福建省檔案館、廈門市檔案館編，《閩臺關係檔案資料》（廈門：鷺江出版社，1993年6月）。
11 洪卜仁主編，《臺灣光復前後（1943-1946）》（廈門：廈門大學出版社，2010年11月）。
12 陳銘鐘、陳興唐主編，《臺灣光復和光復後五年省情》（南京：南京出版社，1989年8月）。
13 李祖基編，《「二·二八事件」報刊資料彙編》（臺北：海峽學術出版社，2007年2月）。
14 如許毓良花費不少時間至中國大陸收集到二百餘種期刊雜誌，在其後所編整而成的《臺灣在民國》一書中，也收錄不少中國大陸知識分子對戰後臺灣的觀察。見許毓良，《臺灣在民國：1945~1949年中國大陸期刊與雜誌的臺灣報導》（臺北：前衛出版社，2018年2月）。

國大陸來臺觀察者的言說筆談與報導，應更能有效還原戰後初期的臺灣教育現場。

二、日語轉換的觀察

對於半世紀日本的殖民統治，國民政府在接收時最為關心事項之一，即是如何儘速去除日治時期的遺風遺制，使臺灣回歸到中國體制。依當時臺灣接管計畫綱要所示，國民政府在接收臺灣後，在文化目標上需加強民族意識，掃除日本支配時的奴化思想及謀求教育機會的均等，當時主政的臺灣省行政長官公署依此計畫綱要精神，一方面極力「去日本化」，一方面全力推動「再中國化」，藉此消除日治時期殖民教育的遺緒，致力臺灣教育和文化的重建。[15]為恪遵政策，臺灣省行政長官公署下轄的教育處，也特別標示以「闡揚三民主義、培養民族文化」為教育宗旨，並強調「民族精神、儒學教育、中文教育」的重要性。為達此目的而具體實施的項目則包含推行國語、改革學制、修改課程、編定教材、擴充師資等，以此揭示臺灣未來的教育目標與發展方向。[16]

雖然國民政府對於日本的殖民統治多採批判立場，並要求各界儘速「去日化」，尤其是廢除日語改用國語，臺灣民眾確實也因歡迎祖國到來而興起各種學習國語的熱潮，不僅國語補習班到處林立，國語讀本紛紛印行，連廣播電臺也進行國語教學節目的播放，[17]但因臺人歷來多以方言與日語為主，戰後初期國民政府卻以急就章方式與傳授標準北京話為目標，且因缺乏學習國

---

[15] 臺灣省文獻委員會編，《臺灣省通志稿》，第5卷第20冊，〈教育志教育行政篇〉（南投：臺灣省文獻委員會，1999年9月），頁340；莊萬壽、林淑慧，〈本土化的教育改革〉，《國家政策季刊》，第2卷第3期（2003年9月），頁34。

[16] 臺灣省行政長官公署教育處，《臺灣省教育概況》（臺北：該處，1946年），頁72-73。

[17] 蔡盛琦，〈戰後初期學國語熱潮與國語讀本〉，頁66-79。

語的參考書籍，因而產生不少學習問題。[18]時中國大陸《福建新報》筆名「心潭」之記者於民國35年（1946）來臺北採訪時，即點出臺人日語普及對國語學習不力的潛在憂慮，他在報導中說：「語言則日語的普及，更使我們怵目驚心，男女老幼臺胞不但能講一口純熟的日本話，有許多小孩子，竟連臺灣話也不會說的，這也可見他們普及日語的努力與成效了。」[19]戰後初期在臺灣大學中國文學系任教的吳守禮（1909-2005），其發表在民國35年（1946）5月《臺灣新生報》上的文章，更針對不同世代臺人的日語讀解能力做出分析，文曰：

> 臺灣的語言層可以分做三個階段。就是老年、中年、少年。老年級除了五十年來沒有機會學日本話的一部分不用提以外，智識人的話語雖然大都是臺灣話，生活語也是臺灣話。但是語彙裏已經滲入不少的日本語和語法了。中年級，除了一部分人沒有熟習日本話，大都能操日本話，看日文書寫日文，有的更因受的是日本教育，所以走思路作思想都用日本語的語法。這一層的人，有的雖然會說一口還很流利的母語，可恰因為母語已經由社會上退到家庭的一個角落，他們不得不用日語想東西。臺灣話的根幹雖然沒有搖動，枝葉的作用已經變了。少年級，這一層，不但學會了日本語言，有的簡直不會說臺灣話，實際上最難脫離日本語的一層。[20]

---

18 何容、齊鐵恨、王炬，《臺灣之國語運動》（臺北：臺灣省教育廳，1948年12月），頁52-56；許壽裳，〈臺灣省的編譯事業〉，《正論月刊》（南京），第1卷第3期（1947年1月），頁17。

19 心潭，〈臺北寄語（上）〉，《福建新報》（1946年4月28日），收於洪卜仁主編，《臺灣光復前後（1943-1946）》（廈門：廈門大學出版社，2010年11月），頁177-178。

20 吳守禮，〈臺灣人語言意識側面觀〉，《臺灣新生報》，國語專刊第1期（1946年

面對臺人日語的普及，其實國民政府在二戰末期即已知悉，時任「臺灣調查委員會」主任委員的陳儀（1883-1950）在民國33年（1944）5月致陳立夫（1900-2001）「關於臺灣收復後教育準備工作之意見函」中就已提及：「（日人）普遍地強迫以實施日語、日文教育，開日語講習所達七千餘所之多，受日語教育者幾占臺人之半數。」[21]而出身臺灣彰化，在日治時期昭和6年（1931）起移住中國大陸，在中日戰爭結束前夕擔任「臺灣調查委員會」委員的謝南光（1902-1969）也在民國33年（1944）時述說：

> 倭寇統治臺灣，第一階段在掠奪土地資源和臺灣人的產業，所以它的教育方針是培植翻譯人員。第二階段為資本剝削，故特別培養下級技術人員。現階段的目標是培植忠勇奮戰的戰鬥員，教育方針是皇民主義思想的灌輸和體力的鍛鍊，因此公學校改稱國民學校，民國三十二年起實施六年義務教育，並且同時普遍推行日語運動，決定普及日語二年計畫，立付實施，凡是20歲至25歲的壯丁必須在此兩年內學習日本，準備於民國三十四年強徵入營，在民國三十二年，這些壯丁會說日語的有60%。[22]

強迫臺人學習日語，尤其是在皇民運動時期，也幾乎是二二八事件發生前中國大陸來臺人士對日治時期臺灣語言教育政策的共通看法，如中日戰爭剛結束的是月底即來臺的福建《東南日

5月21日），版6。

[21] 陳儀，〈陳儀致陳立夫關於臺灣收復後教育準備工作之意見函——民國三十三年五月十日〉，收於秦孝儀主編，《光復臺灣之籌劃與受降接收》（臺北：中國國民黨中央委員會黨史委員會，1990年6月），頁53。

[22] 謝南光，〈太平洋戰爭下的臺灣情勢〉，《大公報》（重慶）（1944年4月17日），收於洪卜仁主編，《臺灣光復前後（1943-1946）》，頁43-44。

報》記者朱炎就曾如此分析：

> 日人又以促進臺日文化為藉口，數年來關於日語的推廣，
> 可謂不擇手段，凡是國民學校的畢業生，必須入青年夜校
> 每日補讀日文2小時，即使是40歲以上的農民，也不分男
> 女得強迫入校研讀日語直至能講日本方言為止。[23]

　　上述無論是陳儀、謝南光或是朱炎的說法，雖未必符合戰時
體制下臺灣的真實情況，唯其所要表達者，即是日語的加強訓練
與學習已是戰時日本政府對臺人的重要教育政策之一。由於日人
為有效傳遞政令與養成初級技術人員以達殖產興業之效，是以教
育本為治臺之重要手段與工具，歷經五十年之殖民統治，具有日
語讀解能力的臺人當有不小比例。透過成長於此時臺人謝南光的
說詞，也正說明臺灣青年男性人口在皇民化運動時期的日語學習
與使用比率之高。

　　民國35年（1946）來臺參訪的魯迅研究專家薛綏之（1922-
1985），在所著的〈旅臺雜記〉一文中，也曾注意到日治末期臺
灣各地的日語訓練狀況，謂臺灣總督府為強化臺灣民眾對日語
積極的學習，除各級制式教育機構外，另有設於市街招收12至25
歲未能說日語之男女青年就讀的國語講習所，及招收尚未入學
兒童及70歲以下成人之簡易國語講習所，二者皆有相當的成效。
如在昭和12年（1937）4月底時，國語講習所已設有2,197所，學
生131,739人，簡易國語講習所為1,735所，學生73,415人。[24]。至

---

[23] 朱炎，〈臺灣解放前夕：黎明以前是最黑暗的時候〉，《東南日報》（福
　　建南平）（1945年8月26日），收於洪卜仁主編，《臺灣光復前後（1943-
　　1946）》，頁57-58。
[24] 薛綏之〈旅臺雜記〉一文皆書寫為國語「傳」習所，然國語傳習所為日治初期所
　　設的初等教育機構而非社會教育機構，故實應為1929年之後各州陸續設立屬社會

於臺灣人能說日語者，在昭和7年（1932）時有1,022,371人，占總人口22.7%；到昭和11年（1936）時，已有1,641,063人，占總人口32.9%；到昭和15年（1940），已達總人口51%；昭和17年（1942）則達58%；到日本投降時，臺人通曉日語者已高達70%以上。[25]

　　至於臺籍學齡兒童的入學情況，由於臺灣總督府為拉攏民心以利對外作戰，認為在臺實施義務教育時機已趨成熟，乃於昭和14年（1939）制定「義務教育實施要綱」，於昭和18年（1943）正式實施六年制義務教育，是年6至12歲學齡兒童的就學率已爬升為65.83%（含漢人子弟就讀的公學校及原住民學童就讀的蕃童教育所）。[26]翌年（1944）更因義務教育的實施，臺籍學齡兒童就學人數超過87萬人，雖因資料不全無法得知該年度的學齡兒童就學率，但其中6歲適齡兒童的就學率則已高達95.31%，[27]可謂日治時期之最。

　　無論就社會教育或初等教育而言，隨入學與畢業人口的增多，由於日常生活所需與殖民政府的政策壓力，臺灣民眾使用日語的情況可謂已相當普及，是以在語言無法瞬時的轉換下，在二

教育性質的國語「講」習所方是。另26歲以上未受日語教育之臺人，其就讀簡易國語講習所無誤，至於幼兒則是就讀幼兒國語講習所，非一律同為簡易國語講習所。另有關講習所的數量，據藤森智子，《日本統治下台湾の「国語」普及運動—国語講習所の成立とその影響》（東京：慶應義塾大学出版會，2016年2月）一書頁56-59的統計，國語講習所在1937年應有3,454所，學生數214,865人，至於簡易國語講習則有3,852所，學生數257,278人，皆遠遠超過薛綬之所記載的數字。

[25] 薛綬之，〈旅臺雜記〉，《北方雜誌》（河北），第1卷第6期（1946年11月），頁32。

[26] 臺灣總督府文教局，《臺灣學事一覽》，昭和18年度（臺北：臺灣總督府文教局，1944年3月），頁7。

[27] 臺灣省行政長官公署統計室編印，《臺灣省五十一年來統計提要（1895-1945）》（臺北：臺灣省行政長官公署統計室，1946年12月），頁1228-1233；許佩賢，〈日治末期臺灣的教育政策：以義務教制度實施為中心〉，《臺灣史研究》，第20卷第1期（2013年3月），頁151-152；水野直樹編，《戰時期植民地統治資料》，第4卷（東京：柏書房，1998年9月），頁228。。

二八事件發生前，臺人除母語外顯然仍以日語為主，甚至還成為來臺外省人士與臺人溝通的工具，誠如上海《僑聲報》記者丁文治在民國35年（1946）來臺的觀察，他發現無論是日人、本省人，甚或是外省人皆使用日語，遂有感而發地說出：

> 目前不但本省人和日本人，本省人與本省人之間，普遍的使用日文日語，就是新近由內地派來的工作人員，因為要遷就事實上的需要，也多學會了或多或少的日語，這真是一件最滑稽不過的事實。上至機關裡公務的接觸，下至家庭內「下女」的使喚，日語都被普遍的使用著。因為事實上內地人要學臺灣話和臺灣人要學普通話，都是同樣的困難，還是應用日本語文來得便當點。[28]

　　由於戰爭時期的敵對與戰爭結束後政權的轉換，國民政府對於臺人在日治時期所使用的日語多所怨懟，因此在戰爭結束後，對臺人語言的轉換多抱有迫切之感，希望儘速傳布國語，是以多數報刊雜誌的敘述常圍繞如何在短時間內由日語轉變成國語，但實際執行或許就如丁文治所言，來臺的中國大陸人員面對實際狀況，恐怕還需要多少學會些日語才方便溝通，以求最後的改變。
　　面對殖民地時期臺人學童的高入學率與民眾識字率的提升，國民政府在接收後要如何儘速將日語變成國語，時任臺北接管委員會委員的薛人仰（1913-2006）認為除了要新設各階段的制式教育機構外，社會教育機構與公教人員也應全面強化臺人對國語的學習，他說：

---

[28] 丁文治，〈改造臺灣要根絕日本色彩〉，《僑聲報》（上海）（1946年7月3日），收於李祖基編，《「二・二八事件」報刊資料彙編》（臺北：海峽學術出版社，2007年2月），頁51。

語文為維持民族向心力之基本條件，亦為一切政治之基本
工具，倭人蓄意泯滅臺胞之民族意識，故推行日語不遺餘
力。吾人收復之後，自應針對斯弊，盡量與臺胞以複習祖
國語文之機會，所有前日語傳習所固應全改為國語傳習機
關，各社會教育機關，亦均應協助國語之推行。至公教人
員，尤宜以身為倡，造成國語環境，數年以後，語言既趨
一致。[29]

　　語言轉換很難在短時間內完成，雖然接管委員薛人仰站在
官方立場上呼籲透過社會教育與社會環境雙管齊下，但實際執行
面或許不是那麼樂觀。前述上海《僑聲報》記者丁文治在民國35
年（1946）6月至省立臺北高級中學[30]參觀時，說該校因為師資缺
乏，所以整天都在講授國語、國文、英語等幾項科目，直把學生
的頭腦都弄大了。他拉住一個學生問他國語怎樣？學生搖了搖頭
說：「太難」。丁文治再問他：「日語怎樣」？學生說：「很
好」。[31]

　　由於臺人受日本殖民統治長達半世紀，已熟悉使用日語或母
語，因此在日語轉換成國語的過渡期間內，或許宜使用其他方式
以利銜接。著名語言學家，時任臺灣省行政長官公署參議兼國語
推行委員會主任委員的魏建功（1901-1980）曾在民國35年的《臺

<hr>

29　薛人仰，〈臺灣教育之重建〉，收於陳鳴鐘、陳興唐主編，《臺灣光復和光復後
　　五年省情（上）》（南京：南京出版社，1989年8月），頁95。
30　日治時期臺北地區共有四所州立中學校，戰後改制為省立，但因日籍師生離臺與
　　師資缺乏等因素，致省立第一、二、四中學多集中於第一中學授課，即今臺北市
　　立建國中學，為日治時期供日人子弟就讀為主的第一中學校。至於第二中學則為
　　今日臺北市立成功高中，屬日治時期以臺人子弟為主的中學校。由於丁文治僅書
　　寫省立臺北中學，致較難判斷丁文治到底參觀哪一所學校，但從後文校舍宏偉，
　　學生人數千餘人來判斷，仍應為臺北第一中學。
31　丁文治，〈改造臺灣要根絕日本色彩〉，《僑聲報》（上海）（1946年7月3
　　日），收於洪卜仁主編，《臺灣光復前後（1943-1946）》，頁127。

灣新生報》上為文說：「我們有方言與標準語的對照關係存在，學習方法上應有捷徑可以走。臺灣人學習國語的入門方法是先恢復臺灣話，除了可以復原臺灣人的文化思路，也可以補救國語一時無法普及的缺陷。」[32]無獨有偶，時任臺灣省參議員的劉傳來（1899-1985）也在省參議會開會時提案：「推行國語運動非一載所能普及，鑑於目下各地實情，各級學校國語教師人數不多，如欲專用國語教授，為事實上不可能之事，可否在此過渡時期暫將臺灣語參為教育用語。」[33]另一省參議員劉兼善（1896-1980）則更針對高雄客語族群的學生，提出該校學校教員用閩南語講授國語，造成學生學習之困難與痛苦，建請省政府教育處謀求解決之道。[34]

　　要之，語文轉換非一蹴可幾，魏建功曾說：「我對於臺灣人學習國語的問題，認為不是一個單純語文訓練，卻已牽連到文化和思路的問題。因此很懇摯而坦白的提倡臺灣人要自己發揮出自己方言的應用力量。」[35]相對於部分政府官員的高談闊論，不知變通，實際溝通的人群、語言學者與省參議員反倒認為國語再造宜採用漸進方式，應先使用母語（即閩南語、客語等）一段時間再轉換成國語，或可謂務實之見。

---

[32] 魏建功，〈臺語即是國語的一種〉，《臺灣新生報》，第5期（1946年6月25日）；黃英哲，〈魏建功與戰後臺湾國語運動（1946-1948）〉，《臺灣文學研究學報》，第1期（2005年10月），頁99。

[33] 劉傳來，〈擬將臺灣語暫併用作教育用語案〉，「臺灣省參議會第一屆第一次大會教育類提案質詢」，臺灣省議會史料總庫，典藏號：001-01-01〇A-00-5-3-0-00293，1946年5月，頁116，點閱日期：2021年4月16日。

[34] 劉兼善，「臺灣省參議會第一屆第一次大會定期大會教育類提案質詢」，臺灣省議會史料總庫，典藏號：001-01-01〇A-00-6-6-0-00379，1946年5月，點閱日期：2021年2月16日。

[35] 魏建功，〈何以要提倡從臺灣話學習國語〉，《臺灣新生報》，第3期（1946年5月28日）。

三、學校教育的評價

　　相對於日語要求儘速消滅，國民政府在接收臺灣時，發現各種教育機構不但數量多且設施完善，因而力求延續與擴大發展，並未像同屬殖民地的朝鮮在戰爭結束後以消除日本佔據時的陰影為職志。前述福建省政府主席之後接任臺灣省行政長官的陳儀在民國33年（1944）致陳立夫有關臺灣收復後教育準備工作之意見函中，除提到臺人日語能力的普及外，還提到臺灣教育設施的發達，述說臺灣：「各類型教育機構計有研究所五（臺灣經濟事業得力於研究工作不少），文、法、理、工、農、醫具滿的大學一，農、工、商、醫專科學校四，高等學校一，男女中學三，師範學校四，職業學校十四，職業補習學校六三，小學校九五九，特種學校□□（如盲啞學校等）、私立學校十七。臺灣人口只六百餘萬，而有這樣多的學校，是他省所不及的」[36]。其實陳儀的這份意見函，在臺灣各級教育機構的數量上可謂有明顯的失真，據臺灣總督府文教局在昭和18年（1943）所出版的《臺灣學事一覽》，當年度光國民學校就有1,074所，這還不包括師範學校3所、臨時教員養成所1所、中學校21所、高等女學校22所、農業學校8所、水產學校1所、工業學校6所、商業學校8所、各類型實業補習學校所86所、高等學校1所、專門學校4所、大學預科1所、大學1所、盲啞學校2所及其他各種學校9所，總計共有1,248所。[37]雖然這些數量與學生的需求仍有一段距離，但日治時期臺灣各級教育機構的數量，確實是同時期中國大陸各省之最。

---

[36] 陳儀，〈陳儀致陳立夫關於臺灣收復後教育準備工作之意見函—民國三十三年五月十日〉，收於秦孝儀主編，《光復臺灣之籌劃與受降接收》，頁53-54。

[37] 臺灣總督府文教局，《臺灣學事一覽》，昭和18年度（臺北：臺灣總督府文教局，1944年3月），頁1。

時任臺北接管委員會委員的薛人仰，也曾提及日人在臺施教用意雖惡，但自數量觀之，臺胞受教育之機會實為相當普遍，學齡兒童入學之百分比，亦足與歐美相抗衡。而臺灣教育經費，據昭和8年（1933）統計已達16,723,046元，在歲出總額中所占的百分比已在普通行政費之上。[38]另如李夢南在民國34年（1945）10月發表於上海《平論半月刊》的一篇名為〈我們的臺灣〉的文章，也述說臺灣的教育發達，總計小學1,000所，男子中學19所，女子中學19所，師範學校6所，實業學校6所，專門學校4所，大學1所。雖然這都是日本帝國主義者實施文化侵略的重要機關，但數目不算少。[39]

　　重慶《大公報》記者鴻增於民國34年（1945）10月來臺採訪時，也報導說臺灣人口僅600萬，但初小有1,029所，學生有797,503人，教職員13,182人，公私立男女中學40餘所，有學生近3萬人，實業學校、農工商學校共21所，有學生萬餘人。此外，尚有師範學校及其他專門或特種學校。專科教育比較不足稱道，但是唯一的大學，臺灣大學卻可和世界上第一流的大學相比。[40]福建《中央日報》記者，化名為「暮時」者，於民國35年（1946）至臺北參觀後曾撰有〈臺北來鴻〉一文，也述說臺北這個區域的教育水平很高，曾有數百個學校單位。[41]上海《文匯報》化名「索公」的記者，在同年來臺時的記述也說：「臺北的學校林立，校舍都很壯，學生都很多，據說現在的臺灣已經找不見一個

---

39 李夢南，〈我們的臺灣（下）〉，《平論半月刊》（上海），第3期（1945年10月），頁11-12。
40 鴻增，〈臺灣印象〉，《大公報》（重慶）（1945年10月14日），收於洪卜仁主編，《臺灣光復前後（1943-1946）》，頁70。
41 暮時，〈臺北來鴻〉，《中央日報》（福建）（1946年4月29日），收於李祖基編，《「二‧二八事件」報刊資料彙編》（臺北：海峽學術出版社，2007年2月），頁8。

文盲，教育程度遠在海內諸省之上。」[42]同年10月，教育部所派遣的督學王培仁（1900-1970）與孫夏棠來臺視察後所提交的報告，也謂臺灣兒童就學率已達82.75%，且一致認為臺灣學生簡樸有禮貌，各級學校校舍比中國大陸內地為佳。[43]

上述對臺灣教育狀況與設施的說明，雖然數量不全然一致，但多指出日治時期臺灣教育機構數量多、水平高，就層級而言，已涵蓋初、中、高等教育；論類別而言，則女子教育、職業教育、特殊教育兼具，教育經費的支出也超過一般行政費用，相較於同時期各亞洲地區而言，臺灣的教育設施水平可謂已有高度發展。二二八事件前來臺的中國大陸人士，就其所見所聞，認為日治時期所遺留下的教育設施優於中國大陸各省甚多，不僅是學校數量，即便是教學設備環境亦大為超前，如民國35年（1946）5月江西南昌《中國新報》某名記者來臺後隨即為文報導說：

> 由於日本人曾在臺灣設立小學1099所，中學75所，專門學校5所，臺北帝國大學1所（現在已經改為國立臺灣大學）。此外，如圖書館、博物館、運動場、青年訓練所等文教機關，都有壯麗宏敞的建築與設備。[44]

無獨有偶，於民國34年（1945）10月來臺的重慶《大公報》記者鴻增，在報導的〈臺灣印象〉一文中，也描繪出臺灣的一般教育已較中國大陸各省發達，文曰：

---

[42] 索公，〈臺灣行：臺北一瞥〉，《文匯報》（上海）（1946年2月9日），收於洪卜仁主編，《臺灣光復前後（1943-1946）》，頁172。

[43] 本社，〈一月來教育動態（自35年9月15日至10月15日）：臺灣教育一斑〉，《改造雜誌》（上海），創刊號（1946年11月12日），頁100-101。

[44] 〈重回祖國的臺灣 還有很深的日本毒素 必須從速做妥善調治〉，《中國新報》（南昌）（1946年5月27日），收於洪卜仁主編，《臺灣光復前後（1943-1946）》，頁124。

記者在臺灣碰到的人，連侍役和攤販，沒有一個不會寫字的。在很短的時間內，我去參觀了臺北市的國民學校、中學、女子高等學校、工業學校和臺灣（按：臺北）帝國大學。各級學校規模之宏，設備之佳，使我獲得了深刻的印象，隨行的一個臺胞青年頻頻的問我：「國內的學校和這個比起來怎樣？」我不能作答，怎好拿國內的簡陋的設備去比較，臺北一市立國民學校龐然一座巨廈，有學生三千，臺北帝大的漂亮樓房有百餘棟，單地質系的圖書館就較戰時後方的大學藏書多，臺北市立工業學校可以修飛機，記者參觀時，那裡還放著無數待修的引擎。[45]

面對臺灣的教育設施，中國大陸來臺記者面對臺籍青年的詢問幾乎無言以對，欣羨之情溢於言表。事實上，日人為殖產興業所需，加以同時期未有如中國大陸的戰亂，臺灣各級教育機構的軟硬體設施確實多有可觀，臺灣省行政長官公署於民國35年（1946）10月中旬邀請中國大陸「京滬平昆記者團」至臺灣各地參觀時，也曾安排一些教育機構做為示範標的。如在初等教育機構方面，此行記者團之一的上海《大公報》記者高集（1920-2003），就曾報導在臺中市政府的安排下，他們參觀臺中大同國民學校（按：原為日治時期的臺中小學校），對其印象十分深刻：

這個國民學校所佔的建築是兩層樓的西式洋房，樓上下各有十幾個教室。僅在走廊中走馬觀花的望了一番，沒有駐足，上樓下樓之間費去了20分鐘，其建築和規模略似記者舊時在天津就讀的扶輪中學，而扶輪校舍的壯麗在各中學

---

[45] 鴻增，〈臺灣印象〉，《大公報》（重慶）（1945年10月14日），收於洪卜仁主編，《臺灣光復前後（1943-1946）》，頁70。

中數得上前三名的。教室樓的後面是一大片運動場，六百多小學生正在作早操，四周是樹木草地。運動場的右邊有兩個游泳池，各長25米，寬15米。這種設備恐怕是內地任何中學所沒有的。因為時間緊促，僅如此草草參觀了一番，大家都覺得規模確實不小，但隨行的長官公署的張延哲處長說：「這不算什麼，比這個漂亮，規模大的還有的是。」[46]

此一參訪據高集所言，乃是記者團至臺中參觀他處時，接待的臺中市政府刻意安排的參觀標的，有趣的是，在高度強調去日本化的接收初期，臺中市政府官員竟讓記者團參觀原是專供日人子弟就讀的小學校，由於日人在殖民教育政策中強調差別待遇，是以小學校在師資、設備、環境各方面均優於以臺人子弟就讀為主的公學校，以較好的施設作為誇耀地方政府施政優越的表徵或許可以想像，唯耐人尋味的是，隨行的臺灣省行政長官公署財政處處長張延哲竟向記者團說：「這不算什麼，比這個漂亮，規模大的還有的是。」可以想見，此時全臺教育機構已有一定的建築規模與水平。

再就中等教育設施而言，比高集等記者團早四個月赴臺的上海《僑聲報》記者丁文治，在省立臺北中學參觀時，就發現該校校舍規模宏大，學生有千餘人，內部圖書儀器設備完善，誇稱就是大陸內地也是少見的。[47]雖然丁文治所報導的標題還是要根絕日本色彩，但對殖民地時期的中學教育設施仍寫出務實的看法。至於記者團的高集，在民國35年（1946）10月要由彰化搭火車轉

---

[46] 高集，〈臺灣的教育──臺灣參觀紀行之四〉，《大公報》（上海）（1946年11月7日），收於洪卜仁主編，《臺灣光復前後（1943-1946）》，頁204。

[47] 丁文治，〈改造臺灣要根絕日本色彩〉，《僑聲報》（上海）（1946年7月3日），收於洪卜仁主編，《臺灣光復前後（1943-1946）》，頁127。

往臺南時，偕同上海《新聞報》總經理詹文滸（1905-1973）與《申報》總經理陳訓畬（1907-1972），特地趁等車空檔跑去不在行程安排內的女子中學（即彰化女中）「偷偷」參觀，繼而為文報導說：

> 臺灣省立中等學校共39校，其中普通中學20所，女子中學19所，男女教育機會平等，從這個數字上得到很好的證明。……中等教育，一般的說，也較內地為普及。除省立中學外，各縣市有縣市立中學、私立中學。據臺南縣長的報告，臺南一縣縣立中學就有15所，學生8000多人。而七八萬人口的彰化市，省立中學校有6所之多（包括職業、師範學校在內）。記者團在彰化搭火車去臺南，記者與《新聞報》總經理詹文滸、《申報》總經理陳訓畬，偷空到市內參觀了一所女子中學。校內正在上課，沒有敢打擾學校當局，我們溜進去偷看了一番，就溜了出來。學校的環境簡直是個公園，花草扶疏，清幽雅潔。[48]

雖然高集等人因為時間不足，只略為觀看彰化女中的校園狀況，但大致已描繪出該校的校園環境氛圍。

另就職業學校而言，高集自述他曾經參觀過臺中的農業專科學校（今國立中興大學）和臺南的工業專科學校（今國立成功大學），稱述二校設備之齊全與規模之大，為大陸內地任何大學農工學院所望之莫及。高集說他在農專看得很匆促，但工專就看得比較仔細，該工專共分六個學系，每系各年級都有五、六個實驗室，每個實驗室都幾乎是一個小工廠，單機械系一個實驗室，工

---

[48] 高集，〈臺灣的教育——臺灣參觀紀行之四〉，《大公報》（上海）（1946年11月7日），收於洪卜仁主編，《臺灣光復前後（1943-1946）》，頁204-205。

作母機就有三十多部；而電機系的直流發電實驗室中，還各有三十幾部的發電機與電動機。此外，據估計，放在電機系水電實驗室裡頭的設備，價值還超過法幣8,000萬元，高集最後因而讚嘆說，這真是一個培養工業人才的理想地方。[49]

早高集一年來臺的中國大陸內地各省記者團中，有位上海《大公報》副經理費彝民（1908-1988）自述曾在民國34年（1945）11月19、20日，在臺南參觀中等學校與職業學校，並撰有一篇〈臺灣周行〉的報導，該報導也說：

> （一）臺南第二中學。（二）臺南高等工業專修學校。
> （三）臺南工業專修學校，職業學校性質。（四）臺南女
> 中。……其中高工最值珍視，內分機械、電機、電腦、土
> 木、化工、建築六科，學生600名，臺籍僅佔兩成。教授
> 30位，臺籍6人。此校環境幽靜，設備甚齊，機械電機兩
> 種尤佳。全校現切盼當局派員接受，以便迅速修復空襲破
> 壞部份，並調整學校行政。[50]

另就師範教育而言，曾擔任省立臺北師範學校（今國立臺北教育大學）教師的廖進來曾舉該校為例，謂光復初期該校的教育方式全採軍事管理，學生們都是理光頭，沒有人留西裝頭。圖書館是該校的菁華，館藏2萬餘冊書籍，絕大部分都是日文，不過新購得中文教育與文學圖書有3、4千冊。臺灣的學校中校舍保存最好，應該就是該校，因為戰爭中沒有受到轟炸。[51]

---

[49] 高集，〈臺灣的教育——臺灣參觀紀行之四〉，《大公報》（上海）（1946年11月7日），收於洪卜仁主編，《臺灣光復前後（1943-1946）》，頁205。

[50] 費彝民，〈臺灣周行〉，《大公報》（重慶）（1945年12月5日），收於洪卜仁主編，《臺灣光復前後（1943-1946）》，頁146。

[51] 廖進來，〈臺北師範訪問記〉，《新學生月刊》（上海），第3卷第6期（1947年

綜上所述，從高集、費彝民、廖進來分就臺中大同國民學校、臺北高級中學、彰化女中、臺中農專、臺南工專與臺北師範學校的描繪中，大致可以得知二二八事件發生前臺灣各級教育設施的梗概，除戰爭受空襲破壞毀損的部分校舍與設施外，大致而言，殖民地時期所興建完成的各級學校，在國民政府接收前所呈現的圖像，仍是校舍壯麗宏偉、校園美麗幽靜、儀器設備充足、圖書典藏豐富、學術專業細緻之特質。

四、文明水平的記述

在民國36年（1947）二二八事件發生前來臺的中國大陸人士，除目睹臺灣日語普及與教學機構設施優良外，對當時整體臺灣民眾的教育水平與文明亦多加讚賞，甚至認為是同時期中國大陸各省需要積極學習的對象。如福建《中央日報》記者盧冠群在民國35年（1946）元月的報導中就指出：「臺灣教育普及，文盲甚少。臺灣工業業已高度發展，水電供應無缺，交通尤稱便利，可謂技術和物質的條件都很具備」。[52]同年7月，筆名為「予風」的特約記者，在上海發行的《旅行雜誌》中，也就其在臺北市的觀察，指出臺北市是個完全的現代化都市，有寬廣的馬路還有夾道成蔭的棕櫚，即便號稱天堂的蘇州、杭州等地，也比不上有健全圖書館、博物館與大學的臺北市。[53]

教育普及與近代化設施的完善，確實是許多大陸來臺人士眼

10月），頁100-102。轉引自許毓良，《臺灣在民國：1945~1949年中國大陸期刊與雜誌的臺灣報導》（臺北：前衛出版社，2018年2月），頁91。

[52] 盧冠群，〈臺灣近情：1月26日在福建廣播電臺講〉，《中央日報》（福建）（1946年1月27-28日），收於洪卜仁主編，《臺灣光復前後（1943-1946）》，頁153。

[53] 予風，〈夾道濃蔭中游賞台北市〉，《旅行雜誌》（上海），第20卷第7期（1946年7月），頁43-45。

中所看到的實景，因此在為文報導或撰述時，也常可看到他們貼近臺灣教育現場後所呈現臺人高度文明水平的書寫。許毓良對民國34至38年（1945-1949）中國大陸所發行的二百餘種期刊雜誌，計1,479篇涉臺報導所進行的分析統計中，也證明戰後初期絕大部分外省人士皆稱讚日本對臺灣的建設，亦稱讚臺灣是一個進步的地方，[54]由此可見一斑。

首就教育的普及與完善而言，前述民國35年（1946）10月來臺參觀的「京滬平昆記者團」成員之一的上海《大公報》記者高集，就曾書寫過臺灣教育現場的現況，謂：

> 國民教育的普及掃除了文盲。據臺灣省行政長官公署的統計，全省受過國民教育的人口平均達80%以上，高山族的比率尤高，達91%。記者試問過女侍應生、小販、汽車司機、洋車夫的教育程度，幾乎人人都是國民學校畢業。國民學校就是內地的完全小學。600萬人口的臺灣，共有1,112所國民小學，本年度第二學期的入學兒童共1,005,234人，佔全省人口的六分之一。據臺南縣縣長的報告，全縣本學期的學齡兒童共21萬餘人，入學的有19餘萬。從這兩個數字考察，全省國民教育人口占80%以上的統計，並不虛假。[55]

同一記者團成員，時在南京負責中國國民黨黨部《中央週刊》編務的劉光炎（1904-1983），[56]在參訪途中除對臺灣民眾的

[54] 許毓良，《臺灣在民國：1945~1949年中國大陸期刊與雜誌的臺灣報導》，頁315。
[55] 高集，〈臺灣的教育──臺灣參觀紀行之四〉，《大公報》（上海）（1946年11月7日），收於洪卜仁主編，《臺灣光復前後（1943-1946）》，頁204。
[56] 有關劉光炎的生平介紹，可參閱陶恒生，〈椰風蕉語話南洋：新聞界老兵劉光炎〉，《傳記文學》，第76卷第5期（2000年5月），頁115-116。

勤奮大加讚許外，至臺北新公園博物館（今國立臺灣博物館）參觀時，看見正在參觀的小孩都很守秩序，也說出證明臺灣教育程度是「普遍而週至」的文辭。[57]民國36（1947）二二八事件爆發前兩周，上海的《改造雜誌》也刊出民國35年（1946）10月訪臺，時任上海中華基督教教育協會中學教育幹事檀仁梅（1908-1993）[58]所寫的文章，指出臺人在日治時期受高等教育的機會限制嚴格，中等教育階段對臺人也有明顯歧視，但整體而言，日治時期臺人的教育普及率非常高，以昭和18年（1943）為例，竟高達71.3%，反觀中國大陸明顯低落，認為若不急起直追，則一個沒有普遍受教育的國民，在二十世紀是不配來談建國的。[59]至於在民國35年（1946）11月南京所出刊的《婦女月刊》中，更特別針對日治時期臺灣女性受教育的狀況加以報導，文中指出當時臺灣女性在小學部分接受同男子一樣的義務教育，若要升學，大多進入高等女子學校，相當於中國大陸的初級中學，由於約有60%的女性接受過新式教育，所以不論女店員、女招待生都能看懂日文報紙與雜誌。[60]

重慶《大公報》的社論也曾經提到：「久違半世紀，臺胞智識已極進步，計至1939年先後留學日本者約20萬人，學業於日本大學及專門學校者逾5萬。1941年統計國民學校（公學及小學）計有1033間，學生723,072名。國民教育普及，受高等教育的人數也甚多。」[61]至於民國35年（1946）來臺參訪的上海《僑聲報》

---

57 劉光炎，〈臺灣歸來（一）〉，《中央週刊》（南京），第8卷第43期（1946年11月7日），頁15。
58 徐友春主編，《民國人物大辭典》，下冊（河北：河北人民出版社，2007年1月），頁2649。
59 檀仁梅，〈從數字看臺灣的教育〉，《改造雜誌》（上海），第3期（1947年2月15日），頁26-27。
60 寒柏，〈漫談臺灣婦女〉，《婦女月刊》（南京），復刊號第5卷第1期（1946年11月），頁20-21。
61 不作著人，〈社評：炸臺灣 念臺灣〉，《大公報》（重慶）（1944年10月8

記者丁文治更報導說：「根據臺灣省教育處的統計，臺灣全省六百五十萬口中，有99%以上的人都是受過教育的，文盲可以說是絕無僅有。」[62]

　　除臺人知識水平的提升外，臺灣整體學術研究的表現也受到不少中國大陸來臺人士的注意，如戰後初期擔任國立臺灣編譯館館長的許壽裳（1883-1948），在民國35年（1946）9月對臺灣省地方行政幹部訓練團團員的精神講話時就曾提到：

> 臺灣有研究學術的風氣，可以說是日人的示範作用，也可
> 說是日人的功績。日本雖然是侵略國家，但他們的學術我
> 們需要保留，需要全國學者繼續研究，把它發揚光大，作
> 為我們建國之用。日人對臺灣的研究很多，他們的著作也
> 很豐富。……他們對臺灣的研究如：地形、植物、氣象、
> 礦產以及人文各科等等都有分門別類的研究，很有成績，
> 如植物一門，就有三十多種書籍，關於動物的研究著作也
> 很多，如過去發生鼠疫即有跳蚤、老鼠等研究專書出版。
> 這不但是我國各省所沒有，就是世界各國也很少有。這
> 種寶貴的材料，我們不能不注意而忽略了。而且要好好保
> 存、繼續發展。[63]

　　民國35年（1946）初來臺考察的著名植物學家蔣英（1898-1982），更特別以植物學研究為例，向國民政府指出日本著名

日），收於洪卜仁主編，《臺灣光復前後（1943-1946）》，頁38-39。
[62] 丁文治，〈感慨說臺灣〉，《僑聲報》（上海）（1946年5月26日），收於李祖基編，《「二‧二八事件」報刊資料彙編》，頁23。
[63] 許壽裳，〈臺灣文化的過去與未來的展望—九月五日對本團全體學員精神講話〉，收於黃英哲編，《許壽裳臺灣時代文集》（臺北：國立臺灣大學出版中心，2010年11月），202-203。

的植物學家正宗嚴敬（1899-1993）已經替臺灣原生植物分類成4,837種，12亞種，369變種，堪稱完整。此外，日治時期臺灣總督府還引進許多外國植物，尤其是國防與經濟作物，因而籲請中央政府趕快把握時機，將這些臺灣的物種引進至中國內地試種。[64]

　　除整體知識教育水平的提升與學術研究的精緻充實外，[65]由於近代化設施觀念的引進與施行，加以法制秩序的規訓與遵守，臺灣民眾多養成重禮節、守秩序、愛整潔的觀念，這也是教育結果的直接顯現與成效。畢業於廣州中山大學農學系，曾任梅州中學教員的楊奎章（1921-2009），在民國35年（1946）時曾來臺近四個月，在同年11月刊登於上海《大公報》，名為〈念祖國 看臺灣〉的一篇文章中就說：「臺灣同胞到現在依然景（敬）慕日人的廉潔守法及高度的政治效能。在日人強力政治的薰染下，臺胞或許有少些過度服從的傾向，但是他們的奉公守法，坦誠直率，自愛自重的精神，實在遠較國內人民為強。」[66]無獨有偶，上海《文匯報》記者杜振亞，也曾以〈臺灣行〉為名，報導民國34年（1945）底他在臺灣的實際參觀經驗，該報導說他在基隆時，看見民眾在火車站內買票，很自然地依著先後的次序，這種守法的精神是很值得效法的。在臺北時則述說最驚奇訝異的是全臺灣沒有一個乞丐，中國大陸各省社會救濟機關應該前來看看。還有，在馬路上沒看到警察，連交通也是行人和行車自己管制，

---

[64] 蔣英，〈學術通訊─考察台灣植物之簡報〉，《科學》（上海），第29卷第11期（1947年11月），頁344-345。

[65] 新近歐素瑛的研究也以臺北帝國大學為例，指出在該校多名講座教授的研究下，舉凡昆蟲學、動物學、稻作學、氣象學、海洋觀測與製糖化學等，皆有相當傑出的表現，具開創性與啓發性，且對戰後臺灣相關學科研究奠定基礎。見歐素瑛，《臺北帝國大學與近代臺灣學術的奠定》（臺北：國立臺灣師範大學出版中心，2020年2月）。

[66] 楊奎章，〈念祖國 看臺灣〉，《大公報》（上海）（1946年11月17日），收於洪卜仁主編，《臺灣光復前後（1943-1946）》，頁207。

街道十分潔淨、愛好清潔與奉公守法已經成為臺灣民眾自然的習慣。所以臺灣有一句諺語叫做「馬路平、自來水清、電燈明、電話靈」，這是多美的境界呵！[67]

除了北部的基隆、臺北，南部也不遑多讓，前述上海大公報社副經理費彝民在〈臺南印象〉一文中，也曾報導他在民國34年（1945）底於嘉義參觀時的所見所聞，文曰：

> 記者在嘉義所得印象，覺得民眾雖因空襲遭受慘烈損害，畫夕處於水深火熱之中，然愛國熱誠之高，自治能力之強，仍為記者所游諸地之冠。其自警團組織之嚴密，紀律之佳良，尤在各地類似團體之上。以劫後破碎之地方，而能在軍警未到，接收人員未到之前，保持如斯良好之秩序，發揮如斯熱烈之愛國情緒，令人可嘆，臺胞本身確具無上之組織能力，與守法精神。[68]

再就臺灣整體社會生活環境的改善，亦有中國大陸來臺記者發聲，前述上海《大公報》記者高集在民國35年（1946）時的觀察與報導中就曾提及：

> 在臺灣每一個城市都有公園、圖書館、動植物園之類的天地，是中小學生的世界，同時每一所小學、中學校址都很寬闊，花木扶疏，兒童學習嬉戲其間，有足夠的環境。因為臺灣是一個和平、安定、正常的社會，才有這一幅景象。內地正被戰亂狂瀾翻騰的天昏地暗，兒童生活環境與

---

[67] 杜振亞，〈臺北一周〉，《文匯報》（上海）（1946年1月5日），收於洪卜仁主編，《臺灣光復前後（1943-1946）》，頁150-152。

[68] 費彝民，〈臺南印象〉，《大公報》（重慶）（1945年12月5日），收於洪卜仁主編，《臺灣光復前後（1943-1946）》，頁144-145。

臺灣相較，顯得十分陰暗了。不僅是環境好，臺灣的教育
也比較內地上軌道，有朝氣。[69]

　　教育確實是提升國力的重要指標之一，也是改善個人與社會
生活環境的有效工具之一，唯就長期處於軍閥混戰，接著又爆發
國共內戰與中日戰爭的中國大陸而言，其教育施設卻因戰火蜂起
而難以有效發展。上海《大公報》記者蕭乾（1910-1999）從民
國36年（1947）1月起至臺灣各地參訪，在全島視察後也曾先後
論述其感想，謂：

　　　　大陸中國在現代化上離臺灣至少落後了半世紀。我們一面
　　　　應趕上臺灣，不使它永遠是中國版域上的綠洲，一面治臺
　　　　灣得先盡力保持住日本人的建設，工廠得早些冒烟，教育
　　　　得恢復舊日的免費強迫。[70]

　　　　臺灣是中國國力一個尖銳的測驗，工業可以怪轟炸，怪颱
　　　　風，教育這一課題，卻少遁詞。而在這上頭，我們已落了
　　　　第。日人維持了半世紀，做為臺灣進步骨幹的強迫教育，
　　　　光復後便被廢止了。說是暫時廢止，然而，這一級的學童
　　　　就成為了犧牲。但師資缺乏的中國，這裡找得出一萬八千
　　　　位的小學教師？民眾圖書館被接收了。當然，總理、主席
　　　　的像都高高掛起，但櫃子裡排立的還是宣揚共榮圈的昭和
　　　　兒童文庫，即使把全國各書店印的兒童書再搭上充滿了封
　　　　建毒素的小人書全搬去，怕也填不滿那些日人為小國民編

---

[69] 高集，〈臺灣的教育─臺灣參觀紀行之四〉，《大公報》（上海）（1946年11月
　　7日），收於洪卜仁主編，《臺灣光復前後（1943-1946）》，頁203。
[70] 蕭乾，〈冷眼看臺灣〉，收於氏著，《人生採訪》（臺北：聯經出版事業公司，
　　1990年9月），頁260。

繪的龐大文庫：安徒生、葛林姆，薄霧，歷史，精美有趣
的叢書。連兒童掛圖全沒有。祖國能帶給臺灣的是什麼？
論市政，日人治下的臺灣可為全亞洲做模範。論工業，臺
灣遠走在內地的前面。[71]

　　透過上述蕭乾語重心長的觀察與看法，一方面除可知悉中日
戰爭結束後中國大陸義務教育未能實現、師資缺乏、圖書不足等
各種教育窘境，另方面似也窺出在戰爭結束百廢待舉的情況下，
為建設發展臺灣，仍需務實地先借用殖民地時期的設施與成果。

五、結語

　　雖然臺灣在明治28年（1895）後淪為日本殖民地，且日本政
府嚴守差別待遇的教育策略，但因殖產興業所需，在「同化」與
「近代化」雙軌教育制度的推展下，日治臺灣民眾整體的教育水
平相較於同時期的亞洲世界可謂已居於領先地位，然同時期的中
國大陸卻因革命運動、軍閥混戰、國共內戰與中日戰爭等問題，
致教育設施難以全面發展。民國34年（1945）國民政府接收臺灣
後，面對日本殖民統治達半世紀的臺灣，雖標榜儘速「中國化」
與「除日化」，然就教育課題而言卻無法如其所願，在短期內即
能窺其成效。
　　透過二二八事件發生前中國大陸各報刊雜誌對臺的記述，無
論是記者報導抑或是知識份子為文，雖多遵循國民政府政策，批
判日治時期的日語教育、差別待遇與奴化政策，唯實地親臨臺灣
教育現場後，卻也發現臺人日語普及、守秩序、重法紀、教育水

---

[71] 蕭乾，〈冷眼看臺灣（下）：建設新的臺灣是高調，先保持好根基方是正經〉，
《大公報》（天津）（1947年1月15日），版3。

平高、各級學校設施完備、近代文明設施佳等，對殖民地時期所遺留下的教育設施與臺人表現仍多讚譽，是以就教育此一項目視之，恐無法單從民族主義此一角度來認定判準。

另就日語轉換成國語而言，雖然各項報導多批判日人在皇民化時期強迫臺人學習日語，致具備日語讀解能力者之比率增高，然語言學習無法一蹴可幾，是以臺灣省行政長官公署遵循政府政策，一再要求臺民應儘速棄絕日語而學習國語時，語言學者魏建功卻認為應先從母語慢慢轉化，不應一味禁絕日語。至於來臺參訪的中國大陸記者，如丁文治等更發現，雖然政府政策以儘速施行國語化為原則，但實際的狀況卻是：「非僅臺人與臺人間、日人與臺人間使用日語，不少大陸來臺人士為公務之需也開始學習日語」。

再就教育設施而言，無論是初等、中等、高等、職業教育抑或是女子教育機構，二二八事件前中國大陸來臺記者所看到的都是校園環境幽美、校舍壯麗宏偉、儀器設備充足、圖書典藏豐富、學術專業細緻等正面評價。有趣的是，透過中國大陸來臺記者的實地參訪，還可看出國民政府甚或地方政府對日治時期教育「遺緒」或「遺毒」的雙重判定標準，即便多所非議殖民地時期的奴化教育、差別待遇與皇民措施，但在實際引領中國大陸記者團參觀時，卻以原日人子弟就讀的小學校為參觀標的。另方面，大陸來臺記者雖多遵循臺灣省行政長官公署或地方政府安排，參觀既定教育機構，然或許對於官方既定行程的安排不甚滿意，為求更貼近真實教育現場，也有記者會特地察看不在行程內的教育機構或現場。

要之，日本殖民統治下的臺灣整體教育發展到底呈現何種面貌？透過成長經驗、統計數字、教育素材與學校建築的留存，雖可讓臺人知悉過往曾有過的景緻，但就甚少接觸甚或未曾接觸過

殖民地時期臺灣教育現場的中國大陸記者與知識份子而言，當他們在中日戰爭結束後首度來臺參觀時，其目睹實際狀況而回應在他們筆下的報導或為文，或許也可以讓我們得到另一種「日治遺緒」下的臺灣教育現場。

第八章 | 戰後桃園各地志書對日治時期初等教育的書寫分析

一、前言

　　相較於國史的廣袤，方志雖小卻也記錄一地一區的沿革風貌，可謂區域性的百科全書，亦可為國史纂修之基礎。戰後臺灣方志的內容，即便是最基層的鄉鎮市志，也多能涵蓋開闢、地理、政事、經濟、社會、教育、交通、勝蹟、宗教、藝文、人物等課題，除具有保存史料、彰顯先人遺德與淑世之價值外，最重要者即是提供一地歷史發展的資訊與軌跡，使人們得以緬懷過往、了解該地變遷甚或在進行區域研究時獲得更細緻的材料來源。

　　日治時期日人為殖產興業、宣傳政令與增進臺人對日語使用的精熟，曾在全臺各地創設不少初等教育機構以推行同化與近代化教育，在臺灣教育發展史上可謂具有一定影響力。由於日本對臺統治長達半世紀，現代臺灣初等教育的雛形亦建構於當時，在昭和20年（1945）第二次世界大戰結束後，歷經新政權中華民國政府的替換，臺灣各地志書在編修該段歷史時，如何描繪所在地曾接受殖民統治時期的初等教育發展樣貌，實值得高度關注。

　　為瞭解戰後臺灣各地方志書對日治時期初等教育的描繪，本章以民國103年（2014）底方改制為直轄市的桃園市為主，以

其下轄之十三個區（即桃園區、中壢區、平鎮區、八德區，大溪區、楊梅區、蘆竹區、龜山區、龍潭區、新屋區、大園區、觀音區與復興區）為例，利用已出版之多種地方志，整理其對日治時期初等教育的記錄，分析各方志撰寫的差異與筆法，並略抒心得感懷與勘誤，期能瞭解各地志書撰述編修的側重與不足之處，並做為爾後各地志書在纂修此等課題時之參考。

　　另需說明的是，由於桃園縣已於民國103年12月25日升格改制為桃園市，原下轄之十三個鄉鎮市皆改制為區，在此前出版刊行之方志多以縣鄉鎮市志為名，唯討論者仍是桃園地區，故本章在書寫時仍採用舊有行政區名與方志名。

二、行政區劃與志書編纂

　　今桃園市位於東經121度18分，北緯24度59分，土地面積1,220.95平方公里，[1]截至民國110年（2021）7月底的戶口數為855,293戶，人口數為2,272,459人，僅次於新北市、臺中市、高雄市與臺北市，為全臺第五大直轄市（詳下表8-1）。

表8-1　民國110年7月底臺灣戶口統計速報表

區域別	戶數	人口數		
		男	女	合計
臺灣省	2,559,306	3,566,881	3,450,663	7,017,514
新北市	1,614,182	1,963,570	2,057,828	4,021,398
臺中市	1,010,945	1,383,947	1,435,134	2,819,081

---

[1] 中華民國統計資訊網，「【改制後】縣市土地面積重要統計指標」，http://statdb.dgbas.gov.tw/pxweb/Dialog/Saveshow.asp，點閱日期：2021年3月8日。

區域別	戶數	人口數		
		男	女	合計
高雄市	1,124,411	1,358,369	1,397,122	2,755,491
臺北市	1,056,750	1,219,519	1,343,219	2,562,738
桃園市	**855,293**	**1,125,524**	**1,146,935**	**2,272,459**
臺南市	706,690	930,669	938,070	1,868,739
總　　計	8,973,218	11,625,977	11,844,656	23,470,663

資料來源：中華民國內政部戶政司全球資訊網，「戶籍人口統計速報」，http://www.rise.gov.tw/zh_TW/346，點閱日期：2021年8月29日。

（一）行政區劃沿革

　　桃園市在日治時期曾歷經多次行政區劃改制，明治28年（1895）7月，臺灣總督府頒佈地方官制，以清領時期的三府（臺北、臺灣、臺南）一直隸州（臺東）為基礎，將全臺劃分為三縣一廳，即臺北、臺中、臺南三縣及澎湖島廳，縣下再設「支廳」，時臺北縣轄下計有基隆、宜蘭、淡水、新竹四支廳，支廳以下另設八堡。今桃園市歸當時臺北縣淡水支廳與新竹支廳所轄，轄境內共有海山堡、桃澗堡及竹北二堡等三處。[2]

　　由於三縣一廳的行政空間過大，明治30年（1897）6月，臺灣總督府再度修訂地方官制，除原有臺北、臺中、臺南三縣外，另增設新竹、嘉義及鳳山三縣，並將宜蘭、臺東二支廳升格為廳，原澎湖島廳則改為澎湖廳，時全臺地方行政區共為六縣三廳。[3]此外，總督府另廢除原有的支廳而改設「辦務署」，臺北縣下轄的辦務署計有水返腳（汐止）、臺北、士林、新莊、三角湧（三峽）、景尾（景美）、桃仔園、中壢、滬尾（淡水）、樹

---

[2] 王世慶，〈臺灣之名稱與行政區域之建置〉，《臺灣風物》，第26卷第3期（1976年9月），頁119。

[3] 臺灣總督府，〈縣、廳位置及管轄區域〉，府令第20號，《臺灣總督府府報》，第95號（1897年6月20日），頁1。

林口（樹林）、基隆、金包里（金山）、頂雙溪（雙溪）等十三處；新竹縣則設有新竹、北埔、新埔、頭份、苗栗、苑裡、大甲等七處。此時桃園地區的海山堡歸臺北縣三角湧辦務署所轄；桃澗堡歸新竹縣桃仔園辦務署；竹北二堡則改隸為新竹縣新埔辦務署所轄。[4]

明治31年（1898）3月，日本陸軍大臣兒玉源太郎（1852-1906）出任臺灣第四任總督，為有效控制臺灣，又重新調整行政區，將新竹、嘉義、鳳山三縣分別合併於臺北、臺中、臺南三縣內，至於原宜蘭、臺東、澎湖三廳則保留，縣廳之下仍設辦務署，辦務署下再設辦務支署，至此，桃園地區又轉歸臺北縣所轄。[5]

由於辦務署職權欠靈活，臺灣總督府又於明治34年（1901）11月再針對行政區進行調整，隨總督府條例之修訂，地方機關組織規程亦隨之改訂為「廢縣置廳」。所謂「廢縣置廳」即是廢除全臺原有之「總督府－縣廳－辦務署」三級區劃法而改設二十廳，各廳下再分設支廳，即改採「總督府－廳－支廳」形式，唯仍是三級區劃制。[6]桃園地區經此轉換，改隸為桃仔園廳所轄，廳下共設中壢、楊梅壢（楊梅）、大坵園（大園）、大嵙崁（大溪）、三角湧、咸菜硼（關西）等六支廳，並分轄三十八個區。[7]至明治42年（1909）10月，隨〈臺灣總督府組織規程〉修訂，全臺原有的二十廳行政區被縮減為十二廳，唯廳以下仍設支廳。[8]

---

[4] 臺灣總督府，〈辦務署名稱位置及管轄區域〉，府令第21號，《臺灣總督府府報》，號外（1897年6月20日），頁1-2。

[5] 郭薰風主修，《桃園縣志‧政事志》，第3卷，〈民政篇〉（桃園：桃園縣文獻委員會，1964年），頁64。

[6] 臺灣總督府，〈臺灣總督府地方官官制〉，《臺灣總督府府報》，第1059號（1901年11月19日），頁50。

[7] 王世慶，《重修臺灣省通志‧政治志》，第7卷，〈建置沿革篇〉（南投：臺灣省文獻委員會，1991年6月），頁231-232。

[8] 王世慶，《重修臺灣省通志‧政治志》，第7卷，〈建置沿革篇〉，頁248-249。

大正8年（1919）10月，日本前內閣遞信大臣田健治郎（1855-1930）就任第八任臺灣總督，亦為首任文官總督，為縮短臺灣和日本國內間行政組織的距離，並提高地方官員的地位與職權，成為在臺實施地方自治的基礎，遂於翌年（1920）7月進行地方官制、地方行政組織和區劃改革。該年8月10日，總督府分別以府令第47、48號發佈〈州廳ノ位置、管轄區域及郡市ノ名稱位置管轄區域制定〉[9]及〈街庄ノ名稱及管轄區域制定〉。[10]在此回新修訂之地方行政區劃中，主要增設「州」制，將原有各廳整併在臺北州、新竹州、臺中州、臺南州及高雄州等五州之內，至於花蓮港廳與臺東廳則仍保留，州以下設郡，郡以下再分設街、庄。此時桃園地區屬新竹州管轄，州下設桃園、中壢、大溪三郡，即所謂「竹北三郡」。[11]其中桃園郡轄桃園街、蘆竹庄、大園庄、龜山庄、八塊庄等一街四庄；中壢郡轄楊梅街、中壢庄、平鎮庄、新屋庄、觀音庄等一街四庄；至於大溪郡則轄大溪街、龍潭庄與「蕃地」（原住民地界，今復興區）。[12]

　　經此回地方行政區劃的更動，也大致奠定桃園市今日十三個行政區之名稱與範圍，綜觀此次行政區劃更易的特色有：

　　1、廢支廳而實行街庄制度：街、庄已成為郡級以下的行政區域單位，而非舊有之自然村落名。

　　2、所有街庄以上之行政區域悉數改為二字地名：如「蘆竹厝」改為「蘆竹」；「大坵園」改為「大園」；「八塊厝」改為「八塊」；「安平鎮」改為「平鎮」；「楊梅

9　臺灣總督府，〈州廳ノ位置、管轄區域及郡市ノ名稱位置管轄區域制定〉，府令第47號，《臺灣總督府府報》，2177號（1920年8月10日），頁28。

10　臺灣總督府，〈街庄ノ名稱及管轄區域制定〉，府令第48號，《臺灣總督府府報》，第2177號（1920年8月10日），頁33-34。

11　洪敏麟編著，《臺灣舊地名之沿革》，第2冊上（南投：臺灣省文獻委員會，1999年6月），頁27-28。

12　郭薰風主修，《桃園縣志‧政事志》，第3卷，〈民政篇〉，頁29-30。

「壢」改為「楊梅」;「石觀音」改為「觀音」;「大嵙崁」改為「大溪」;「龍潭陂」改為「龍潭」等。

3、所有「鄉」、「堡」、「里」、「澳」等行政單位名稱悉數廢止。

4、地名用字簡化:如將「莊」改為「庄」;「仔」改為「子」;「份」改為「分」;「陂」改為「坡」;「坵」改為「丘」;「墩」改為「屯」;「崗」改為「岡」;「佃」改為「田」等。[13]

表8-2　日治時期桃園地區歷次行政區劃一覽

時間	隸屬	廳、縣治	時桃園縣之地名	備註
1895	臺北縣	淡水支廳 新竹支廳	桃澗堡 海山堡 竹北二堡	全臺分為三縣一廳
1897	臺北縣	三角湧辨務署 桃仔園辨務署 中壢辨務署	海山堡 桃澗堡	全臺分為六縣三廳
	新竹縣	新埔辨務署	竹北二堡	
1898	臺北縣	三角湧辨務署 桃仔園辨務署 新埔辨務署	海山堡 桃澗堡 竹北二堡	全臺分為三縣三廳
1901	桃仔園廳	大嵙崁支廳 楊梅壢支廳 中壢支廳 大坵園支廳		全臺分為二十廳
1920	新竹州	桃園郡	桃園街 蘆竹庄 大園庄 龜山庄 八塊庄	全臺分為五州二廳,翌年再改為五州三廳,直至二戰結束

[13] 鄭政誠編,《新修桃園縣志‧志首》(桃園:桃園縣政府,2010年9月),頁23-24。

時間	隸屬	廳、縣治	時桃園縣之地名	備註
		中壢郡	中壢街 平鎮庄 楊梅庄 新屋庄 觀音庄	
		大溪郡	大溪街 龍潭庄 五十三番社	

資料來源：劉阿榮編，《新修桃園縣志・地方自治志》（桃園：桃園縣政府，2010年9月），頁24。

（二）志書編纂

　　有關戰後桃園地方志書的編寫出版，依民國35年（1946）內政部公布的「地方志書纂修辦法」，地方志書僅包括省志、直轄市志、縣志及省轄市志，屬於縣級以下的鄉鎮市志並不包含在內。[14]即便爾後內政部陸續在民國57年（1968）與72年（1983）二度修改條文，但仍未規範到鄉鎮市區志書，是以鄉鎮市的地方志書從戰後至民國86年（1997），都未受到中央政府機關明文規定要求受審或規範。[15]然自民國70年（1981）代後期以降，隨臺灣本土意識高漲，各界亟需認知自身鄉土的發展與緣由，屬基層行政單位的鄉鎮市公所在此時遂成為方志修纂的重要推手，甚至將志書編纂納入到一般的行政業務範疇中。

　　民國79年（1990），時任臺灣省政府民政廳長的林豐正（1940-）在當年度鄉鎮市長當選講習會上，呼籲各鄉鎮市公所應儘速擬定修志計畫。[16]翌年，臺灣省文獻委員會更以「各縣市

---

[14] 林玉茹，〈地方知識與社會變遷：戰後臺灣方志的發展〉，《臺灣文獻》，第50卷第4期（1999年12月），頁253-289。

[15] 徐惠玲，〈戰後臺灣方志纂修的總體考察與論析〉，《世新中文研究集刊》，第7期（2011年7月），頁107。

[16] 羅濟鎮，「後記」，收於楊梅鎮志編纂小組編，《楊梅鎮志》（桃園：楊梅鎮公

政府加強輔導各鄉鎮市纂修地方志書，落實文獻扎根，達到省、縣、市全面修志之既定目標」，並向臺灣省政府積極爭取各鄉鎮市志書編纂出版所需經費，明訂「臺灣省各機關纂修機關志與出版文獻書刊獎勵金發給要點」等辦法，[17]積極鼓勵各鄉鎮市公所編纂方志。至民國86年（1997）9月，內政部更進一步修訂「地方志書纂修辦法」，明令各鄉鎮市公所可視需要纂修方志，並呈送至所屬縣政府及臺灣省文獻委員會等行政機關審查。[18]至此，臺灣各鄉鎮市志的編纂終於取得明確的合法性。

　　由於鄉鎮志書的編纂已受到中央政府注意，不僅修訂法規且施行獎勵政策；另方面，隨民國76年（1987）的解嚴，臺灣本土意識漸為抬頭，各地政府對於臺灣本土文化之紀錄保存愈趨重視，[19]除整合各行政資源成立編纂與審查團隊外，也以委任或公開招標方式，由得標之公司行號或機關團體進行地方志書的編修，下表8-3即為戰後桃園市各地方志書的編纂與出版梗概：

表8-3　戰後桃園市各地志書出版情形一覽

行政區	方志名稱	編纂者	出版單位	出版時間
桃園縣（市）	桃園縣誌	桃園縣文獻委員會編	桃園縣政府	1962
	桃園縣誌	廖本洋等	桃園縣政府	1969
	桃園縣志	許中庸等	桃園縣政府	1988
	新修桃園縣志	賴澤涵等	桃園縣政府	2010

所，1990年6月），頁305。

[17] 簡榮聰，〈臺灣省文獻委員會推動全面修志概述〉，《臺灣文獻》，第46卷第3期（1995年4月），頁98。

[18] 內政部法規，臺86內民字第8682143號函，1997年9月17日。見李文玉，〈戰後北臺灣縣市志纂修之研究〉，國立中央大學歷史研究所碩士論文，2002年6月，頁55。

[19] 王明蓀、簡雪玲，〈臺灣省各鄉鎮志之纂修－以近五年纂修完成者〉，《興大歷史學報》，第8期（1998年6月），頁204。

行政區	方志名稱	編纂者	出版單位	出版時間
桃園市（區）	桃園市志	桃園市公所	桃園市公所	1995
	桃園市志	中華綜合發展研究院應用史學研究所	桃園市公所	2005
	續修桃園市志	鄭政誠等	桃園市公所	2014
中壢市	中壢市發展史	謝瑞隆等	中壢市公所	2009
平鎮市	平鎮市志	平鎮市志編纂小組	平鎮鎮公所	1994
	平鎮市志續編	吳家勳等	平鎮市公所	2014
八德市	八德市志	黃克仁等	八德市公所	1998
大溪鎮	大溪鎮誌	唐艾耆等	大溪鎮公所	1981
	大溪鎮志	吳振漢等	大溪鎮公所	2004
	大溪鎮志	羅景文等	大溪鎮公所	2014
楊梅鎮	楊梅鎮志	楊梅鎮志編纂小組	楊梅鎮公所	1990
蘆竹鄉	蘆竹鄉志	林元昱等	蘆竹鄉公所	1975
	蘆竹鄉志	曾文敬等	蘆竹鄉公所	1995
	續修蘆竹市志	吳進喜等	蘆竹區公所	2016
龜山鄉	龜山鄉志	黃浩明等	龜山鄉公所	1990
	龜山鄉志	黃浩明等	龜山鄉公所	1997
	龜山鄉志	蔡行濤等	龜山鄉公所	2005
龍潭鄉	龍潭鄉志	彭瑞金等	龍潭鄉公所	2013
	龍潭鄉志	鍾肇政等	龍潭鄉公所	2014
新屋鄉	新屋鄉志	尹章義等	新屋鄉公所	2008
大園鄉	大園鄉志	大園鄉志編纂委員會	大園鄉公所	1978
	大園鄉誌續篇	許金用等	大園鄉誌續編編纂委員會	1993
	大園鄉志續篇（二）	鄭明枝等	大園鄉公所	2010
觀音鄉	觀音鄉志	謝公倉等	觀音鄉志編纂委員會	1986
	觀音鄉志	臺灣史研究會	觀音鄉公所	2014

行政區	方志名稱	編纂者	出版單位	出版時間
復興鄉	復興鄉志	復興鄉志編輯委員會	復興鄉公所	2000
	復興鄉鄉志增修	傅琪貽等	復興鄉公所	2014

資料來源：尹章義，〈臺灣地方志的數量、品質與方志學的發展──《臺灣地方志總目錄》試析〉，收於國史館臺灣文獻館編，《方志學理論與戰後方志纂實務國際學術研討會論文集》（南投：國史館臺灣文獻館，2008年9月），頁79-81；臺灣圖書館，「臺灣方志」，網址http://county.ntl.edu.tw/co_page/index.php，點閱日期：2021年4月10日。

　　就上表8-3所列可清楚看出戰後桃園各地志書的出版情況，不惟是縣志，各鄉鎮市皆有地方志書出版，少則一種，多則三種。其中值得提出的是，中壢區公所多年前曾有編纂中壢市志之計畫，後因故未能出版，然為保留地方青史，仍公開招標由得標之團隊進行市志編修工作，然為區別先前方志，故改以《中壢市發展史》為名，分上下兩冊於民國98年（2009）6月發行出版。由於該志書內容體例仍屬地方志書範疇，故在行文時仍一併列入討論。

　　在上述31種地方志書中，若就出版時間而言，屬舊有縣志部分，最早刊行者為民國51年（1962）桃園縣文獻委員會編印的《桃園縣誌》，最晚則是民國99年（2010）所出版的《新修桃園縣志》：至於在舊有鄉鎮市志部分，在民國103年（2014）底桃園市改制為直轄市之前，最早出版者為民國64年（1975）的《蘆竹鄉志》，最晚出版者則同屬民國103年底刊行之《續修桃園市志》、《平鎮市志》、《大溪鎮志》、《觀音鄉志》、《龍潭鄉志》、《復興鄉鄉志增修》。[20]至於在民國105年（2016）出版之《續修蘆竹市志》，則是桃園縣在改制為直轄市

---

[20] 在2014年底桃園縣改制為直轄市之前，不少鄉鎮市公所感受到既有縣轄市的消失，為保存史料文化，乃陸續編修地方志書而為桃園縣改制前留下各鄉鎮市屬縣轄市時代的歷史證言。

後所出版之第一本地方志書，唯其記述內容仍斷限在民國103年
（2014）改制前。[21]

表8-4　戰後桃園市各年代地方志書出版數量與百分比

年代	類別（種）	占整體比重（%）
1961-1970	縣志（2）	6.45
1971-1980	鄉志（2）	6.45
1981-1990	縣志（1）、鎮志（2）、鄉志（2）	16.13
1991-2000	鄉志（4）、市志（3）	22.58
2001-2010	縣志（1）、市志（2）、鎮志（1）、鄉志（3）	22.58
2011-2016	市志（3）、鎮志（1）、鄉志（4）	25.81
總計	31	100.00

　　依前文所述，臺灣各鄉鎮市志的編修多開始於民國70年
（1981）代後期，隨解嚴後臺灣本土意識增強而起，從上表8-4
中也可清楚判讀桃園地區各地志書的編修出版正呼應此種態勢。
雖然縣級以下的鄉鎮市志編纂出版乃晚近之事，然如《桃園市
志》、《大溪鎮志》、《蘆竹鄉志》、《龜山鄉志》與《大園鄉
志》仍歷經三次編修，平鎮、觀音、復興三地亦有不同時期的兩
種志書出版。至於其他各鄉鎮市數十年來則僅出版一種，也可窺
見各地政府部門對志書修纂態度並非一致，由於內政部在民國35
年（1946）7月16日所頒佈的「地方志書纂修辦法」中，曾明確
標示鄉（鎮、市、區）公所得「視需要」纂修鄉（鎮、市、區）
志，[22]對於修志一事並無硬性規定。即便修志的時機與環境成

---

[21] 蘆竹鄉因於2014年6月3日人口數達改制標準，乃升格為縣轄市「蘆竹市」。同年
12月25日配合桃園縣改制為直轄市成為「蘆竹區」。見桃園市蘆竹區公所，《續
修蘆竹市志》（桃園：蘆竹區公所，2016年4月），頁99。
[22] 內政部，「地方志書纂修辦法」，內授中民字第0920088588-3號。見內政部法規
網，https://glrs.moi.gov.tw/LawContent.aspx?id=FL002012&KeyWord=%e

熟，或礙於地方財政經費不足；或因修志事業相較於工程建設較不受青睞，是以桃園各地自戰後以來的志書編纂即有輕重之別。

　　由於地方志書的修纂可謂費時費力的文化工程，欲成其事，除歷任首長對於方志編纂的支持與否外，能否找到優秀編纂團隊執筆纂修，並由學者專家進行嚴格審查，這終將決定一地能否順利產出質量兼優的地方志書。

三、日治初等教育的描繪

　　為探析戰後桃園各地所出版的地方志書如何描繪日治時期臺灣初等教育樣貌，今利用各行政區較為晚近出版之地方志書，依桃園市十三個行政區，次第陳述各方志的內容與優缺，若遇書寫不足或缺漏之處，則採用其他較早版本或《桃園縣志》或既有研究成果加以增補。另需提出的是，部分學校在戰後雖非初等教育機構，然因校地、校舍承繼日治時期的初等教育機構而來，行文時仍一併列入討論。

（一）桃園市

　　民國94年（2005）出版的《桃園市志》對日治時期初等教育的描繪，主要呈現在第七篇〈教育篇〉第三章「日治時期」的第一節「初等教育」中，共分「公學校」、「小學校」及「國語講習所」等三項內容陳述。在公學校一項中，該志利用訪談錄、總督府職員錄與學校出版品，論述桃園境內第一公學校（今桃園國小）、第二公學校（今東門國小）及埔仔公學校（今中埔國小）等三所初等教育機構的課程、活動及臺籍教師名錄，並附上數幀老照片等

5%9c%b0%e6%96%b9%e5%bf%97%e6%9b%b8%e7%ba%82%e4%bf%ae%e8%be%a6%e6%b3%95，點閱日期：2021年3月8日。

圖像。至於專為日人子弟就讀的桃仔園小學校（今已闢為商業大樓），則僅以數行字句略述其性質與座落；另在國語講習所部分，由於此屬社會教育範疇，列入初等教育中已屬張冠李戴。[23]

至於民國103年（2014）出版的《續修桃園市志》，其對日治時期初等教育的描繪主要分布在〈教育篇〉三個章節中，在首章「教育沿革與發展」的第二節「日治時期」中，共分「臺灣教育令頒布前」、「臺灣教育令頒布後」及「戰爭動員時期」，分述日治時期初等教育的發展。其次，在第三章「初等教育的蛻變」中則以完整一節論述「日治時期公學校」的教育內容，包含科目、學制、授課時數等；而在同章第二節「國民教育的實施」中，則特別標示日治時期桃園地區三所公學校（即桃園第一、第二公學校及埔子公學校）的歷史沿革。[24]

（二）中壢市

民國98年（2009）出版的《中壢市發展史》對日治時期初等教育的描繪，主要呈現在第六篇〈教育篇〉第二章「日治時期中壢的教育」之第二節「學校教育」項目中。由於僅有四頁篇幅，故內容甚少，主要以大正8年（1919）臺灣教育令頒佈前後與昭和16年（1941）進入皇民化運動時期為分界，簡述三個時期之教育政策。至於在中壢境內的初等教育機構，並未單獨臚列，僅利用教育紀事表格介紹中壢第一公學校（今中壢國小）、第二公學校（今新街國小）、大崙公學校（今大崙國小）與中壢尋常小學校（今中壢家商）等四校的創立時間沿革。[25]在其他志書中常見

---

[23] 中華綜合發展研究院應用史學研究所編，《桃園市志》（桃園：桃園市公所，2005年12月），頁745-750。

[24] 鄭政誠總編纂，《續修桃園市志》（桃園：桃園市公所，2014年11月），頁213-245。

[25] 中壢地區創建於日治時期之初等教育機構尚有設於1941年的興南國民學校舊社分

的校宿舍選定與興建、校長與教職員的名錄、修業年限與科目等，在該志書中則多未見及。[26]

（三）平鎮市

民國83年（1994）出版的《平鎮市志》對日治時期初等教育的描繪，主要呈現在第七篇〈文教篇〉第一章「學校教育」之第三節「國民小學」中，並以各學校為細目進行介紹，其中屬日治時期創建之初等教育機構為南勢公學校、宋屋公學校與東勢國民學校，敘述內容主要包含此三所學校的創校緣由、地方士紳的協助建校、校地的取得、校舍的興建、教職員宿舍的租用、初期師資的獲得與就學人數等。[27]

至於事隔20年後（2014）才出版的《平鎮市志續編》，對日治時期初等教育的描繪，則主要呈現在下冊第十篇〈教育篇〉第一章「學校教育」之第三節「國民小學」中。該志書有別於其他志書花費一定篇幅介紹日治時期的教育政策與法規，反倒以個別學校為主，簡單介紹三所設立於日治時期的公學校，即南勢公學校、宋屋公學校與東勢國民學校的緣起、簡略沿革、校長姓名及任期。[28]較值得提出的是，該志在頁767-769部分以附錄一的方式，專訪臺北第三高等女學校畢業，曾任苗栗縣新英、福基及頭屋國小校長的教育專家陳梅妹女士，唯口述訪談內容多非日治時期初等教育的主題。

校（今新明國小）及1944年的新街國民學校崁仔腳分校（今內壢國小）。見賴澤涵總纂，《新修桃園縣志·教育志》（桃園：桃園縣政府，2010年9月），頁140、151。

[26] 謝瑞隆等著，《中壢市發展史》（桃園：中壢市公所，2009年6月），頁273-276。

[27] 平鎮市志編纂小組，《平鎮市志》（桃園：平鎮市公所，1994年3月），頁544-550。

[28] 吳家勳總編纂，《平鎮市志續編》（桃園：平鎮市公所，2014年5月），頁650-661。

（四）八德市

　　民國87年（1998）出版的《八德市志》對日治時期初等教育的描繪，主要呈現在〈文教篇〉的第一章「教育沿革」及第三章「學校教育」中。該志對「教育沿革」共分清代、日據及光復三期論述，其中在日據時期部分，主要介紹初等教育機構從國語傳習所、公學校到國民學校的簡略演變，並指出境內八塊公學校（今八德國小）與大湳公學校（今大成國小）的創立。至於在「學校教育」部分，則在第一節「國民小學」中，以境內各所學校為分項，其中在第一、第八兩項，即是境內兩所成立於日治時期的公學校敘述，除介紹兩所學校的創校過程外，主要以表格呈現該校大事記，歷任校長的到職、離職日與轉任學校，各屆畢業生、教職員與學生人數的統計。[29]

（五）大溪鎮

　　民國93年（2004）出版的《大溪鎮志》對日治時期初等教育的描繪，主要呈現在第六篇〈文教篇〉第一章「教育發展與現況」的第二節「日治時期」項目中。該志雖以論文格式書寫，唯篇幅不長僅有四頁，除介紹該地第一所近代化學校，即大料崁公學校（今大溪國小）的創校沿革（含人事、經費、校舍選定等）外，並利用臺灣總督府公文類纂資料，強調當時傳統書房教育的重要性。此外，在初等教育機構部分，則依日人的教育政策分期簡述設於境內之公學校，如設於河東的大料崁公學校、內柵公學校及八結公學校（今百吉國小）與設於河西的員樹林公學校與溪

---

29 黃克仁總編，《八德市志》（桃園：八德市公所，1998年2月），頁280、284-296、314-318。

西公學校（今中興國小）。[30]此外，尚有專供日人子弟就讀的大科崁尋常高等小學校（今大溪國中）。最後，對這些初等機構在戰時體制下的活動，如糧食增產等「勤勞奉仕」[31]行為稍為陳述，並特別指出當地士紳對這些初等教育機構設立的貢獻。[32]至於事隔10年（2014）再行出版的《大溪鎮志》，可謂僅是前版書寫年限之後的增補，多側重在當前大溪各級學校的現況發展，是以此新志在日治時期初等教育的描繪上，幾乎完全抄用前一版本，並未對既有內容加以勘誤或增補，連勤勞奉「任」（應為仕）的錯誤都相同，故不再討論。

（六）楊梅鎮

民國79年（1990）出版的《楊梅鎮志》對日治時期初等教育的描繪，主要呈現在第八篇〈文教篇〉的第一章「學校教育」項目中。該志除簡略介紹日人的教育政策，如臺人子弟就讀的學校為公學校，公學校修業年限為六年，昭和9年（1934）設置高等科，昭和16年（1941）後改稱為國民學校外，主要依各學校分類敘述，其中設立於日治時期者計有楊梅壢公學校（今楊梅國小）、草湳坡公學校（今瑞埔國小）、伯公岡公學校（今瑞原國小）、富岡國民學校（今富岡國小）及楊梅壢公學校瑞穗分校（今水美國小）等五所學校，內容除介紹各校的設立時間與沿革外，還包括各校歷任日籍校長的姓名。[33]或由於對日治時期教育政策的誤解，該志在公學校與國民學校的使用時間上多記載錯誤。

---

[30] 大溪地區除這五所公學校外，尚有設於1942年的宮前國民學校大東分教場（今永福國小），見賴澤涵總纂，《新修桃園縣志‧教育志》，頁232。

[31] 該志誤將「勤勞奉仕」書寫成「勤勞俸任」。

[32] 吳振漢總編，《大溪鎮志》（桃園：大溪鎮公所，2004年3月），頁23-26。

[33] 楊梅鎮志編纂小組編，《楊梅鎮志》（桃園：楊梅鎮公所，1990年6月），頁249-260。

（七）蘆竹鄉（市）

　　民國84年（1995）出版的《蘆竹鄉志》對日治時期初等教育的描繪，主要呈現在第二章第二節「日據時代之教育」，在第一項「教育政策」中，有別於其他鄉鎮市志僅平鋪直敘概要內容，該志不但記載各階段之初等教育政策，且以較持平的態度看待殖民地教育，認為除差別待遇外，也不應忽略其近代化的部分。至於在第二項「教育設施」中，在第一目「初等教育」部分，該志先論述初等教育在各時期的發展，如芝山岩學堂時期、國語傳習所、公學校和國語學校等階段學生之就學年齡、修習科目與修業年限，接著介紹境內南崁、坑子（今外社國小）、蘆竹（今大竹國小）公學校及海湖國民學校等四所學校之創校時間沿革、校舍與宿舍興建、分校設立、歷任日籍校長就退職時間、學生就學與就業狀況等。值得提出的是，該志利用殖民地時期的方志資料，量化呈現該地學生就學人數、就學率、畢業生與就業分布、人數等，[34]乃是桃園各地志書中較早利用日文一手資料為文者。

　　隨民國103年（2014）6月蘆竹鄉因人口激增而升格為縣轄市，市貌改變不少，蘆竹市公所決定重修志書，至民國105年（2016）4月出版時雖已改隸為直轄市所轄之「區」，然出版的志書仍以市志為名。《續修蘆竹市志》對日治時期初等教育的描繪，主要呈現在〈教育篇〉第一章「學校教育」中的第一節「教育沿革與發展」，或由於秉持「詳今略古」原則，並以通俗性為主要書寫策略，相較於前一版本對日治時期初等教育的高度描繪，《續修蘆竹市志》中僅有二段文字介紹，雖繪有一表

---

[34] 曾文敬主修，《蘆竹鄉志》（桃園：蘆竹鄉志編輯委員會，1995年1月），頁693-704。

（應為圖）說明南崁公學校的演變；[35]另在第二節「各級學校概況」中，也稍微提到日治時期已設立之初等教育機構，如南崁公學校、大竹公學校、坑子公學校、海湖國民學校的簡略編年沿革，[36]但內容甚少，較為可惜。

（八）龜山鄉

民國94年（2005）出版的《龜山鄉志》對日治時期初等教育的描繪，主要出現在第九篇〈教育藝術篇〉首章「光復前之時期」第二節「日據時期的初等教育」與第二章「正規教育」首節「國民教育」中。由於該志對日治初等教育課題著墨甚少，僅不到兩頁篇幅，內容十分簡略，唯較有特色者，乃書寫日治時期桃園地區的書房大要。至於在臺人子弟就讀的公學校部分，該志則僅就境內龜山公學校、坪頂公學校（今大崗國小）及坪頂國民學校南崁頂分教場（今大坑國小）、龜山國民學校塔寮坑分教場（今龍壽國小）等四所學校，分述各校成立時間與校名更動而已。[37]

（九）龍潭鄉

相較於桃園各地志書多已出版增修，《龍潭鄉志》可謂是最晚刊行者，該志的編纂遲自民國99年（2010）10月起，方委由靜宜大學臺灣研究中心承接執行，[38]歷經二年餘，最後於民國102年（2013）以上下卷形式出版。《龍潭鄉志》對日治時期初等教育的書寫主要出現在下卷第八篇〈教育篇〉第二章「日治時期的

---

35 游維真總編纂，《續修蘆竹市志》（桃園：蘆竹鄉市公所，2016年4月），頁401-411。

36 游維真總編纂，《續修蘆竹市志》，頁422-423、430、436、439-440。

37 蔡行濤主編，《龜山鄉志》（桃園：龜山鄉公所，2005年9月），頁181、184。

38 羅銀珍，〈鄉民代表會主席序〉，收於彭瑞金總編纂，《龍潭鄉志》，上卷（桃園：龍潭鄉公所，2013年5月），頁8。

教育」中。該章首節探討「公學校教育」，先簡述此時教育政策、課程及時數；後依境內四所公學校，即龍潭陂公學校（今龍元國小）、銅鑼圈公學校（今高原國小）、三坑子公學校（今石門國小）及銅鑼圈國民學校三洽水分校（今三和國小），分述各校創建沿革與歷任校長之姓名與任期，並利用數張老照片、府報資料佐證。[39]另在同章第四節戰後「國民小學」內容中，則針對四所創立於日治時期的公學校簡述沿革，[40]但內容與民國99年（2010）出版之《新修桃園縣志・教育志》則十分相近。[41]

　　《龍潭鄉志》記述轄區內日治時期的初等教育較值得討論者是書寫「大嵙崁公學校附設尋常高等小學校尋常科」一項（頁788），基本上因小、公學校涇渭分明，小學校雖有籠絡臺人而讓少數臺籍子弟入學之舉，但公學校內通常少有設立專供日人子弟就讀，且師資、課程、設備皆高一等的小學校。《龍潭鄉志》內的記述或參用昭和19年（1944）4月由大溪郡役所出版之《大溪誌》，謂大溪國民學校一號表（即大嵙崁小學校）創設於明治39年（1906）9月。[42]雖然《臺灣總督府公文類纂》言明大溪地區遲至明治44年（1911）年8月1日方設有桃園小學校的大嵙崁分教場（分校），[43]不過，是否因大溪地區日人子弟向學所需，故簡單附屬於大嵙崁公學校內也不無可能，經檢視《臺灣總督府職員錄》，發現該校在明治40年（1907）與41年（1908），確實有兩位日籍教師先後兼任該校的臺灣小學校教諭，[44]惟此後即無記

39　彭瑞金總編纂，《龍潭鄉志》，下卷（桃園：龍潭鄉公所，2013年5月），頁732-737。
40　彭瑞金總編纂，《龍潭鄉志》，下卷，頁774、778、781、784。
41　賴澤涵總纂，《新修桃園縣志・教育志》，頁343-354。
42　富永豐，《大溪誌》（新竹：大溪郡役所，1944年4月），頁10。
43　〈璞石閣小學校及桃園小學校大嵙崁分教場設立告示〉，《臺灣總督府公文類纂》，15年保存，文號11，第5394冊（1911年8月1日）。
44　明治40年擔任大嵙崁公學校兼臺灣小學校教諭的是鹿兒島出身的久保田正雄，翌年兼任者為神奈川縣出身的和田恒太郎。見臺灣總督府，《臺灣總督府職員

載。要之，在公學校內附設小學校確實是比較少見的案例，不過該小學校並非設在龍潭境內，且與該境內各校設置也較無關聯，故或宜刪減。

不到半年又再增新內容出版的《龍潭鄉志》，對日治時期初等教育的描繪並無新解，仍沿用舊版，也未能處理大料崁小學校的問題。據時任龍潭鄉鄉長葉發海所言，謂新志的產出是因為：「部分珍貴史料因受限時間及成本致來不及收錄，仍不免有遺珠之憾，故公所自102年8月中旬即展開辦理增編修撰再版之擘劃」[45]，是以新版之《龍潭鄉志》在民國103年（2014）10月又以上、下兩冊形式刊行，也創下臺灣史上新舊志書刊行時間最短之紀錄。新志其他篇章雖較舊志內容有所增改，但有關日治時期初等教育一項的書寫卻仍與舊志相同。

（十）新屋鄉

民國97年（2008）出版的《新屋鄉志》對日治時期初等教育的描繪，主要出現在下冊第八篇〈教育篇〉第二章「日治時期」的第二節「公學校的設立與發展」中。該節以新屋公學校、大坡公學校與崁頭厝（今永安國小）等三所境內公學校為主，分「沿革」、「人事」、「學生就學情形」、「教學活動」、「校舍建造」與「經費」等六部分陳述。該志除介紹各項教育政策法規與各校沿革外，還標示各校各年度校長與教職員人數，學生人數、性別數與畢業人數，各項課程與校內外活動，校舍校地的取得興建及當地教育經費的來源與數量等，內容頗為充實。[46]另值得提

[　]錄》，明治40年（1907）年，頁190；明治41年（1908），頁222。

[45]　龍潭鄉志增編委員會，《龍潭鄉志》，〈鄉長序〉（桃園：龍潭鄉公所，2014年10月），頁10。

[46]　尹章義總編，《新屋鄉志》，下卷（桃園：新屋鄉公所，2008年9月），頁443-455。

出的是，該志以學術規格書寫，運用多種史料與學術研究成果，除增列註解外，亦附上不少圖表與老照片，堪稱是地方志書中的佳作。

（十一）大園鄉

民國82年（1993）出版的《大園鄉志續編》在日治時期初等教育的描繪，主要呈現在第七篇〈文教篇〉的第一章「教育制度」與第二章「教育設施」中。在首章第二節的「日據時代」中，該志除敘述日人在各階段所採取的教育政策外，還介紹初等學校的修業年限、教科書的採用、教師的分類、臺日籍教師與學生的差別待遇、各學期的修業起迄日等，雖屬概論性質，但內容卻頗為豐富。至於在第二章「教育設施」方面，該志與多數志書的書寫策略相同，即以個別學校分類敘述境內之大園、竹圍與埔心三所公學校的位置、班級數、學生人數、教職員人數、歷任日籍校長、分校的創立與發展等。[47]至於民國99年（2010）新出版的《大園鄉志續篇（二）》，由於僅書寫民國82至98年（1993-2009）的內容，因此有關日治時期初等教育的描繪未有隻字半語，完全闕如。

（十二）觀音鄉

民國75年（1986）出版的《觀音鄉志》對日治時期初等教育的描繪，主要呈現在第四篇〈文教篇〉的第一章「教育制度」與第二章的「教育設施」中。在首章「教育制度」的第二節「日據時期」中，該志以一節篇幅簡述日治時期的教育方針、教育體制與分期，初等教育機構名稱、臺日籍子弟入學的差異、公學校課

---

[47] 桃園縣大園鄉誌編纂委員會編，《大園鄉志》（桃園：大園鄉公所，1978年10月），頁474-487。

程與時數的安排、學校的經費運用等。在第二章「教育設施」方面，則在第二節「日據時期」與第三節「光復後之教育設施」中簡述書房教育，並以編年方式略述境內三所初等教育機構，即觀音、新坡兩所公學校與北野國民學校（今草漯國小）之沿革、學區、位置及歷任校長的姓名與在職時間。[48]

至於民國103年（2014）底出版的《觀音鄉志》則在〈教育篇〉第二章「日治時期之教育」的第二節「初等教育」，以編年方式依序介紹觀音地區的國語傳習所、公學校以迄國民學校的發展。另在第三章「國府時期之學校教育」中的第二節「初等教育」，略述成立於日治時期之公學校（如觀音國小、新坡國小、草漯國小）的歷史沿革。該方志特別突顯日治時期觀音地區的社會教育，堪稱特色，唯較嚴重的錯誤亦是把初等教育的「國語傳習所」與社會教育機構性質的「國語講習所」混淆，致多數篇幅背離初等教育內容而往社會教育方向書寫，然標題卻是初等教育。[49]

（十三）復興鄉

民國89年（2000）出版的《復興鄉志》在日治時期的初等教育描繪，主要呈現在〈文教篇〉的第三章「日據時期教育概況」。由於復興鄉主要為原住民泰雅族人棲息活動之所，日治時期出於政策考量，並未在該地設立專供漢人子弟就讀的公學校，而是改由「蕃童教育所」取代，並由警務系統處理教育事宜。[50]

---

[48] 桃園縣觀音鄉志編纂委員會，《觀音鄉志》（桃園：觀音鄉公所，1986年2月），頁135-137、151-157。

[49] 社團法人臺灣史研究會，《觀音鄉志》，下冊（桃園：觀音鄉公所，2014年11月），頁547-581。

[50] 相關蕃童教育所的研究，可參閱李佳玲，〈日治時期蕃童教育所之研究（1904-1937年）〉，國立中央大學歷史研究所碩士論文，2003年1月；北村嘉惠，〈台湾先住民征服戦争下における蕃童教育所の制度化〉，《北海道大学大学院教育

該志在是章首節中，以「日人教化─高砂族教育」為名，介紹日人創立蕃童教育所的緣由、目的、授課科目與時間、修業年限。此外，也介紹境內四所蕃童教育所，即角板山（今介壽國小）、高雁（今三光國小）、竹頭角（今長興國小）及高義蘭蕃童教育所（今高義國小）的沿革、班級數、學生人數、授課科目與節數、校舍宿舍面積與畢業生的社會流動（Social Mobility）等。為達通俗易懂目的，該志在撰寫時除利用表格說明外，並附有數張老照片以資佐證。[51]

為彰顯原住民的主體意識，重新詮釋以泰雅族為主的族群歷史，復興鄉公所於民國99年（2010）6月決定增修鄉志，最後並以《復興鄉鄉志增修》為名於民國103年（2014）底出版上中下三卷。[52]《復興鄉鄉志增修》中有關日治時期初等教育的描繪，主要呈現在下卷第九篇〈教育篇〉首章「教育沿革」的第三節「日治時期教育概況」中。該節主要介紹蕃童教育所的設置沿革、課程、活動、假日、升學，並與前一版本同樣介紹四所蕃童教育所，即角板山、高雁、竹頭角及高義蘭蕃童教育所的創立時間、班級數、學生人數、畢業生人數、授課科目與節數、校舍宿舍實習地的面積與畢業生的就業狀況等。另在第二章「學校教育」的第二節「國民小學」中，亦同其他方志的書寫策略，對日治時期設立的初等教育機構簡述其年代沿革。[53]該志可標舉之處在於生動活潑的敘事風格，佐以部落耆老口述訪談為驗證，並舉出部落中的優秀人物為代表；至於頁628表格所列之「高崗」蕃童教育所，則實為「高雁」蕃童教育所之誤植。

　　学研究科紀要》，96號（2005年6月），頁249-274。
[51] 復興鄉志編輯委員會，《復興鄉志》（桃園：復興鄉公所，2000年），頁314-319。
[52] 傅琪貽總編纂，《復興鄉鄉志增修》，上卷，「緒論」（桃園：復興鄉公所，2014年12月），頁30。
[53] 傅琪貽總編纂，《復興鄉鄉志增修》，下卷，頁625-668。

四、書寫內容之分析比較

依林玉茹的先行研究，戰後臺灣各地志書的纂修人員大致可分為學者型、文獻委員型、文化包商型、地方人士型、民間人士型、行政人員型及由上述任兩種型態組合而成之合成型等七種型態。[54] 但無論何種型態，出於個人所學專長，纂修團隊人員或參照既定綱目編寫；或依自身書寫習慣編定；或參考其他地方志書編排，致書寫策略與內容或一致或不同，加以纂修時程的早晚、運用史料的多寡有無、審查委員的審查精準度差異等，率皆影響到各地志書的成形。

綜觀上述十三個鄉鎮市志對日治時期初等教育的書寫，大致可歸納出幾項特色：

（一）側重教育政策的書寫：幾乎所有版本的鄉鎮市志，無論書寫繁簡比重如何，對此時的教育政策、法規、學制、課程、授課科目與時數，甚或教育政策分期（如大正8年臺灣教育令頒佈前後、昭和12年起之皇民化運動時期）皆多所編納，可視為是讓讀者進入此一課題領域的入門知識，也是教育發展中最主要的部分。

（二）側重境內學校的創校沿革：日治時期桃園地區的初等機構，除傳統書房外，計有專供漢人子弟就讀的公學校45所，供日人子弟就讀的小學校3所，與供原住民子弟就讀的蕃童教育所4所，合計52所（見下表8-5）。各地志書較擅長或較喜好以各初等教育機構為敘述主體，以條列或製表方式，單獨陳述各校創立的時間（含分校時期）、校舍位址選定、地方人士的奔走支持與校舍宿舍的興建等。

---

54 林玉茹，〈地方知識與社會變遷：戰後臺灣方志的發展〉，頁260。

表8-5　日治時期桃園地區初等教育機構數量統計表

行政區	公學校	小學校	蕃童教育所	合計
桃園街	3	1	0	4
中壢街	5	1	0	6
平鎮庄	3	0	0	3
八塊庄	2	0	0	2
大溪街	6	1	0	7
楊梅庄	5	0	0	5
蘆竹庄	4	0	0	4
龜山庄	4	0	0	4
龍潭庄	4	0	0	4
新屋庄	3	0	0	3
大園庄	3	0	0	3
觀音庄	3	0	0	3
原住民地界	0	0	4	4
合計	45	3	4	52

資料來源：據桃園各地方志書整理而成。

（三）側重學生人數的統計：為突顯學習主體的學生就學情況，多數地方志書皆以列表方式，呈現各所學校在各年度的就學人數、男女性別人數、學級數與畢業生人數等，欲藉此看出學生數的增減變化，唯仍有部分地方志書對此並無任何描繪。值得提出的是，《復興鄉志》不僅統計境內蕃童教育所的學生、班級數，還針對畢業生的出路，含繼續升學者與在官公署與實業界服務之男女人數，加以統計，較具特色。

（四）側重學校主事者的呈現：出於差別待遇的教育政策影響，日治時期各級學校的校長多由日人擔任，臺人教師升遷不易。由於校長為學校的重要掌舵者，多數志書在陳述學校

發展時均將校長納入書寫，唯以刊登姓名及任職與退職的時間為主。雖然臺籍教師在殖民地統治時期無緣擔任校長，但擔任分校主任的機會並非全無，在《蘆竹鄉志》、《觀音鄉志》與《平鎮市志》中多有陳述。另值得一提的是，在《新屋鄉志》中還特別針對教學主體的教師部分，進行分類分年的姓名刊登。

戰後桃園市各地方志書在殖民地初等教育的書寫雖有如上特色，然纂修者或限於專長；或礙於材料；或因時間短促；或因篇幅不足；或喜以政策、法規、課程涵蓋教育發展面貌，致志書內容呈現多有缺漏，且無法突破既有書寫框架，今列舉數端如下：

（一）敘述內容比重繁簡不一：在桃園市已刊行之各種地方志書中，雖有部分志書，如《新屋鄉志》有長達數十頁的日治時期初等教育書寫，但多數志書均僅以二、三頁篇幅帶過，甚至有隻字未提者，以致對影響臺灣甚深的殖民地初等教育發展未能有效呈現。至於教育內容的書寫，各方志雖多側重如政策法規、學校沿革、師生人數的靜態性敘述或統計（詳下表8-6），然內容與體例亦繁簡不一。此外，教育志書寫應可側重之學校活動、教材、經費、師生互動與流動，甚或學校與寺廟、地方社會之關係連結等攸關學校發展之重要課題，也少有志書能提及。

（二）未能充分使用一手史料為文：為有效呈現日治時期臺灣初等教育的發展面貌，編纂者除須充分掌握相關研究外，一手史料的使用更不能偏廢。然綜觀桃園各地志書，除少數能運用報紙、教育雜誌、學校刊行品、口述訪談等一手史料行文外，其餘志書均多所缺乏，甚至僅沿用抄錄舊志內容，致未能提出新解或修訂，甚或持續發生錯誤。由於報紙常陳述學校之各種校外活動；教科書則是學生吸收知識

的主要來源；教師履歷書則可看出教師學歷與升遷流動；教室日誌則可看出實際授課內容，凡此，如能充分蒐集利用一手史料，初等教育課題的書寫應更能周延多元。

表8-6　戰後桃園各地志書對殖民地初等教育描繪項目一覽

方志名稱	初等教育內容									
	政策法規	學校沿革	分校設立	校舍宿舍	教職員	學生人數	畢業生	活動	教材	經費
桃園市志	★	★	★		★			★		
續修桃園市志	★	★	★		★	★	★	★		
中壢市發展史	★	★	★			★	★			
平鎮市志	★	★	★	★	★	★	★			
桃園縣平鎮市志續編	★				★					
八德市志	★	★	★	★	★	★	★			
大溪鎮志	★	★		★	★			★		★
楊梅鎮志	★	★	★		★					
蘆竹鄉志	★	★	★	★	★	★	★			
續修蘆竹市志		★	★							
龜山鄉志	★	★	★							
龍潭鄉志	★	★	★		★					
新屋鄉志	★	★	★	★	★	★	★	★		★
大園鄉志	★	★	★	★	★	★			★	
觀音鄉志（1986）	★	★	★	★	★			★		★
觀音鄉志（2014）	★	★	★	★	★					
復興鄉志	★	★			★	★	★			
復興鄉鄉志增修	★	★			★	★	★	★		

資料來源：據桃園各地方志書內容整理而成。

（三）對初等教育機構的類別與發展認識不足：日治時期的初等
　　教育機構除以漢人子弟就讀的公學校外，尚有專供日人子
　　弟就讀的小學校及原住民就讀的蕃人公學校與蕃童教育所
　　等。前後出版的二本《復興鄉志》，因地緣、族群關係而
　　呈現蕃童教育所的發展敘述，堪稱特色。此外，初等教育
　　機構尚有以傳授漢學為主的私塾、書房、義塾等，以同
　　化與近代化為教學目標之公學校，其實與書房在大正9年
　　（1920）前有高度的競爭關係，[55]然相關地方志書的呈現
　　多以公學校為主，卻較忽略書房在日治初期的角色。此
　　外，因應時局環境的改變，總督府為強化戰時體制下臺人
　　的向心力，公學校在昭和16年（1941）已同日人就讀的小
　　學校，悉數改稱為國民學校，然部分志書仍以公學校行
　　文，屬史實認知的錯誤。另屬於初等教育性質的「國語傳
　　習所」與屬社會教育性質的「國語講習所」，多數志書也
　　常混淆不清；另對臺人在戰前曾擔任公學校校長的誤解，
　　或對各校創立時間未加考證的誤判等，均出於對相關史實
　　的掌握度不足。

（四）多未能清楚標示資料來源：雖然地方志書非學術著作且以
　　通俗普及為原則，但為確認史實，以示文責與便於查核，
　　舉凡引用他人觀點或陳述相關史實，仍應適度標示出處。
　　然多數地方志書行文龐雜卻未能清楚標示，引證失真亦缺
　　乏註解，尤其是成書年代較早者，致未能判斷內容所言是
　　否屬實。由於未能知悉所恃材料為何，致無法對比勘誤，
　　部分志書甚至僅以口述訪談為文，亦有缺憾。

---

[55] 有關日治時期書房與公學校之競爭問題，可參閱吳文星，〈日據時代臺灣書房之
　　研究〉，《思與言》，第16卷第3期（1978年9月），頁62-89；〈日據時期臺灣
　　書房教育之再檢討〉，《思與言》，第26卷第1期（1988年5月），頁101-108。

五、結語

　　整體而言，戰後桃園各地志書對於日治時期的教育敘述，未能呼應與展現既有研究成果，且僅留意初等教育，對學前教育、中等教育、職業教育、社會教育等均鮮少提及，即便對初等教育的描述，重心也多為各校之沿革簡歷。晚近出版的志書，由於能蒐集到較多資料，故有較深入的描述，反之，較早編纂出版的志書則多以紀事方式呈現，未能看出學校演變過程、後續發展及影響，甚或對學校在其他方面的描述，如課程、教材、經費、活動及師生互動發展、學校與地方社會的關係等，也多付之闕如。

　　此外，各地志書的書寫策略不盡相同，有平鋪直敘者，亦有依學術論文形式行文者，唯多數志書對此課題描繪失之簡略，且內容錯誤不少，除纂修人員對於史實的認知錯誤外，未能參用一手資料、相關學術論著或先行研究寫作亦是要因，即便是同一縣（直）轄市內之其他地方志書亦未能採用，致發生龍潭描繪大溪設立小學校之問題。此外，審查委員若非專攻區域研究或地方史志或教育史之學者專家，亦恐未能有效察覺志書內容刊載之錯誤。

　　總結半世紀以來桃園各地志書對日治時期初等教育之書寫，雖有一定的描繪與貢獻，但若能利用更多相關研究為文，並取得更多一手史料的協助，如學校出版品、職員錄、學籍簿、畢業紀念冊、成績單、老照片，甚或口述訪談等，相信會有更深入的書寫，且能幫助讀者理解該地在日治初等教育之發展樣貌。至於地方志書最常呈現的學籍統計資料，如班級數、學生人數、畢業生人數等，也有進一步分析之必要，非僅單純臚列。另有關學校教職員，尤其是校長，若能進一步解讀分析，或提出一些教職員的

事蹟建樹與社會流動等，相信也能呈現更多的教育內容與旨趣。

　　另方面，有些學校在所屬行政區外設置分校，然此等分校的相關事件較少談論，若能進一步描寫，或許更能看出日治時期初等教育的擴張，以及學校與周邊地方的關係。至於各地志書較少提及的「書房」，亦可試著利用報紙、漢文讀本、回憶錄、詩社研究等材料，重建各地的書房資料。最後，在原住民教育書寫部分，桃園市有泰雅族群為主之復興鄉，新編的地方志書雖已注意到蕃童教育所乃日人統治下的特殊產物，但如何突顯該制度之特色與內涵，也是可以考慮的增修方向。

附錄｜各章原刊載與宣讀之處

第一章：〈日治時期桃園公學校的創建營運與教育角色（1897-1945）〉，《桃園
　　　　文獻》，第2期，2016年9月，頁87-108。

第二章：〈近代臺灣初等教育中的國語讀本編寫——以日本化、近代化、城市
　　　　化與農業化為討論〉，收於鄭政誠主編，《秉筆治史：賴澤涵教授八
　　　　秩壽慶論文集》，臺北：秀威資訊科技股份有限公司，2020年6月，頁
　　　　52-83。

第三章：〈日治時期臺灣原住民學生的日本認識及其轉換——以國語讀本及修
　　　　學旅行為例〉，「殖民地時期教育國際學術會議」，韓國國立教育大
　　　　學四所地域社團及教育博物館聯合主辦，2017年11月17-19日。

第四章：〈日治時期臺灣教育會的創立與發展〉，收於臺灣省教育會主編，
　　　　《臺灣省教育會百年發展專刊》，臺北：臺灣省教育會，2014年3月，
　　　　頁30-50。

第五章：〈準軍人的養成——日治時期臺灣中等學校的軍事訓練〉，收於中國
　　　　社會科學院臺灣史研究中心主編，《日據時期臺灣殖民地史學術研討
　　　　會論文集》，北京：九州出版社，2010年11月，頁295-309。

第六章：〈從校友會資料看臺南師範學校學生的二戰徵調與書寫〉，「日治時
　　　　期臺灣教育與東亞認識學術研討會」，嘉義：南華大學人文社會學院
　　　　主辦，2018年11月17日。

第七章：〈二二八事件前大陸報刊雜誌中的臺灣教育現場書寫（1944-
　　　　1947）〉，「臺灣歷史與兩岸關係國際學術研討會」，北京：中國社
　　　　會科學院臺灣史研究中心主辦，2017年10月13-18日。

第八章：〈戰後桃園各地志書對日治時期初等教育的書寫分析〉，《臺灣文
　　　　獻》，第67卷第4期，2016年12月，頁91-124。

徵引書目

一、公文檔案及職員錄

〈御署名原本・昭和十八年・勅令第七五五号・在学徵収延期臨時特例〉，東
　京：國立公文書館。アジア歷史資料センター，Ref.A03022864800。
〈臺灣省參議會第一屆第一次大會定期大會教育類提案質詢〉，臺灣省議會史
　料總庫，典藏號：001-01-01OA-00-6-6-0-00379，1946年5月。
〈臺灣省參議會第一屆第一次大會教育類提案質詢〉，臺灣省議會史料總庫，
　典藏號：001-01-01OA-00-5-3-0-00293，1946年5月。
臺灣總督府，《臺灣總督府公文類纂》，1898-1945年。
臺灣總督府，《臺灣總督府職員錄》，明治29年-昭和19年（臺北：臺灣日日新
　報社，1896-1944年）。

二、官報與報紙

《大公報》（天津），1947年。
大藏省印刷局編，《官報》，1943年。
桃園廳，《桃園廳報》，1905年。
朝日新聞社，《朝日新聞》，1943年。
臺北縣，《臺北縣報》，1898年。
臺灣日日新報社，《新竹州報》，1934-1941年。
臺灣日日新報社，《漢文臺灣日日新報》，1906-1929年。
臺灣日日新報社，《臺灣日日新報》，1898-1941年。
臺灣新生報社，《臺灣新生報》，1946年。
臺灣新報社，《臺灣新報》，1897年。
臺灣總督府，《臺灣時報》，1926年
臺灣總督府，《臺灣總督府官報》，1939-1945年。
臺灣總督府，《臺灣總督府府報》，1897-1939年。

三、一般史料與資料彙編

丸井圭治郎，《撫蕃ニ關スル意見書》（臺北：臺灣總督府民政部蕃務本署，1914年10月）。

大日本兵書刊行會，《學校用教練操典》（東京：國立國會圖書館藏，1913年）。

井出季和太，《臺灣治績志》（臺北：臺灣日日新報社，1937年）。

文部省，《學制八十年史》（東京：大藏省印刷局，1954年3月）。

文部省，《學制百年史資料編》（東京：帝國地方行政學會，1972年10月）。

伊能嘉矩編，《理蕃誌稿》，第1卷（臺北：臺灣總督府警務局編印，1918年3月）。

吉野秀公，《臺灣教育史》（臺北：臺灣日日新報社，1927年10月）。

佐藤源治，《臺灣教育の進展》（臺北：臺灣出版文化株式會社，1943年7月）。

李祖基編，《「二‧二八事件」報刊資料彙編》（臺北：海峽學術出版社，2007年2月）。

李夢南，〈我們的臺灣（下）〉，《平論半月刊》（上海），第3期（1945年10月），頁11-12。

東臺灣研究會，《蕃童教育》，第7年第69編（臺北：東臺灣研究會，1930年5月）。

洪卜仁主編，《臺灣光復前後（1943-1946）》（廈門：廈門大學出版社，2010年11月）。

原田倭編，《理蕃誌稿》，第3卷（臺北：臺灣總督府警務局編印，1932年3月）。

宮原誠一，《教育史》（東京：東洋經濟新報社，1963年）。

宮原誠一等編，《資料日本現代教育史》（東京：三省堂，1974年3月）。

桂長平編，《理蕃誌稿》，第4卷（臺北：臺灣總督府警務局編印，1938年2月）。

森川滉編，《御親閱拜受記念寫真帖》（東京：京都教育會，1939年）。

鈴木作太郎，《臺灣の蕃族研究》（臺北：臺灣史籍刊行會，1932年8月）。

鈴木直，《臺灣學事年鑑》（臺北：臺灣教育研究會，1940年4月）。

廖進來，〈臺北師範訪問記〉，《新學生月刊》（上海），第3卷第6期（1947年10月），頁100-102。

福建省檔案館、廈門市檔案館編，《閩臺關係檔案資料》（廈門：鷺江出版社，1993年6月）。

臺北市教育社會課，《臺北市小公學校施設要覽》（臺北：臺北市教育社會課，

1928年）。

臺北州，《臺北州理蕃志（舊宜蘭廳）下編》（1）（臺北：臺北州警務部編印，1924年3月）。

臺灣省行政長官公署教育處，《臺灣省教育概況》（臺北：臺灣省行政長官公署教育處，1946年）。

臺灣教育會，《芝山巖志》（臺北：臺灣教育會，1933年2月）。

臺灣教育會，《第二十一回全島國語演習會順序》（1934年12月）。

臺灣教育會，《臺灣教育》，1914-1943年。

臺灣教育會，《臺灣教育會雜誌》，1901-1913年。

臺灣教育會編，《臺灣教育沿革誌》（臺北：古亭書屋複刻本，1973年）。

臺灣總督府，《臺灣の社會教育》（臺北：臺灣總督府，1938年12月）。

臺灣總督府，《臺灣事情（昭和七年版）》（臺北：臺灣時報發行所，1932年）。

臺灣總督府，《臺灣總督府警察沿革誌》，第1編，《警察機關の構成》（臺北：臺灣總督府警務局，1993年）。

臺灣總督府內務局文教課，《臺灣總督府學事第19年報》（1922年）。

臺灣總督府內務局文教課，《臺灣總督府學事第22年報》（1926年）。

臺灣總督府內務局文教課，《臺灣總督府學事第23年報》（1926年）。

臺灣總督府內務局文教課，《臺灣總督府學事第26年報》（1929年）。

臺灣總督府內務局文教課，《臺灣總督府學事第27年報》（1931年）。

臺灣總督府內務局文教課，《臺灣總督府學事第31年報》（1934年）。

臺灣總督府內務局文教課，《臺灣總督府學事第33年報》（1936年）。

臺灣總督府內務局文教課，《臺灣總督府學事第36年報》（1940年）。

臺灣總督府文教局社會課，《昭和八年十一月臺灣總督府社會教育概要》（臺北：臺灣總督府文教局社會課，1933年）。

臺灣總督府文教局，《臺灣學事一覽》，昭和18年度（臺北：臺灣總督府文教局，1944年3月）。

臺灣總督府史料編纂會，《臺灣史料稿本：明治二十八年九月》（臺北：臺灣總督府史料編纂會，1895年）。

臺灣總督府警務局理蕃課，《理蕃の友》，第1卷（臺北：臺灣總督府警務局編印，1933年)。

臺灣總督府警務局理蕃課，《理蕃の友》，第2卷（臺北：臺灣總督府警務局編印，1935年)。

臺灣總督府警務局理蕃課，《理蕃の友》，第3卷（臺北：臺灣總督府警務局編

印，1939年）。

臺灣總督府警務局理蕃課，《理蕃の友》，第4卷（臺北：臺灣總督府警務局編
　　印，1940年）。

豬口安喜編，《理蕃誌稿》，第2卷（臺北：臺灣總督府警務局編印，1921年3
　　月）。

臨時臺灣舊慣調查會，《第一部調查第三回報告書：臺灣私法》，第1卷，下冊
　　（臺北：臨時臺灣舊慣調查會，1910年）。

臨時臺灣舊慣調查會編，《臺灣舊慣調查事業報告》（臺北：臨時臺灣舊慣調
　　查會，1917年3月）。

四、地方志

大溪郡役所，《大溪誌》（新竹：大溪郡役所，1944年4月）。

中華綜合發展研究院應用史學研究所編，《桃園市志》（桃園：桃園市公所，
　　2005年12月）。

尹章義總纂，《新屋鄉志》（桃園：新屋鄉公所，2008年9月）。

王世慶，《重修臺灣省通志政治志》，第7卷，〈建置沿革篇〉（南投：臺灣省
　　文獻委員會，1991年6月）。

平鎮市志編纂小組，《平鎮市志》（桃園：平鎮市公所，1994年3月）。

吳家勳總纂，《平鎮市志續編》（桃園：平鎮市公所，2014年5月）。

吳振漢總纂，《大溪鎮志》（桃園：大溪鎮公所，2004年3月）。

孟祥瀚，《成功鎮志歷史篇》（臺東：成功鎮公所，2003年月）。

社團法人臺灣史研究會，《觀音鄉志》（桃園：觀音鄉公所，2014年11月）。

桃園街役場編，《桃園郡桃園街勢一覽》（桃園：桃園街役場，1938年）。

桃園街役場編，《桃園街要覽》（桃園：桃園街役場，1933年）。

桃園縣大園鄉誌編纂委員會編，《大園鄉志》（桃園：大園鄉公所，1978年10
　　月）。

桃園縣觀音鄉志編纂委員會，《觀音鄉志》（桃園：觀音鄉公所，1986年2月）。

桃園廳編，《桃園廳志》（臺北：臺灣日日新報社印行，1909年）。

郭薰風主修，《桃園縣志・政事志》（桃園：桃園縣文獻委員會，1964年）。

傅琪貽總纂，《復興鄉鄉志增修》（桃園：復興鄉公所，2014年12月）。

彭瑞金總纂，《龍潭鄉志》（桃園：龍潭鄉公所，2013年5月）。

復興鄉志編輯委員會，《復興鄉志》（桃園：復興鄉公所，2000年12月）。

曾文敬主修，《蘆竹鄉志》（桃園：蘆竹鄉志編輯委員會，1995年1月）。

游維真總纂，《續修蘆竹市志》（桃園：蘆竹鄉市公所，2016年4月）。

黃克仁總纂，《八德市志》（桃園：八德市公所，1998年2月）。

黃浩明等，《龜山鄉志》（桃園：龜山鄉公所，1997年10月）。

楊梅鎮志編纂小組編，《楊梅鎮志》（桃園：楊梅鎮公所，1990年6月）。

蔡行濤主編，《龜山鄉志》（桃園：龜山鄉公所，2005年9月）。

鄭明枝等，《大園鄉志續篇（二）》（桃園：大園鄉公所，2010年2月）。

鄭政誠編，《新修桃園縣志·志首》（桃園：桃園縣政府，2010年9月）。

鄭政誠總纂，《續修桃園市志》（桃園：桃園市公所，2014年11月）。

賴澤涵總纂，《新修桃園縣志·教育志》（桃園：桃園縣政府，2010年9月）。

龍潭鄉志增編委員會，《龍潭鄉志》（桃園：龍潭鄉公所，2014年10月）。

謝瑞隆等，《中壢市發展史》（桃園：中壢市公所，2009年6月）。

羅景文等，《大溪鎮志》（桃園：大溪鎮公所，2014年12月）。

五、教科書

臺灣總督府警務局，《教育所用國語讀本》，第1-8卷（臺北：臺灣總督府警務局，1934年3月）。

臺灣總督府編，《コクゴ、こくご》，第1-4卷（臺北：臺灣總督府，1942年）。

臺灣總督府編，《公學校用國語讀本》（第一種），第1-12卷（臺北：臺灣總督府，1923-1926年）。

臺灣總督府編，《公學校用國語讀本》（第二種），第1-12卷（臺北：臺灣總督府，1930-1933年）。

臺灣總督府編，《公學校用國民讀本》，第1-12卷（臺北：臺灣總督府，1913-1914年）。

臺灣總督府編，《初等科國語》，第1-8卷（臺北：臺灣總督府，1943-1944年）。

臺灣總督府編，《臺灣教科用書國民讀本》，第1-8卷（臺北：臺灣總督府，1900-1902年）。

六、學校與校友會出版品

中村健樹編，《昭和20年卒業同期生史》（臺南：臺南師範學校，1987年10月）。

中華嘉義大學校友會編，《嘉農口述歷史（二）》（嘉義：中華嘉義大學校友會，2002年）。

向山寬夫編，《臺灣臺北州立臺北第一中學校の沿革（年表）》（東京：八光印刷株式會社發行，1991年7月）。

李明仁主編，《嘉大口述歷史——日治時代》（嘉義：國立嘉義大學臺灣文化研究中心，2008年8月）。

省立臺南師範學院九十年院慶特刊編輯委員會，《南師九十年》（臺南：省立臺南師範學院，1988年12月）。

桃園國民小學編，《桃園縣桃園國民小學創校百週年紀念專刊》（桃園：桃園國民小學，1997年9月）。

陳錫卿作，陳金成譯，《重現一九二五：臺中一中先輩日記（上）》（臺中：臺中一中教育基金會，2013年6月）。

陳錫卿作，陳金成譯，《重現一九二五：臺中一中先輩日記（下）》（臺中：臺中一中教育基金會，2013年6月）。

嘉義農業專科學校校友會編，《嘉農口述歷史》（嘉義：嘉義農業專科學校，1993年11月）。

彰化高級商業職業學校編，《彰商六十週年校慶特刊》（彰化：臺灣省立彰化高級商業職業學校，1995年）。

熊本縣臺南師範學校同窓會，《桶盤淺》（熊本：熊本縣臺南師範學校同窓會，1998年10月）。

臺中一中校友會，《臺中一中第三十期畢業四十週年紀念冊》（臺中：臺中一中校友會，1989年）。

臺中一中校友會編，《臺中一中八十年史》（臺中：臺中一中校友會，1995年5月）。

臺中一中校友會編，《臺中一中校友通訊》，第10期（1995年5月）。

臺中一中校友會編，《臺中一中校友通訊》，第11期（1996年5月）。

臺北一中三十九期卒業生五十周年記念誌編輯委員會編，《蒼榕》（東京：八光印刷株式會社，1994年10月）。

臺北工業學校校友會雜誌部編，《會誌》，第16號（1937年3月）。

臺北工業學校校友會雜誌部編，《會誌》，第17號（1938年3月）。

臺北工業學校校友會雜誌部編，《會誌》，第19號（1940年3月）。

臺北市立建國中學，《建中校友》，第25期（1997年12月）。

臺北州立臺中第一中學校，《臺北州立臺中第一中學校要覽》（臺中：臺北州立臺中第一中學校，1938年）。

臺北州立臺北第一中學校卒業五十周年記念文集編輯委員會，《濃綠匂ふ常夏の》（橫濱：三麗會，1987年）。

臺南師範同窓校史會編輯委員會，《ああわが母校臺南師範（上）：臺灣總督

府臺南師範學校史》，（日本：臺南師範同窓會，1980年9月）。

臺南師範同窓校史會編輯委員會，《ああわが母校臺南師範（下）：臺灣總督
　　府臺南師範學校史》（日本：臺南師範同窓會，1980年9月）。

臺灣總督府臺北師範學校，《臺北師範學校創立三十周年紀念寫真帖》（臺
　　北：臺北師範學校，1926年10月）。

臺灣總督府臺南師範學校同窓，《南師同窓會會報》，第30號（1985年10月）。

臺灣總督府臺南師範學校同窓，《南師同窓會會報》，第31號（1986年5月）。

臺灣總督府臺南師範學校同窓會，《南師同窓會會報》，第32號（1986年12月）。

臺灣總督府臺南師範學校同窓會，《南師同窓會會報》，第35號（1988年6月）。

臺灣總督府臺南師範學校同窓會，《南師同窓會會報》，第36號（1988年12月）。

臺灣總督府臺南師範學校同窓會，《南師同窓會會報》，第37號（1989年6月）。

臺灣總督府臺南師範學校同窓會，《南師同窓會會報》，第38號（1989年12月）。

臺灣總督府臺南師範學校同窓會，《南師同窓會會報》，第39號（1990年6月）。

臺灣總督府臺南師範學校同窓會，《南師同窓會會報》，第42號（1991年12月）。

臺灣總督府臺南師範學校同窓會，《南師同窓會會報》，第44號（1992年12月）。

臺灣總督府臺南師範學校同窓會，《南師同窓會會報》，第45號（1993年6月）。

臺灣總督府臺南師範學校同窓會，《南師同窓會會報》，第47號（1994年6月）。

臺灣總督府臺南師範學校同窓會，《南師同窓會會報》，第56號（1999年2月）。

趙臺生主編，《建中世紀》（臺北：臺北市立建國中學，1997年12月）。

鄭麗玲、楊麗祝，《臺北工業生的回憶（一）》（臺北：國立臺北科技大學，
　　2011年7月）。

鄭麗玲、楊麗祝，《臺北工業生的回憶（二）》（臺北：國立臺北科技大學，
　　2011年8月）。

靜岡縣立濱松中學校，《靜岡縣立濱松中學校一覽》（靜岡：濱松中學校，
　　1902年1月）。

七、時人專著

Paul D. Barclay著、堯嘉寧譯，《帝國棄民：日本在臺灣「蕃界」內的統治》（臺
　　北：國立臺灣大學出版中心，2020年1月）。

上井良夫，《七星ガ嶺に霧まよふ（補遺）：わが殘照の二等兵生活》（東
　　京：作者自印，2003年）。

山路勝彥，《近代日本の殖民地博覽會》（東京：風響社，2008年1月）。

中川浩一、和歌森民男合編，《霧社事件：臺灣原住民的蜂擁群起》（臺北：

武陵出版公司，1997年4月）。

北村嘉惠，《日本植民地下の台湾先住民教育史》（札幌：北海道大學出版
　　會，2008年2月）。

古野直也，《臺灣軍司令部（1895-1945）》（東京：國書刊行會，1991年）。

白幡洋三郎，《旅行ノススメ：昭和が生んだ庶民の「新文化」》（東京：中
　　央公論新社，1996年6月）。

石戶谷哲夫，《日本教員史研究》（東京：講談社，1978年）。

寺田近雄著、廖為智譯，《日本軍隊用語集》（臺北：麥田出版社，1999年6
　　月）。

朱佩琪，《臺籍菁英搖籃──臺中一中》（臺北：向日葵文化，2005年5月）。

江慶林譯，《臺灣鐵路史（上卷）》（南投：臺灣省文獻委員會，1990年6月）。

行政院二二八研究小組，《二二八事件研究報告》（臺北：時報文化出版公
　　司，1996年1月）。

吳文星，《日治時期臺灣社會領導階層之研究》（臺北：五南圖書公司，2008年
　　5月）。

吳文星等編著，《日治時期臺灣公學校與國民學校國語讀本──解說‧總目次‧
　　索引》（臺北：南天書局，2003年11月）。

李園會總編，《國立臺中師範學院校史初編》（臺北：五南圖書出版公司，
　　1993年12月）。

李鎧揚，《日治時期臺灣的教育財政──以初等教育費為探討中心》（臺北：
　　國史館，2012年7月）。

周婉窈，《海行兮的年代──日本殖民統治末期臺灣史論集》（臺北：允晨文
　　化實業公司，2003年2月）。

周婉窈，《臺灣史開拓者：王世慶先生的人生之路》（新北市：新北市政府文
　　化局，2011年12月）。

松田吉郎，《台湾原住民と日本語教育──日本統治時代台湾原住民教育史研
　　究─》（京都：晃洋書房，2004年12月）。

松田吉郎，《臺灣原住民と日本語教育》（京都：晃洋書房，2004年12月）。

松田京子著、周俊宇譯，《帝國的思考：日本帝國對臺灣原住民的知識支配》
　　（臺北：衛城出版，2019年7月）。

松岡格著、周俊宇譯，《「蕃地」統治與「山地」行政：臺灣原住民族社會的
　　地方化》（臺北：國立臺灣大學出版中心，2018年3月）。

林彥卿，《無情的山地》（臺北：作者出版，2003年2月）。

林振永，《我的一生──人生紀行》（臺北：作者出版，1999年6月）。

林惠玉編，《宜蘭耆老談日治下的軍事與教育》（宜蘭：宜蘭縣立文化中心，1996年2月）。

林滿紅，《茶、糖、樟腦業與臺灣之社會經濟變遷（1860-1895）》（臺北：聯經出版事業公司，1997年4月）。

近藤正己，《總力戰と日本》（東京：刀水書房，1996年2月）。

星亮一，《會津戰爭全史》（東京：講談社，2005年10月）。

柯德三，《母國は日本、祖國は臺灣》（東京：星雲社，2005年8月）。

洪敏麟編著，《臺灣舊地名之沿革》，第2冊上（南投：臺灣省文獻委員會，1999年6月）。

徐友春主編，《民國人物大辭典》，下冊（河北：河北人民出版社，2007年1月）。

徐聖凱，《日治時期臺北高等學校與菁英養成》（臺北：國立臺灣師範大學出版中心，2012年10月）。

海原徹，《日本史小百科：學校》（東京：東京堂，1996年2月）。

秦孝儀主編，《光復臺灣之籌劃與受降接收》（臺北：中國國民黨中央委員會黨史委員會，1990年6月）。

能勢修一，《明治時期學校體育史の研究──學校體操確立の過程》（東京：不昧堂，1995年2月）。

高橋英男，《臺灣における「學徒兵」召集の實態とその法的背景》（相模原川：作者自印，1998年11月）。

張子文等著，《臺灣歷史人物小傳──明清暨日據時期》（臺北：國家圖書館，2006年12月）。

張文義，《回首來時路──陳五福醫師回憶錄》（臺北：財團法人吳三連臺灣史料基金會，1996年8月）。

張建墻，《福爾摩沙之夜──一位臺灣八十歲老人的回顧》（臺南：國立臺灣文學館，2008年7月）。

曹永洋，《陳五福傳》（臺北：前衛出版社，2001年1月）。

梶山雅史編著，《近代日本の中央・地方教育史研究》（東京：學術出版會，2007年9月）。

許佩賢，《殖民地臺灣的近代學校》（臺北：遠流出版事業公司，2005年3月）。

許佩賢，《殖民地臺灣近代教育的鏡像──一九三〇年代臺灣的教育與社會》（臺北：衛城出版，2015年12月）。

許雪姬等訪問，《王世慶先生訪問記錄》（臺北：中央研究院近代史研究所，

2003年2月）。

許新枝口述，《艱難奮鬥的歲月：許新枝回憶錄》（臺北：國史館，2013年3月）。

許毓良，《臺灣在民國：1945~1949年中國大陸期刊與雜誌的臺灣報導》（臺北：前衛出版社，2018年2月）。

陳柏棕，《軍艦旗下：臺灣海軍特別志願兵（1943-1945）》（臺北：國史館，2013年7月）。

陳銘鐘、陳興唐主編，《臺灣光復和光復後五年省情（上）》（南京：南京出版社，1989年8月）。

湖島克弘著，黃蔡玉珠等譯，《杜聰明與阿片試食官》（臺北：玉山社，2001年12月）。

黃金麟，《戰爭、身體、現代性：近代臺灣的軍事治理與身體1895-2005》（臺北：聯經出版公司，2009年1月）。

黃英哲編，《許壽裳臺灣時代文集》（臺北：國立臺灣大學出版中心，2010年11月）。

黃清舜，《一生的回憶》（澎湖：澎湖縣政府文化局，2019年11月）。

葉肅科，《日落臺北城：日治時代臺北都市發展與台人日常生活（1895-1945）》（臺北：自立晚報社文化出版部，1993年9月）。

臺灣省文獻委員會編，《臺灣省通志稿》，第5卷第20冊，〈教育志教育行政篇〉（南投：臺灣省文獻委員會，1999年9月）。

臺灣教育會，《臺灣教育沿革誌》重印本（臺北：南天書局，1995年10月）。

臺灣會，《あゝ臺灣軍：その想い出と記錄》（臺北：南天書局複印，1997年）。

臺灣總督府著，山本壽賀子等譯，《臺灣統治概要》（臺中：大社會文化事業出版社，1999年3月）。

蜷川壽惠，《學徒出陣：戰爭と青春》（東京：吉川弘文館，1998年7月）。

遠藤芳信，《近代日本軍隊教育史研究》（東京：青木書店，1994年12月）。

歐素瑛，《臺北帝國大學與近代臺灣學術的奠定》（臺北：國立臺灣師範大學出版中心，2020年2月）。

潘國正，《天皇陛下の赤子——新竹人・日本兵・戰爭經驗》（新竹：新竹市立文化中心，1997年3月）。

鄭政誠，《南臺灣的師培搖籃：殖民地時期的臺南師範學校研究（1919-1945）》（臺北：博揚文化事業公司，2010年12月）。

蕭乾，《人生採訪》（臺北：聯經出版事業公司，1990年9月）。

鍾肇政，《八角塔下》（臺北：草根出版事業公司，1998年4月）。

鍾肇政，《插天山之歌》（臺北：遠景出版事業公司，2005年2月）。

藤井志津枝，《理蕃》（臺北：問津堂，2010年10月）。

八、期刊論文與專書論文

又吉盛清著、潘淑慧譯，〈臺灣教育會雜誌——再版記及內容介紹〉，《國立中央圖書館臺灣分館館刊》，第3卷第2、3期（1996年12月、1997年3月），頁67-88、76-90。

三澤真美惠，〈臺灣教育會的電影宣傳策略1914-1942年〉，收於若林正丈、吳密察主編，《臺灣重層近代化論文集》（臺北：播種者文化有限公司，2007年9月），頁413-448。

小野純子，〈公開された台灣關係「留守名簿」調查——特設警備隊第505大隊及び第508大隊の例〉，《人間文化研究》，第30號（名古屋市立大學大學院人間文化研究科，2018年7月），頁1-33。

山路勝彥，〈拓殖博覽會と「帝國版圖內の諸人種」〉，《關西學院大學社會學部紀要》，第97號（2004年10月），頁25-40。

王世慶，〈臺灣之名稱與行政區域之建置〉，《臺灣風物》，第26卷第3期（1976年9月），頁117-146。

王明蓀、簡雪玲，〈臺灣省各鄉鎮志之纂修———以近五年纂修完成者〉，《興大歷史學報》，第8期（1998年6月），頁197-227。

王韶君，《從漢文化流域到北方國境線：日治時期臺灣公學校國語教科書中的「支那」言說與再現》，《文史臺灣學報》，第8期（2014年6月），頁75-112。

北村嘉惠，〈「蕃童教育所」普及過程における臺灣先住民社會の變容〉，《教育史學會紀要》，第43集（東京：日本教育の史學，2000年），頁150-174。

北村嘉惠，〈台湾先住民征服战争下における蕃童教育所の制度化〉，《北海道大学大学院教育学研究科紀要》，第96號（2005年6月），頁249-274。

何鳳嬌，〈赤司初太郎在臺灣的樟腦經營〉，《臺灣學研究》，第16期（2013年12月），頁1-40。

吳文星，〈太陽旗下的臺灣——教育篇〉，《日本文摘》，第100期紀念特刊（1994年5月），頁80-100。

吳文星，〈日治時期臺灣的教育與社會流動〉，《臺灣文獻》，第51卷第2期（2000年6月），頁163-174。

吳文星，〈日據時代臺灣書房之研究〉，《思與言》，第16卷第3期（1978年9月），頁62-89。

吳文星，〈日據時期臺灣書房教育之再檢討〉，《思與言》，第26卷第1期（1988年5月），頁101-108。

李西勳，〈臺灣光復初期推行國語運動情形〉，《臺灣文獻》，第46卷第3期（1995年9月），頁173-208。

周婉窈，〈鄉土臺灣在日治時代公學校教科書中的地位（初探一）〉，收於國立中央圖書館臺灣分館編，《鄉土史教育學術研討會論文集》（臺北：國立圖書館臺灣分館，1997年6月），頁125-152。

周婉窈，〈寫實與規範之間——公學校國語讀本插畫中的臺灣人形象〉，《臺大歷史學報》，第34期（2004年12月），頁87-147。

林玉茹，〈地方知識與社會變遷：戰後臺灣方志的發展〉，《臺灣文獻》，第50卷第4期（1999年12月），頁253-289。

近藤正己，〈霧社事件後的「理蕃」政策〉，《當代》，第30期（1988年10月），頁40-54。

邱奕松，〈日本帝國主義下之臺灣社會教育（上、下）〉，《臺南文化》，第26、27期（1988年6、12月），頁207-241、131-171。

徐惠玲，〈戰後臺灣方志纂修的總體考察與論析〉，《世新中文研究集刊》，第7期（2011年7月），頁91-131。

莊萬壽、林淑慧，〈本土化的教育改革〉，《國家政策季刊》，第2卷第3期（2003年9月），頁27-62。

許佩賢，〈日治中期的公學校畢業生與臺灣社會〉，《國史館館刊》，第41期（2014年9月），頁133-156。

許佩賢，〈日治末期臺灣的教育政策：以義務教制度實施為中心〉，《臺灣史研究》，第20卷第1期（2013年3月），頁127-167。

許佩賢，〈從戰爭期教科書看殖民地「少國民」的塑造〉，《臺灣風物》，第46卷第1期（1996年3月），頁63-93。

許佩賢，〈戰爭時期的臺灣教育會與殖民地統治（1937-1945年）〉，收於戴浩一、顏尚文主編，《臺灣史三百年面面觀》（嘉義：國立中正大學臺灣人文研究中心，2008年4月），頁331-366。

許雪姬，〈臺灣光復初期的語文問題〉《思與言》，第29卷4期（1991年12月），頁155-184。

陳虹彣，〈日本植民地統治下臺湾教育會に關する歷史的研究〉，收於梶山雅史

編，《近代日本教育會史研究》（東京：日本圖書センター，2007年9月），
頁377-405。

陳虹彣，〈淺談臺灣省教育會之前身—日治時期臺灣教育會〉，《臺灣教育》，
第674期（2012年4月），頁85-86。

陳家豪，〈日治初期臺灣鐵道政策的轉變：以「國營」、「民營」的討論為中心
（18951898）〉，《臺灣文獻》，第63卷2期（2012年6月），頁95-140。

陳淑瑩，〈解題《教育所用國語讀本》について〉，收於《國立臺灣大學圖書
館藏教育所用國語讀本》（福岡：粒粒舍，2005年3月），頁409-496。

陶恒生，〈椰風蕉語話南洋：新聞界老兵劉光炎〉，《傳記文學》，第76卷第5
期（2000年5月），頁115-116。

黃彥傑訪問、紀錄，〈吳水雲先生訪談錄〉，收於臺灣口述歷史學會編，《紀
錄聲音的歷史：臺灣口述歷史學會會刊》，第9期（2018年12月），頁113-
146。

黃英哲，〈魏建功與戰後臺灣「國語」運動（1946-1948）〉，《臺灣文學研究
學報》，第1期（2005年10月），頁79-107。

葉碧苓，〈日治時期中等學校教師檢定考試之研究〉，《國史館館刊》，第41
期（2014年9月），頁1-41。

廖秀年，〈一位女校長的自述〉，《師友月刊》，第4期（1967年10月），頁16-
17。

劉明憲，〈桃園先賢志略：桃園杏壇超級阿嬤——廖秀年〉，《通識論叢》
（桃園：萬能科技大學通識教育中心），第14期（2012年12月），頁1-6。

劉書彥，〈探究日本語教科書中殖民統治者對臺灣社會之觀點〉，《臺灣風
物》，第46卷第3期（1996年9月），頁15-71。

蔡秀美，〈日治時期臺灣公學校的消防教育——以國語、修身教科書為中
心〉，《臺灣學研究》，第14期（2012年12月），頁117-146。

蔡盛琦，〈戰後初期學國語熱潮與國語讀本〉，《國家圖書館館刊》，第100年
第2期（2011年12月），頁60-98。

蔡錦堂，〈日本治臺初期公學校「國語」教科書之分析〉，收於鄭梁生主編
《中國與亞洲國家關係史學術研討會論文集》（臺北：淡江大學歷史系，
1993年10月），頁245-299。

蔡錦堂，〈從三板橋日人墓園到林森康樂公園〉，《臺灣學通訊》，第103期
（2018年1月），頁26-27。

蔡龍保，〈日治時期臺灣道路改良事業之展開（1926-1936）〉，《國史館學術

集刊》，第17期（2008年9月），頁37-83。

謝明如，〈日治初期臺灣地方教育會之研究〉，《臺灣師範大學歷史學報》，
　　第43期（2010年6月），頁231-272。

簡榮聰，〈臺灣省文獻委員會推動全面修志概述〉，《臺灣文獻》，第46卷第3
　　期（1995年4月），頁83-108。

藍博瀚，〈桃園街區日治時期初等教育空間發展（1895-1945）〉，《桃園文
　　獻》，第7期（2009年3月），頁81-107。

魏德文，〈從重刊《日治時期臺灣公學校與國民學校國語讀本》看教材印製史
　　與景印始末記〉，《臺灣教育史研究會通訊》，第30期（2003年10月），
　　頁31-33。

九、學位論文

方瓊華，〈「美術」概念的形成——以日治時期臺灣美術展覽活動為中心〉，
　　國立臺北藝術大學美術史研究所碩士論文，2002年6月。

石丸雅邦，〈臺灣日本時代的理蕃警察〉，國立政治大學政治學系博士論文，
　　2008年7月。

江佳瑾，〈學校歷史與歷史記憶——戰後校史撰寫之析論〉，國立政治大學臺
　　灣史研究所碩士論文，2008年6月。

李文玉，〈戰後北臺灣縣市志纂修之研究〉，國立中央大學歷史研究所碩士論
　　文，2002年6月。

李佳玲，〈日治時期蕃童教育所之研究〉，國立中央大學歷史研究所碩士論文，
　　2003年1月。

李國生，〈戰爭與臺灣人：殖民政府對臺灣的軍事人力動員（1937-1945）〉，
　　國立臺灣大學歷史研究所碩士論文，1997年6月。

李龍雯，〈三屋大五郎在臺之教育及文筆活動的研究〉，國立成功大學臺灣文
　　學系碩士論文，2012年7月。

周百合，〈日治時期《臺灣教會雜誌》（1901-1911）研究〉，國立臺灣師範大
　　學臺灣史研究所碩士論文，2015年1月。

林竹君，〈記憶的編纂——臺灣公學校國語讀本插畫之研究〉，國立中央大學
　　藝術學研究所碩士論文，2006年6月。

林素珍，〈日治後期的理蕃——傀儡與愚民的教化政策（1930-1945）〉，國立
　　成功大學歷史研究所博士論文，2003年6月。

林淑華，〈日治前期臺灣縱貫鐵路之研究（18951920）〉，國立臺灣師範大學

歷史研究所碩士論文，1999年6月。

林雅慧，〈「修」臺灣「學」日本：日治時期臺灣修學旅行之研究〉，國立政
　　治大學臺灣史研究所碩士論文，2010年6月。

室屋麻梨子，〈臺灣教育會雜誌漢文報（1903~1927）之研究〉，國立成功大學
　　歷史研究所碩士論文（2007年6月）。

夏金英，〈臺灣光復後之國語運動（1945-1987）〉，國立臺灣師範大學歷史研
　　究所碩士論文，1995年6月。

徐紹綱，〈臺北高等學校學徒兵的徵召與實態〉，國立臺灣師範大學臺灣史研
　　究所碩士論文，2017年7月。

張瑜庭，〈日本與臺灣的漢學連結：明治時期《臺灣教育會雜誌》漢文報
　　（1903-1911）之研究〉，國立臺灣師範大學國際漢學研究所碩士論文，
　　2007年6月。

許佩賢，〈塑造殖民地少國民——日據時期臺灣公學校教科書之分析〉，國立
　　臺灣大學歷史研究所碩士論文，1993年6月。

陳信安，〈臺灣日治時期武德殿建築之研究〉，國立成功大學建築研究所碩士
　　論文，1997年6月。

陳美如，〈臺灣光復後語文教育之研究〉，國立臺灣師範大學教育研究所碩士
　　論文，1996年6月。

陳虹彣，〈日本殖民統治下臺灣教育政策之研究——以公學校國語教科書內容
　　分析為例〉，國立中山大學教育研究所碩士論文，2001年6月。

黃鬱軒，〈日治時期臺北城內街屋現代化過程之研究〉，國立臺北藝術大學建
　　築與古蹟保存研究所碩士論文，2011年6月。

鄭昱蘋，〈從「移植」到「重構」——論公學校五期國語教科書的「臺灣」教
　　材〉，國立臺中教育大學語文教育學系博士論文，2012年6月。

鄭麗玲，〈帝國大學在殖民地的建立與發展——以臺北帝國大學為中心〉，國
　　立臺灣師範大學歷史研究所博士論文，2002年6月。

謝仕淵，〈殖民主義與體育——日治前期（1895-1922）臺灣公學校體操科之研
　　究〉，國立中央大學歷史研究所碩士論文，2002年6月。

蘇曉倩，〈身體與教育——以日治時期臺灣實業學校的身體規訓為例（1919-
　　1945）〉，國立暨南國際大學歷史學研究所碩士論文，2004年5月。

十、網路資料

〈兵役法施行令ヲ定ム〉（1926年11月30日），《公文類聚》，第51編第27卷，

國立公文書館，網址：https://www.digital.archives.go.jp/DAS/meta/listPhoto?LA
　　NG=default&BID=F0000000000000006789&ID=M0000000000001759273&TYPE=
　　&NO=。

中華民國統計資訊網，「【改制後】縣市土地面積重要統計指標」，http://statdb.
　　dgbas.gov.tw/pxweb/Dialog/Saveshow.asp。

內政部，「地方志書纂修辦法」，內授中民字第0920088588-3號，內政部法規
　　網，https://glrs.moi.gov.tw/LawContent.aspx?id=FL002012&KeyWord=%e5%9c
　　%b0%e6%96%b9%e5%bf%97%e6%9b%b8%e7%ba%82%e4%bf%ae%e8%be%a6%e6
　　%b3%95。

內政部戶政司全球資訊網，「戶籍人口統計速報」，http://www.ris.gov.tw/zh_TW/
　　346。

南國美術殿堂：臺灣美術展覽會（1927-1943）作品資料庫，http://ndweb.iis.sinica.
　　edu.tw/twart/System/index.htm。

史地傳記類　PC0946　讀歷史122

帝國殖民教育的逸出：
日治臺灣教育發展論集

作　　　者 / 鄭政誠
責任編輯 / 鄭伊庭
圖文排版 / 楊家齊
封面設計 / 蔡瑋筠

發　行　人 / 宋政坤
法律顧問 / 毛國樑　律師
出版發行 / 秀威資訊科技股份有限公司
　　　　　114台北市內湖區瑞光路76巷65號1樓
　　　　　電話：+886-2-2796-3638　傳真：+886-2-2796-1377
　　　　　http://www.showwe.com.tw
劃撥帳號 / 19563868　戶名：秀威資訊科技股份有限公司
　　　　　讀者服務信箱：service@showwe.com.tw
展售門市 / 國家書店（松江門市）
　　　　　104台北市中山區松江路209號1樓
　　　　　電話：+886-2-2518-0207　傳真：+886-2-2518-0778
網路訂購 / 秀威網路書店：https://store.showwe.tw
　　　　　國家網路書店：https://www.govbooks.com.tw

2021年9月　BOD一版
定價：360元
版權所有　翻印必究
本書如有缺頁、破損或裝訂錯誤，請寄回更換

讀者回函卡

國家圖書館出版品預行編目

帝國殖民教育的逸出：日治臺灣教育發展論集 /
鄭政誠著. -- 一版. -- 臺北市：秀威資訊科技
股份有限公司, 2021.09
　　面；　公分. -- (史地傳記類)
BOD版
ISBN 978-986-326-963-2(平裝)

1.教育史 2.臺灣史 3.日據時期 4.文集

520.933　　　　　　　　110013561